豊臣政権の東国政策と徳川氏

片山正彦 著

佛教大学研究叢書

思文閣出版

豊臣政権の東国政策と徳川氏◆目次

豊臣政権の東国政策と徳川氏

序章　研究史の整理と問題点

本研究は、豊臣・徳川の政治的関係を見直しつつ、豊臣政権の東国政策の一端を明らかにしようとするものである。これは豊臣政権の統一過程において、徳川氏の政治的位置が政権の諸政策、いわゆる「惣無事」や「取次」を規定していたと考えるからである。

豊臣政権の統一過程に関する研究は、近年盛んに行われている。その中でも藤木久志氏による「惣無事」論の提唱は、この政策に対する根本的な見直しをせまるものであった(1)。

藤木氏によれば、豊臣期の諸大名は「惣無事令」により自力救済権を否定され、軍事力集中と行使は「公儀の平和の強制と平和侵害の回復の目的にのみ限定」されていたとし、「平和の強制」が豊臣政権による「惣無事」の政策基調であったとする。この藤木氏の見解は、「惣無事」「豊臣平和令」というキーワードに象徴されるように、豊臣政権による「私戦」の禁止という側面が特に強調され、実際に豊臣政権が「成敗」を行ったのは小田原の役での北条のみであるとしたため、それが批判の対象にもなっている。

その代表的なものとして、藤田達生氏の研究がある(2)。氏によれば、秀吉は賤ヶ嶽の合戦以来、「戦争↓国分執行↓仕置令発令」という一連の手続きを繰り返しながら全国統一を完了したとしている。そして秀吉が主張した「惣無事」というスローガンは、あくまでも直接境界を接しない遠隔地の戦国大名間紛争に軍事介入するための名分であり、「国分」に至る一連の政治過程と軍事動員からは、独善的かつ好戦的な政権の本質が明瞭になると述べる。さらに藤田氏は最近、「惣無事令」という(豊臣政権)独自の法令は想定できず、秀吉が発令したのはあくまでも停戦令で、「惣無事」や「天下静謐」は武力介入を正当化するための政策基調であったとの見解を示しており、(3)藤木氏の見解と相反する。

「惣無事」を対象とした豊臣政権の統一過程に関する研究は、この二者に概ね大別することができる。前者について、藤木氏が「惣無事令」を発見して以来、「惣無事令」の存在を前提とした研究は、比較的多い。山本博文氏によると、藤木氏の「惣無事令」発見以来「惣無事令」の存在については学会の共通認識になっているとい(4)う。例えば戦国末期における南奥羽の政治情勢について考察した粟野俊之氏は、以下のように述べる(5)(傍線筆者、以下同)。

豊臣秀吉は、天正十四年(一五八六)十二月三日に「惣無事」令を発令するが、これは伊達氏包囲網が形成されている最中であり、豊臣政権が伊達氏包囲網に与えた影響は見のがすことができない。「惣無事」令を改めて奥羽大名の側から検討することにしたい。

傍線部に示したように、粟野氏は「惣無事令」が発布されたことについては認めているようである。そして粟野氏は藤木氏の見解を援用しつつ、「「惣無事」令とは豊臣政権による職権的な広域平和令であり、戦国の大名間から百姓間の喧嘩刃傷にわたる諸階層の中世的な自力救済権の行使を体制的に否定し、豊臣政権による領土高権の掌握をふくむ紛争解決のための最終的裁判権の独占を以てこれに代置し、軍事力集中と行使を公儀の平和と平和侵害の回復の目的にのみ限定しようとする政策の一端を担うものであった」(6)とする。さらに「豊臣方は天正十六年七月の南奥羽の和睦を、最上・佐竹・伊達の和睦と認識したのも当然であり、その和睦を豊臣の下知、つまり「惣無事」令に従った和睦と評価した」[7]とする。

また小林清治氏は次のように述べる[8]。

> 関白秀吉は、藤木久志氏が『豊臣平和令と戦国社会』に初めて説いたように、天下静謐の惣無事政策を採り、奥羽にもこれをもって臨んだ。天正十四年発令当初、なお実力行使を随伴する傾向をみせた惣無事令は、同年十一月家康を介して北条氏に伝えられた段階[9]で裁定主義を専らとする純化をとげた。同十五年十二月には、関東奥両国惣無事令の伝達文書が発給され、その文書は使者金山宗洗により翌十六年関東・奥羽に届けられたのである。

小林氏も、「惣無事令」が発布されたことについては認めているようである。小林氏は「惣無事令の伝達文書が発給され」たと述べており、「惣無事令」そのものを示した文書の存在を認めているようである。

立花京子氏は、藤木氏の「惣無事」論に修正を加え、関東・奥羽「惣無事令」をその具体策の部分法令とする「天下静謐令」なるべきものを設定しつつ[10]、また「全国惣無事令」は、秀吉の唱える名分「天皇のための天下静謐」執行とは表向き、内実は私的な関東征圧の強力な武器であるという「擬態性」を有していたと述べる[11]。これらの研究は、藤木氏の見解に拠りつつ、豊臣政権が「惣無事令」を発布したことを前提に議論されたものといえるだろう。

一方で後者について、「惣無事令」そのものの存在を否定する研究は、当初は少数派であったといえる。前述した藤田氏は、「惣無事令」の原法度が存在しないと主張している[12]。

もちろん「惣無事令」の有無のみで、豊臣政権の政策のすべてを明らかにすることはできない。そこで、あえて「惣無事令」の有無には言及せず、「惣無事」文言のみえる史料から政権の政策を検討した研究もある。

矢部健太郎氏は、豊臣政権の東国政策における徳川家康と上杉景勝についての分析を行っている。(13) 氏は、天正十四年十月、家康の上洛・臣従後、東国「惣無事」政策は彼中心に「大きく転換」し、それまで「取次」として重要な位置を占めていた景勝は「脇役に退けられ」、家康・富田一白が「惣無事」政策の中心になるとの藤木氏の評価がほぼ無批判に共通認識とされていることを問題視して、景勝の動向を分析している。そして氏は、景勝が天正十四年十月の家康上洛以降も一貫して豊臣政権の「惣無事」政策に家康と共に関与させられており、彼の軍事行動が全て秀吉の承認下に行われていたことから「惣無事」政策下の諸大名は豊臣政権の承認によってのみ軍事行動を「公戦」という形式で遂行しえたと捉え、諸大名の「私戦」を禁止しその違反に対しては「公戦」を遂行するという体制こそが豊臣政権の政策基調であったと結論付ける。

最近では、戸谷穂高氏が関東・奥両国「惣無事」の分析を行っている。(14) ここで戸谷氏は、「先行研究によって自明のように用いられる（豊臣政権の）「惣無事の趣旨」が①停戦命令、②ひとまず当知行安堵、③双方の申し分を聞いての裁定、④境目確定による静謐化、⑤決定に従わない者への制裁、という五点にまとめることに異論はないのではあるまいか」と述べる。そして「惣無事」の趣旨が豊臣側の発給した「惣無事」関係史料に明記されない理由として、「例えば天正九年中に葦名・佐竹両氏と田村氏との間に繰り広げられた紛争が「惣無事」の名のもとに収束に向かうなど、「惣無事」は東国においてさかんに実行されて」おり、「「惣無事」「惣和」とは豊臣政権誕生以前から関東・南奥羽ですでに通用していた和睦形態」であり、「「惣無事」にかけては東国領主の方が政権のいわば先輩格にあたり、その趣旨について政権側から詳しい説明を受ける必要はない」ことを挙げる。戸谷氏は「惣無事令」の有無については言及していないが、「惣無事」の趣旨に関しては藤木氏の見解に拠っているようである。

竹井英文氏は、豊臣秀吉が普遍的な原則としての「惣無事令」を打ち出した事実はなく、「惣無事」の実現という理念が秀吉による全国統一の原理になったこともないという。(15)したがって、例えば鴨川達夫氏は「何もかもを「惣無事令」論を前提として説明する風潮や、高校の教科書にまで「惣無事令」が大書されるありさまに、いささか疑問を感じてきた」という。(16)

藤木久志氏が提起した「惣無事令」論を、「令」の性格に注目し、その存立の正否について論じたのが藤井譲治氏である。(17)藤井氏は「藤木氏の「惣無事令」は、最初に東国領主宛に出された三通の一二月三日付秀吉直書を根拠に提起された初発の段階から「四国国分」「九州停戦令」の「惣無事令」への組み込み、天正一五年（一五八七）とした「惣無事令」を遡る初令の発見、その法源を関白任官に求めるなど変遷、成長を遂げる。そして、その結果として氏の「惣無事令」は、停戦命令、当知行の暫定的安堵、公の裁定、不服従者の公による制裁、を内容とする豊臣政権の天下統一にあたっての政策基調であり、その権限は、天正一三年の関白任官によって秀吉が手にしたとする」とし、「秀吉あるいは豊臣政権が、関白任官を機に領土高権を自らのものとし、明確な政権構想のもとに天下統一を推し進めたとするこの理解は、豊臣政権の性格に高い戦略性を付与することになった」という。そこで藤井氏は「秀吉がかかわった「惣無事」を検討した結果、それぞれが個別的・時事的なものであり、藤木氏が想定された広域的かつ持続性のある「令」の姿をそこには確認できない。（略）これまで天正一四年とされ「惣無事令」の根拠とされてきた北条氏政宛の徳川家康書状が秀吉の関白就任以前の天正一一年のものと確定されたことから、「惣無事令」のもつ「領土高権」の掌握が秀吉の関白就任によるとする藤木氏の理解は、否定されきらないまでも変更を余儀なくされる」という。藤井氏の見解を換言すれば、「惣無事」と記した史料は存在するが、「惣無事令」と記す史料、あるいは「惣無事」という法令の内容を示した史料は確認できないということであろう。

右のような分析は、「惣無事」の文言を通して豊臣政権の政策基調を検討したものであるが、いずれにせよ、豊臣政権が全国の「成敗」を完了したことによって結果的に導き出されるのは「平和」という状況である。筆者もこのような見解については異論を唱えるつもりはない。だが後述するように、筆者は「惣無事」も「成敗」も、いずれも豊臣政権の政策の実態を捉えたものであり、(18)「惣無事」とは政権の東国政策において家康を政権下に取り込むための方策の一つであったと考える。

ところで、豊臣政権の政策を分析する際に共通するのは、「惣無事」の対象であるといわれる東国と豊臣政権との関係性、特に豊臣と徳川との主従関係の成立を前提とすることである。「惣無事令」を発見したという藤木氏は、

秀吉から家康経由の惣無事令の発動時期は、家康の服属直後の天正十四年十一月に求めることが可能となり、徳川家康の帰服を機に、かれを介して北条氏の服属を説得することが豊臣の関東惣無事令の最優先の課題となり、（略）

と述べ、当該期の豊臣・徳川の主従関係を認めた上で、秀吉が「惣無事之儀」の執達を家康に命じたとしている。(19)一方で「惣無事令」そのものの存在を批判する藤田氏は、

当時（天正十四年段階）の秀吉にとって最大の課題は、天正十年以来、北条氏と同盟関係にあった家康の臣従であり、（略）この問題が天正十四年十月に家康が大坂城に出仕したことで落着した（略）。

と述べつつ、

北条氏の圧力を受ける関東の中小大名は、家康を「惣無事」の実現主体として期待しており、後に秀吉も彼

の外交能力に大きく依存するのである。

と捉える。[20] やはり天正十四年十月の家康上洛（藤田氏は「大坂城に出仕」としているが）を両者の主従関係成立の画期とみて、そのような関係が「惣無事」にも影響を与えたと捉えている点では、藤木氏と同様である。

また平野明夫氏は、

①　徳川氏は、天正十四年十月二十七日、秀吉に謁見・「見参」することによって織田大名から豊臣大名へと転換したこと

②　役負担の面で、徳川氏が豊臣政権の軍事動員に応じて出兵した最初の戦いは小田原の役であったこと

③　天正十四年十一月、家康が豊臣政権の関東・奥羽への「取次」に任命されたこと

などを根拠として天正十四年十月に豊臣・徳川の主従関係が成立したとしている。[21]

栗野氏は、天正十四年十月末家康が上洛して秀吉に臣従したことが大きな意味を持ち、このような状況をもとに関東・奥羽には「惣無事」令が発せられることになるとしている。[22]

豊臣政権の「取次」であるという家康を分析した山本氏は、概念上の「取次」を、諸大名への命令伝達や個々の大名を服属させ後見するといった諸機能を果たし、かつそのような役割を公的に認められ期待される（豊臣）政権の最高級メンバーと定義しており、「惣無事之儀」の斡旋は「取次」の任務にあった家康もその一翼を担っていたという。[23] 氏は、豊臣と徳川の主従関係を認めた上で、家康を豊臣政権の「取次」と捉えている。

このように、天正十四年十月の家康上洛＝豊臣・徳川の主従関係成立とみる見解は、通説として継承され、豊臣政権の「惣無事」論、あるいは「取次」論を語る際の前提条件として利用されてきた。天正十四年十月の家康上洛が両者の主従関係を結ぶきっかけとなり、以後徳川が豊臣への従属度を強めていったことは間違いないであ

ろう。だが筆者は、家康の上洛と同時に主従関係が結ばれたわけではないと考えており、本書によって当該期の豊臣・徳川の政治的関係について見直しを行い豊臣政権の東国政策の一端を明らかにしたい。

まず第一章では、天正年間における豊臣政権の在京賄料に関する分析を行い、次いで新出とみられる九月十七日付家康書状を挙げ、秀吉から家康へ宛がわれた近江在京賄料に関する分析と、賄料宛行の政治的意味合いを考察する。

第二章では、藤木氏が豊臣政権唯一の「成敗」であると主張する小田原の役と、それに至るまでの豊臣政権の対北条政策を考察対象とし、そこに介在したとみられる徳川氏の存在意義を中心に分析する。

第三章では、天正後期における秀吉と家康の政治的関係を再検討し、その上で当該期の関東における豊臣政権の交渉役であったといわれる家康の役割を捉え直すことを課題とする。

第一章から第三章では豊臣政権と徳川氏の政治的関係を捉え直す作業を行ったが、第四章ではそれを踏まえつつ、筆者がこれまで分析していなかった天正十四年十月の家康上洛以前の豊臣・徳川の関係性を検討したい。その上で、豊臣政権の政策基調であるといわれる「惣無事」を位置付け直したいと思う。豊臣政権が四国攻めや九州攻めを先行させ、小田原の役や「奥羽仕置」を「総仕上げ」（後回し）としたことについては、これまでの研究では至極当然の手順であると捉えられてきた。

後述するように豊臣政権にとって「惣無事」は、東国への武力制圧を実現するために、「惣無事」を扱う家康を取り込む方策として利用価値があったのである。そしてその結果豊臣政権は、「総仕上げ」としての小田原の役や「奥羽仕置」を実現し、全国統一を完了することができたと考えている。

第五章では、豊臣政権樹立過程における於次秀勝の位置づけを検討したい。毛利氏との関係強化は、豊臣政権の東国政策にあたって必要不可欠なものであった。天正十一年、両者間の講和がまとまるには、秀吉領と毛利領との境界問題とともに、毛利側から人質が提出されることと、於次秀勝の縁組が成立することが条件の一つとしてあった。政権の東国政策の一つである小牧・長久手戦を執行するにあたって、於次秀勝は毛利との関係を強化するために必要な存在であったにもかかわらず、於次秀勝についての先行研究は少なく、後世に記された史料の中にはしばしば同じ名前の小吉秀勝と区別がついていないものもみられる。本章では、於次秀勝の果たした役割を整理することで、小吉秀勝と混同される理由についても考えてみたい。

織豊期の「公武関係」といえば、織豊政権（信長や秀吉）と天皇（正親町や後陽成）との関係が注目されることが多い。第六章では当該期のこのような研究状況を鑑みて、元亀元年（一五七〇）十二月、いわゆる「江濃越一和」と呼ばれる織田信長と浅井・朝倉の和睦に際して、当該期のもう一方の「公」関白二条晴良の政治的な活動と役割を考察したい。(24)

終章では、これらから得られた分析結果をまとめ、併せて今後の展望も述べたい。

（1）藤木久志『豊臣平和令と戦国社会』（東京大学出版会、一九八五年）。
（2）藤田達生『日本近世国家成立史の研究』（校倉書房、二〇〇一年）。
（3）藤田達生編『近世成立期の大規模戦争――戦場論　下』（岩田書院、二〇〇六年）終章。
（4）山本博文「統一政権の登場と江戸幕府の成立」（『日本史講座』五、東京大学出版会、二〇〇四年）。
（5）粟野俊之『織豊政権と東国大名』（吉川弘文館、二〇〇一年）第二章第二節。
（6）同右書、第二章第二節。
（7）同右。

（8）小林清治『奥羽仕置と豊臣政権』（吉川弘文館、二〇〇三年）おわりに。

（9）小林清治「伊達政宗の和戦――天正十六年郡山合戦等を中心に――」（『東北学院大学東北文化研究所紀要』三八、二〇〇六年）によれば、秀吉が天正十一年信長の遺志を体して関東に停戦＝惣無事を令したとして（傍点筆者）、家康を介して北条氏に伝えられた「惣無事令」の時期を天正十四年から十一年に改めている。

（10）立花京子「秀吉の天下静謐令――全国制覇正当化の原理――」（『戦国史研究』二五、一九九三年）。

（11）立花京子「秀吉全国惣無事令の擬態的性格について」（『戦国史研究』二九、一九九五年）。

（12）藤田前掲注(3)書終章。

（13）矢部健太郎「東国「惣無事」政策の展開と家康・景勝」（『日本史研究』五〇九、二〇〇五年）。

（14）戸谷穂高「関東・奥両国「惣無事」と白河義親――（天正十六年）卯月六日付富田一白書状をめぐって――」（村井章介『中世東国武家文書の成立と伝来に関する史料学的研究――陸奥白河結城家文書を中心に――』、平成十六年度～平成十八年度科学研究費補助金基盤研究（B）研究成果報告書、二〇〇七年）。

（15）竹井英文『織豊政権と東国社会 「惣無事令」論を越えて』（吉川弘文館、二〇一二年）。

（16）鴨川達夫「竹井英文著『織豊政権と東国社会 「惣無事令」論を越えて』」（『日本歴史』七八三、二〇一三年）。

（17）藤井譲治「「惣無事」はあれど「惣無事令」はなし」（『史林』九三巻三号、二〇一〇年）。

（18）矢部前掲注(13)論文によれば、豊臣政権の政策基調は「私戦」の禁止（無事）と「公戦」の遂行（成敗）からなっていたという。本研究は「私戦」「公戦」の別を問うものではないが、後述するように豊臣政権が「成敗」＝軍事介入したくてもできない実態があり、その表徴が「惣無事」であると捉えたい。

（19）藤木前掲注(1)書第一章第三節。

（20）藤田達生『秀吉神話をくつがえす』（講談社現代新書、二〇〇七年）第三章。

（21）平野明夫「豊臣政権下の徳川氏」（『地方史研究』三〇五、二〇〇三年、のち平野明夫『徳川権力の形成と発展』（岩田書院、二〇〇六年）に所収）。

（22）粟野前掲注(5)書第二章第一節。

（23）山本博文『幕藩制の成立と近世の国制』（校倉書房、一九九〇年）第一部第一章。

(24)「江濃越一和」という用語は同時代史料中には見出されないが、今谷明氏・堀新氏らが既に用いている。筆者もそれに従う。

第一章　天正年間における豊臣政権の在京賄料

はじめに

豊臣政権期には、「在京賄料」といわれる知行が存在する。在京賄料とは、豊臣政権の傘下に入った諸大名が、上洛の際に必要な費用や在京中の費用を賄うための知行であるといわれる。(1)これは豊臣政権による諸大名への上洛催促に対応していることから、諸大名統制の一環であると考えられ、天正十四年（一五八六）以降に豊臣氏と主従関係を結んだといわれる徳川氏もその例外ではないと思われる。

在京賄料の宛行が豊臣政権にとって重要な政策であることは、明らかであると思われる。しかしこれに関する研究はほとんど皆無といってよい。

豊臣政権から徳川氏へ宛がわれた在京賄料について、中村孝也氏は、天正十四年十月二十七日、家康が秀吉に謁見するために大坂城へ入った際に、近江において在京料所＝在京賄料を宛がわれたとしている。(2)また『野洲町史』(3)では「家康はすでに天正十四年以来この地方を秀吉から、在京料三万石を与えられていたが、天正十八年関東転封、江戸城入城を機会に、さらに加増されたのである」としている。この在京賄料に関する記述は、中村氏や『野洲町史』の外に『滋賀県史』(4)などにも見られるが、いずれも典拠が後世の編纂物のようである。中村氏らは、天正十四年の家康上洛から同十八年の関東転封の間に、秀吉から家康へ近江在京賄料が宛がわれた事実を示す同時代史料を挙げていない。

また藤田恒春氏は、天正十三年閏八月近江八幡城に封ぜられ、同十八年八月尾張へ転封となるまでの近江時代の豊臣秀次の所領支配について検討している。(5)ここで氏は、同十三年閏八月二十三日、秀次が秀吉から宛がわれた領地の郡域の推定を行い、ついで同十九年四月二十三日、秀吉が家康へ蒲生・野洲・甲賀三郡内で九万石の在京賄料を宛がったことを挙げて、この石高は前年の十八年八月、秀次領が解体したことをうけて宛がわれたものであるとの見解を示している。

しかし、最近、豊臣政権が家康に宛がったとみられる近江在京賄料に関する新出の史料が発見された。この史料は家康から豊臣秀吉家臣の木下吉隆・長束正家に宛てた書状である。日付は九月十七日とあるが無年号である。この書状は後述するように、分析の結果天正十七年に比定され、同十八年八月の近江の秀次領解体以前に家康への近江在京賄料が宛がわれたことを示しているといえる。

そこでまず本章では、天正年間における豊臣政権の在京賄料に関する分析を行いたい。次いで新出の九月十七日付家康書状を挙げ、秀吉から家康へ宛がわれた近江在京賄料に関する分析と、賄料宛行の政治的意味合いを考察したい。

第一節　豊臣政権の在京賄料宛行

「在京賄料」とは、豊臣政権の傘下に入った諸大名が、上洛の際に必要な費用や在京中の費用を賄うために政権から与えられる知行であるといわれ、京都近郊の知行が宛がわれることが多いようである。これは諸大名の上洛が賄料の宛行に対応していることから、豊臣政権による諸大名統制の一環であると考えられる。
しかし前述したように、これに関する研究はほとんど皆無といってよく、豊臣政権が徳川氏へ宛がった在京賄料の年次推定についても、史料価値の低い後世の編纂物に頼っているのが現状である。そこで、豊臣政権が徳川氏へ宛がった在京賄料の年次推定を行いたいが、その前に、秀吉が諸大名へ宛がった在京賄料に関する史料を確認したい。

【史料1】(6)

為在京之堪忍分、於上方壱万石宛行訖、所付儀者、来春可被仰付候、当年者以物成半納分、八木五千石被下候条、各支配在之、堪忍方相続候様可然候也、
天正十五
十月十四日　(秀吉花押)
嶋津修理大夫《義久》とのへ

【史料2】(7)

為在京賄料、於摂州播州内壱万石目録別紙有之事、宛行訖、全可有領知之状如件、
天正十六
七月五日　(秀吉花押)
嶋津修理大夫《義久》入道とのへ

【史料3】(8)

為在京賄料、於江州蒲生野洲高嶋三郡内、壱万石目録別紙有之、事、被宛行之訖、全可有領知之状如件、

天正十六
六月十五日　（秀吉花押）
越後宰相《（上杉景勝）》とのへ

【史料1】【史料2】は、秀吉が島津義久へ宛がった在京賄料に関する史料である。【史料1】にみえる「在京之堪忍分」とは、天正十五年（一五八七）五月、九州攻めが終わり、義久が秀吉に降伏し、「堪忍」したことによって宛がわれた知行と考えられる。「所付儀者、来春可被仰付候」とあり、この時点で「在京之堪忍分」の知行領域はまだ確定していないことが推測される。また「於上方壱万石宛行訖」としながら、領域が確定していないことによるのか、当年分の「物成」は「半納分」の「八木五千石」が下されている。この際の「在京之堪忍分」は、来春に仰せ付けられる予定の知行のための、暫定的な措置として宛がわれた知行とみられる。

そして翌十六年、義久は秀吉より【史料2】にみえる「在京賄料」を改めて宛がわれたとみられる。【史料1】の際に「在京之堪忍分」として宛がわれた「物成」の「半納分」の「八木五千石」が、【史料2】の際には「摂州播州内壱万石」となって「在京賄料」として宛がわれたようである。

【史料3】は、秀吉が上杉景勝へ宛がった在京賄料に関する史料である。秀吉より「在京賄料」として「江州蒲生野洲高嶋三郡内、壱万石」を宛がわれていることがわかる。【史料2】【史料3】はともに天正十六年であり、時期が非常に近い。同年四月には、後陽成天皇が聚楽第に行幸しており、その際に秀吉より諸公家へ近江高島郡等の知行を宛てがわれたことはよく知られる。(9)

豊臣政権による島津氏・上杉氏への知行宛行は、諸公家への知行宛行との時期的に近いことから、聚楽第行幸時の豊臣政権の政策の一環とも考えられるが、「聚楽行幸記」(10)・「豊鑑」(11)に島津氏・上杉氏の名前はみられず、彼らが行幸に参加した様子は確認できない。

このように豊臣政権が諸大名へ在京賄料を与える事例については、天正十五・六年頃にはみられる。徳川氏は天正十四年十月の上洛により豊臣政権と主従関係を結んだといわれ、[12]家康は聚楽第行幸にも参加し、上洛している。在京賄料が上洛の際に必要な費用や在京中の費用を賄うために政権から諸大名へ与えられる知行であるという点から鑑みれば、徳川氏が政権より賄料を与えられたのも、この天正十四年から十五・六年前後の時期であろうと思われる。

次に家康へ宛がわれた在京賄料の年次推定を行いたい。

前述した通り、秀吉から家康へ宛がわれた在京賄料に関する記述は、中村氏や『野洲町史』の外に『滋賀県史』などにも見られるが、いずれも典拠を挙げていない。そこで、以下の史料を挙げる（傍線筆者、以下同）。

『武徳編年集成』[13]（以下、『武徳編』）天正十四年十一月条には、「右衛門ヲ呼出シ杯ヲ賜リ黄金美服ヲ与ラル、然〆御在京ノ節厨料ト〆江州守山以下ノ地三万石付属セラル、酒井左衛門尉（忠次）ニモ京師ニ宅地ヲ賜フ、且江州ニテ采邑千石ヲ授ラル、本多榊原奥平等各宅地ヲ洛陽ニテ与ヘ長久手ノ軍物語ナド有テ其忠勇ヲ褒賞セラル、神君ヲ種々饗応ノ上三好郷ノ刀正宗ノ短刀巣鷹ヲ進上アリ」とある。

また「戸田本三河記」[14]天正十四年十一月条には、「家康公ハイツマテモ聚楽ニ御逗留在ヘシト思召ケルヲ秀吉心聞タル人ナレハ国ノ者トモ案シ思ヘシ急キ御下向在ヘシト暇乞シ江州ヨリ三河マテノ泊々ノ在所九万石上リ下リノ御マカナイニ心安クナサルヘシト仰ラル」とある。

『武徳編』・「戸田本三河記」は、いずれも後世の編纂物である。『武徳編』は、木村高敦編、九十三巻、元文五年（一七四〇）の太宰春台の序があり、天文十一年（一五四二）から元和二年（一六一六）までの家康の伝記である。(15)『武徳編』では家康を「神君」、「戸田本三河記」では「家康公」と記述しているように、幕府側の視点で記述されたものであり、史料価値は低いと思われる。

「三河記」は、筆者不明、成立年代は確定できないが十七世紀前半とされる。(16)おそらく中村氏らが家康に与えられた在京賄料の年次を天正十四年、その石高を三万石とする根拠としたのは、『武徳編』にみえる「御在京ノ節厨料ト〆江州守山以下ノ地三万石付属セラル」であると思われる。

しかしながら『武徳編』では、その石高を「三万石」としているが、「戸田本三河記」では「九万石」としており、家康に宛がわれた在京賄料の石高を確定することはできない。

一方、『家忠日記』(17)などの同時代史料には、天正十四年時点での家康への在京賄料に関する記述が全く確認できない。『豊臣秀吉文書目録』(18)にも、家康への在京賄料に関する史料は確認できない。

したがって、ここでの問題点として、『武徳編』・「戸田本三河記」など、家康に宛がわれた在京賄料のことを記述した史料は多いが、それらは何れも後世の編纂物であり、その宛行年代や石高、あるいは宛行領域を確実に示す同時代史料は見当たらないことが挙げられる。

天正十四年以降で、家康が秀吉から在京賄料を与えられたことを示す史料が確認できるのは、天正十九年である。

『野洲町史』や『守山市誌』(19)に紹介される「大谷家文書」(20)や、『近江蒲生郡志』(21)に紹介される「野洲郡三上村御上神社記録」によれば、天正十九年（一五九一）四月二十三日付で、秀吉から「江戸大納言（家康）殿」宛として、野洲郡内合六万四三七五五石五升・下甲賀内合一万七四五五石六斗三升・上甲賀内合二一〇〇〇石・蒲生郡内合一万二九〇五石一斗五升「惣都合九万石」が与えられている。まず、『近江蒲生郡志』に掲載される史料を示す。

【史料4】[22]

（前略）

蒲生郡内

一七百十三石五斗三升　布施
一百七十四石二斗五升　武佐
一九百十石　西生来
一五百六十八石四斗　うちの村
一百石五斗　ぬかつか村
一三百三十三石六斗　東こなちつか
一五百八十壱石七斗　西こなちつか
一五百二十六石七斗五升　いまほり
一四百六十四石五斗七升　へびミぞ
一百壱石四斗　小今在家
一三百三石　中野
一二百三十六石壱斗八升　今在家
一百七十七石五斗四升　金屋村
一千二百七十六石　小脇
一四千六十六石三斗五升　羽田村

一三百六石二斗五升　　かしわぎ村
一百七十四石二斗三升　下平木
一三百五十八石六斗七升　宮村
一千五百三十壱石九斗三升　上平木
　合壱万弐千九百五石壱斗五升
　惣都合九万石
天正拾九年四月廿二日　　朱印（秀吉）
　江戸大納言殿（徳川家康）

【史料4】には、秀吉から家康に宛がわれた「惣都合九万石」の内「蒲生郡内」の「合壱万千九百五石壱斗五升」分しか掲載されていないが、次に挙げる『野洲町史』にはやや詳細な「惣都合九万石」の内の計一万九千三百七石分の野洲町関係村の村高表が掲載されている。

【史料5】(23)

御検地之覚
一、慶長七年寅之才
　但寛文十二子之年迄七十一年歟
右之寅之年当国をしなへ御検地被仰付候、検地大将ハ加藤喜左衛門殿と申たる由、西近江ハ小堀新助殿大将之由、栗太郡も新助殿被成候様ニ申候、
一、此辺ニ而江戸検地と申ハ、慶長三戊之年にて、未九万石之御時也、此年大閤（太）様御他界之由、

但、九万石と申八、権現様へ大閤様ゟ九万石被進候を申候也、

右記史料にも「慶長三戊之年にて、未九万石之御時也」「九万石と申八、権現様へ大閤様より九万石被進候を申候也」とあり、慶長三年（一五九八）以前に知行が与えられていたことがわかる。

したがって、これらの史料を元にすれば、家康への知行が与えられた時期は、天正十九年まで遡ることができる。特に天正十九年は、豊臣政権が近江において検地を行っており[24]、同年時点で家康宛の「惣都合九万石」の知行が近江に存在していたことは、ほぼ間違いないと思われる。

ただ表1によれば、家康の参勤・上洛は天正十四年以来、ほぼ毎年のように確認できる。前述したように、在京賄料が上洛の際に必要な費用や在京中の費用を賄うためのものであるなら、家康の上洛が確認できる天正十四年以降には賄料が与えられていた可能性もあったと考えられよう。

第二節　豊臣政権による家康への近江在京賄料宛行の意義

（一）九月十七日付家康書状の紹介と年代比定

本節において紹介する徳川家康書状は、現在、京都市北区住の某氏が所蔵する、初出と思われる史料である。

この家康書状の具体的な内容としては、秀吉から家康に宛がわれた近江の在京

表1　徳川家康の上洛

年	上洛月
天正十四	十月
天正十五	八月
天正十六	三月・七月
天正十七	三月・十二月
天正十八	
天正十九	一月
文禄一	三月
文禄二	二月
文禄三	二月
文禄四	七月
慶長一	十二月
慶長二	一月
慶長三	四月

注：波田野富信「参勤交代制の一考察」（『日本歴史』三五九、一九七八年）、矢部健太郎「東国「惣無事」政策の展開と家康・景勝」（『日本史研究』五〇九、二〇〇五年）を参考に作成した。

賄料や、秀忠の上洛に関することなどが記述されている。この在京賄料や秀忠の上洛は、後述するように、当時の秀吉と家康との政治的関係の一端を示すものである。

そこでまず、この初出と思われる家康書状を紹介し、合わせて年代比定を行い、秀吉から家康へ宛がわれた近江の知行に関する分析を行いたい。

【史料6】「九月十七日付家康書状[25]」

追而申候、長丸上洛之儀、供者知行方をも請取候之間、少相延て不苦之由、上意之旨候之由承候て、少相延し申候、雖然やかて可差上申候、□(尚カ)御次も候ハヽ、可然様被仰上可給候、以上、

江州知行方之儀付而、被成下御朱印候、則頂戴仕候、仍而江州知行方之儀、当年之事ハ御代官被　仰付、以物成可被下之旨、得其意存候、路次廻知行之儀、被成御替之、可被下之由、誠被為入御念候而被　仰下候段、忝次第難申尽候、此旨可然候様被仰上可給候、恐々謹言、

九月十七日　家康（花押）

木下半介殿

長束大蔵大輔殿

この家康書状に記述されている内容は、以下の通りである。

① 近江の知行について、本史料発給以前に既に秀吉の朱印をもって家康に宛がわれており、今年の物成については秀吉からの代官が派遣され、物成の収納分が家康に下されている。この際に路次辺りの知行については知行替えが行われている。

② 「長丸」が上洛することは、「供者」の知行をも請取っていることを理由として多少ながら延期されており、

それを秀吉が了解している。

本史料は、家康から木下半介・長束大蔵大輔に宛てたものである。木下半介は木下吉隆[26]、長束大蔵大輔は長束正家[27]に比定される。彼らはともに豊臣秀吉の家臣である。吉隆は一般に秀吉の右筆として知られる。また正家は豊臣政権における「五奉行」として知られる。

正家は、『太閤記[28]』に「長束は知行方其外万算用等之義、己之任として裁許可仕之事」とあり、「五奉行」内で知行方を担当していた。もちろんこの時点では「五奉行」制度は確立されているとはいえないが、本史料から彼が当時、知行方を担当していたことが推測される。

家康の花押があるが、一部欠損している。日付は九月十七日とあるが、無年号である。法量は縦29・6㎝、横46・5㎝である。料紙は楮紙で、元折紙であったものを切断し、掛け物にしたようである。

本史料は木箱（内）に収められており、その法量は縦70・6㎝、横6・9㎝、高5・9㎝である。ウハ書には「東照神君消息」とある。

この木箱（内）は、明治以後に作成されたと思われる由緒書とともに、さらに木箱（外）に収められている。その法量は、縦73・2㎝、横15・4㎝、高7・9㎝である。ウハ書には「大樹東照神君消息　足利義俊公添書　長束所蔵」とある。いずれの木箱とも、後に調えられたもののようである。添書の「足利義俊」について、どのような人物なのかは不明である。

また「足利義俊」の記す由緒書によれば、天明八年（一七八八）、京都において災害にあった際、長束氏は本史料を抱え、四方に遁れたが、再び京都に戻ったと記されている[29]。由緒書の法量は、縦38・2㎝、横61・0㎝であり、これも掛け物にされている。

まずこの家康書状の年代比定を行いたいが、【史料6】にみえる「江州知行方之儀」についての「御朱印」は、現在のところ確認できず、ここから年代を比定することはできない。[30] これについては後に詳述する。

次に考えられる年代比定の方法として、

a、追而書にみえる「長丸上洛之儀」の年代特定

b、書札礼からの検討

が挙げられる。

まずaの方法で年代比定を試みる。追而書にみえる「長丸」は徳川秀忠の幼名である。『系図纂要』[31] には「秀忠公　長丸　竹千代　天正七年（一五七九）四ノ七生于浜松」とある。

ここで問題となるのは、秀忠がいつまで「長丸」を名乗り、なおかつ「長丸」として上洛したかである。それが明らかになれば、【史料6】の下限年が判明する。前出の『新訂徳川家康文書の研究』や、徳川義宣氏の『新修徳川家康文書の研究』[32] などによれば、天正十九年六月には秀忠を「侍従」と記述した史料が確認でき、[33] 彼を「長丸」と記す【史料6】はそれ以前のものであることがわかる。

天正十九年六月以前の「長丸」としての上洛は、天正十八年正月と十二月の二度が確認される。『晴豊記』[34] 天正十八年正月十四日条には、「家康子長上洛ニ弁太刀折紙礼遣候」とあり、同じく十九日条には、「家康長ヨリ余ニつた五十は弁馬十八日さきちやうのひ今朝也御会始也」とある。『晴豊記』は京都の公家・勧修寺晴豊が記した日記である。これらによれば、天正十八年（一五九〇）正月時点で、「家康子」秀忠が「長」と呼ばれていることがわかる。

また『家忠日記』天正十八年正月七日条には、「若君様御上洛候、今度之御上洛ハ、関白様尾州信雄御むすめ

子御養子被成、若君様と御祝言被仰合候」とある。『家忠日記』は、家康に仕えた松平家忠の記した日記である。これによれば、「若君様御上洛候」とあり、その理由を「関白様尾州信雄御むすめ子御養子被成、若君様と御祝言被仰合候」として、若君様（秀忠）と関白様（秀吉）の養子となった織田信雄の娘との祝言のための上洛であるとしている。

『三河後風土記』[35]巻第二十四「長丸君御上洛付関白出陣の事」には、「長丸君（台徳公の御事也）未だ関白御対面なければ、小田原進発以前に御上洛あるべしとて、此正月三日駿府を出て給ふ、従ふ輩は井伊直政、酒井忠世、内藤正成、青山忠成也、同十三日御入洛あれば関白悦び給ひ、御迎として長束大蔵大輔を参らせらる」とある。『三河後風土記』は、正保年間（一六四四～四八）の成立であり、のちの編纂物である。[36]「小田原進発」とは北条氏「成敗」のことであるから、右記史料は天正十八年のものである。「長丸君（台徳公の御事也）未だ関白御対面なければ」とあるが、実際に『家忠日記』などの同時代史料で「長丸」の上洛を確認したところ、たしかに天正十八年正月以前の上洛記事は見当たらなかった。

通説によれば、秀忠は天正十八年正月五日に元服し、[37]またこの上洛の際に秀吉から「秀」の字を与えられ、「長丸」から「秀忠」と名乗るようになったとする。[38]

しかし、『晴豊記』天正十八年十二月二十九日条には、秀忠が上洛した際に、「家康子於長公家成、予所よりしやうそくニあらためられ候」とあり、この時点でいまだ秀忠が「長」と記されていることが確認できる。したがって【史料6】にみえる「長丸上洛之儀」は、天正十八年の正月か、十二月のどちらかの上洛を示していると考えられる。

そこで、【史料6】の追而書にみえる「少相延て不苦之由上意之旨候之由承候て少相延し申候、雖然やかて可差上申候」という文言が決め手になる。秀忠の上洛が「少相延て不苦之由」とする秀吉の上意は、何に対しての返答であろうか。『多聞院日記』[39]天正十七年九月一日条には、「諸国大名衆悉以聚楽へ女中衆令同道、今ヨリ可在京ノ由被仰付トテ、大納言（豊臣秀長）殿、女中衆今日上洛、筒井も同前」とある。これによれば、秀吉は諸大名に命じて、その妻子らを在京させようとしていた[40]。もちろん本来なら、この諸大名の妻子の中には「長丸」も含まれていただろう。【史料6】にみえるように、「少相延て不苦之由」とする秀吉の上意を家康が承って「長丸上洛」を延期したものと推測される。そして「やかて可差上申候」が前述した翌年正月の彼の上洛記事に対応していると考えられる。

逆に【史料6】を十八年とした場合、九月十七日以前に秀吉が「長丸」の上洛を促したと思われる史料は見当たらない。したがって【史料6】は、天正十七年（一五八九）「九月十七日」に比定することができる。

ここで得た結論をbの方法（家康発給文書の書札礼と照らし合わせること）によって検討したい。これに関しては、高橋修氏が「徳川家康発給書状論」[41]（以下、「書状論」）において詳細な分析を行っている[42]。【史料6】は、その書札礼（書止文言―「恐々謹言」、差出―「家康（花押）」、宛所―「木下半介殿　長束大蔵大輔殿」、料紙―楮紙、形態―元折紙、宛所位置―「月」とほぼ同位置）から、「書状論」による時期区分の五カ国領有時代（天正十年六月〜天正十八年六月）・他家宛・D-1型にほぼ当てはまる[43]。したがって、書札礼の面からみても、【史料6】は天正十七年に比定されよう[44]。

（2）　家康への近江在京賄料宛行の意義

【史料6】を天正十七年に比定することによって、以下の事実が明らかとなる。

まず、本文冒頭に「江州知行方之儀付而、被成下御朱印候」とある。これは秀吉が在京賄料として家康に与えた知行であると考えられる。表2によれば、これまでは天正十四年から同十九年四月までの期間における家康への近江在京賄料宛行の事実は確認できていた。『三河後風土記』・『徳川諸家系譜』(続群書類従完成会、一九七〇年)によれば、天正十八年七月頃に在京賄料が家康へ与えられた事実を確認できるが、両史料とも後世の編纂物であり、確証はない。しかし、【史料6】が天正十七年に比定されたことにより、家康への在京賄料は、天正十七年には秀吉から与えられていたことが確実である。前述したように、嶋津氏や上杉氏に宛がわれた賄料に関する宛行状・目録等は天正十五・六年には確認できるが、家康へのそれは現在では確認できないので、具体的にいつ、どの地域で、どれだけの賄料が宛がわれたのかに関しては、不明である。

すでに触れたように藤田恒春氏は、天正十三年閏八月二十三日、秀次が秀吉より宛がわれた領地の郡域を推定し、同十九年四月二十三日、秀吉が家康へ蒲生・野洲・甲賀三郡内で九万石の在京賄料を宛がったことを挙げて、この石高は前年の十八年八月、秀次領が解体したことをうけて宛がわれたものであるとの見解を示している。

藤田氏による、秀次が秀吉より宛がわれた領地の郡域の推定は、正保年間(一六四四〜一六四八)の郷帳によるものである。氏自身が述べているように、秀次に近江国内で二十万石と彼の宿老分二十三万石を宛がった秀吉の領地宛行状[45]が現存するが、その目録が伝わっていないためどこに設定されたものか不明であるとする。よって正保年間の郷帳を材料にしたのである。したがって、天正十九年四月二十三日、秀吉が家康へ宛がった蒲生・野洲・甲賀三郡内九万石の在京賄料が前年の十八年八月、秀次領が解体したことをうけて宛がわれたものであるとの氏の見解も、秀次領が不明であるゆえに推定に過ぎない。【史料6】が天正十七年に比定されたことにより、秀次領解体以前に近江国内に家康の在京賄料の存在が確認でき、蒲生・野洲・甲賀三郡内九万石の家康への在京

表2　豊臣政権より徳川氏に宛がわれた近江在京賄料に関する史料

No.	年	月	日	典拠	内容
1	天正14	11		『武徳編年集成』	御在京ノ節厨料ト〆江州守山以下ノ地三万石付属セラル、酒井左衛門尉(忠次)ニモ京師ニ宅地ヲ賜フ、且江州ニテ釆邑千石ヲ授ラル、
2	天正14	11		「三河記」	江州ヨリ三河マテノ泊々ノ在所九万石上リ下リノ御マカナイニ心安クナサルヘシト仰ラル、
3	天正17ヵ	9	17	「九月十七日付家康書状」	江州知行方之儀付而、被成下御朱印候、則頂戴仕候、…
4	天正18	7	13	『徳川諸家系譜』	家康公御領甲信駿遠参五ヶ国ヲ転シテ伊豆・相模・武蔵・安房・上総・下総・上野・下野・江州之内九万石、石部・関地蔵・四日市・白須賀・中泉・清見寺千石充、島田弐千石、都合弐百四拾万弐千石御領地共、
5	天正18	7	13	『三河後風土記』	其外近江九万石は神君御在京中御賄とし、又御上洛御道すがら御放鷹のたよりとして、石部関の地蔵四日市場白須賀石薬師庄野中泉興津に於て各千石、島田にて二千石進らせられ、徳川家旧領三河遠江駿河甲斐信濃五箇国は秀吉賜りて、旗下の諸将に配分致したし、
6	天正18ヵ			『豊太閤真蹟集』七六、知行宛行覚	ちきやう出候おほへの事　一拾まん石いゑやす(家康)へ
7	天正19	4	22	『近江蒲生郡志』巻三、野洲郡三上村御上神社記録	蒲生郡内…合壱万千九百五石壱斗五升 惣都合九万石 天正拾九年四月廿二日　朱印(秀吉) 江戸大納言殿
8	?			『野洲町史』第二巻通史編、御上神社文書	御検地之覚…一、此辺ニ而江戸検地と申ハ、慶長三戌之年にて、未九万石之御時也、此年大(太)閤様御他界之由、但、九万石と申ハ、権現様へ大閤様より九万石被進候を申候也、

賄料は、必ずしも秀次領が解体したことをうけて宛がわれたものではないと捉えられよう。また、この近江における秀次領の解体は、北条氏滅亡・徳川氏の関東移封・織田信雄の改易をうけて行われたものである。小田原の役以前に、秀吉から家康へ在京賄領が宛がわれていた事実は、後述するように豊臣・徳川間の政治的駆け引きがあったことを示していると考えられる。

次に、近江における家康への賄料に関して、当年（天正十七年）の物成については、秀吉からの代官が仰せ付けられ、その収納分が家康に下されている。すなわち当年の賄料に関しては、家康側に収納にあたっての煩が無く、収納分だけを得ることができるということであり、家康への秀吉の気遣いをみることができる。

また、この秀吉からの代官が仰せ付けられるという事実は、小田原の役を翌年三月に控える秀吉が家康へ在京賄料を宛がうものの、「長丸」上洛が実現しない段階で家康に京都近郊の知行を直轄させるわけにはいかないという政治的な事情もあると思われる。そして後述するように、在京賄料の宛行が「長丸」の上洛と連動していることも注目される。前述したように、一般的には天正十四年十月以後、豊臣と徳川は主従関係を結んだといわれる。筆者は両者の主従関係を否定するつもりはないが、後述するように、徳川氏の豊臣・北条に対する中立性は豊臣政権の対北条政策を左右するものであったと考える。(46)それは【史料6】にみえるように、家康の世継である「長丸」が天正十七年九月時点で上洛していないことに関連する。すなわち、天正十七年九月段階での徳川氏は、豊臣・北条にそれぞれ一人ずつの子（豊臣へは次男・秀康、北条へは娘・督）を送っていた点から、徳川氏が両者との中立的立場を保っていたと捉えることができる。

だが【史料6】は、追而書に「雖然やかて可差上申候」とあるように、天正十七年九月一日の諸大名妻子上洛令に対し、家康が秀吉に天正十七年九月十七日時点では「長丸」上洛を延期するものの、近いうちの「長丸」上洛を確約したものであるともいえる。この時点で徳川氏は「長丸」の上洛を了承したことを以って、小田原の役における豊臣への軍事的協力の意思を明確に示したといえる。この事実は逆に、小田原の役を翌年春に予定している豊臣側からみれば、「長丸」上洛が実現しない段階での徳川氏が豊臣か北条のどちらに味方するのか、家康の動向を慎重に窺っていたともいえるだろう。結果、天正十八年正月の「長丸」上洛実現直後、徳川は豊臣の命をうけて北条攻めを開始しており、小田原の役と「長丸」の上洛・在京賄料の宛行は切り離しては考えられない問題であったと捉えられる。

また【史料6】から、家康は「路次」沿いの賄料が知行替えされることに感謝していることが読みとれる。これについて、天正十八年七月、北条氏が降服したのち、徳川氏は豊臣政権より関東転封を命じられる。『三河後風土記』「神君江戸御入城付諸将賞罰の事」によれば、「(天正十八年七月十三日)其外近江九万石は神君御在京中御賄とし、又御上洛御道すがら御放鷹のたよりとして、石部関の地蔵四日市場白須賀石薬師庄野中泉興津に於て各千石、島田にて二千石進らせられ、徳川家旧領三河遠江駿河甲斐信濃五箇国は秀吉賜りて、旗下の諸将に配分致したし、(略)」とあり、近江に在京賄料を宛がわれたことが記述される。ただし、この関東転封の際の家康への在京賄料宛行に関する史料は、表2に示したように後世の編纂物でしか確認できない。その後、前述の天正十九年検地の際に家康へ宛がわれた知行のうちには、街道沿いのものも含まれている。[47]【史料6】にみえる「路次廻知行」から、これらの史料にみえる知行に替えられたとも考えられる。

したがって以上のことからいえることは、家康の関東転封前であり、世継「長丸」の上洛が実現していない段階での、当年のみの暫定的な賄領宛行措置であったともいえる。これは島津氏の事例でもほぼ同様な措置があったことを示したが、秀吉は彼らが確実に自身の政権下に入ったとみなしてから、正式に在京賄料を宛がっていたと考えられる。

最後に、「長丸」が上洛することと「供者」の知行を請取っていることは関連していると言える。実際に「長丸」が上洛するのは翌十八年正月である。[48]『多聞院日記』によれば、豊臣政権は天正十七年九月一日に諸大名妻子の上洛を命じたが、九月十七日付家康書状から窺えるように、家康は在京賄料の請取を理由に息・「長丸」の上洛を猶予されている。この事実は、【史料6】により初めて知り得るものであると思われる。

「供者知行方をも請取候」とは、『三河後風土記』巻第二十四にみえる「従ふ輩は井伊直政、酒井忠世、内藤正成、青山忠成」らの知行を徳川氏が秀吉から請取ったものとも考えられそうである。『武徳編』天正十四年十一月条によれば、「酒井左衛門尉（忠次）ニモ京師ニ宅地ヲ賜フ、且江州ニテ采邑千石ヲ授ラル」とあり、秀吉が家康の家臣である酒井忠次へ「采邑」＝知行を宛がったことが確認できる。酒井忠次は秀吉からみれば陪臣になるが、秀吉が陪臣に対し在京賄料を宛がったことを示す史料は、これまで後世の編纂物でしか確認できなかった。しかし【史料6】がその事実を裏付けるように、徳川家臣すなわち秀吉から見れば陪臣に当たる「供者」らに秀吉が在京賄料を与え、それを家康が受取っていることがわかる。

おわりに

ここまでの分析で明らかになったことをまとめたい。

①　秀吉から家康への在京賄料は、少なくとも天正十九年には宛がわれていたものと考えられる。しかし【史料6】が天正十七年九月十七日に比定されたことにより、同年同月日には秀吉から家康へ宛がわれていたことが確実となった。また、秀吉次領解体以前に近江国内に家康に宛がわれた在京賄料の存在が確認でき、蒲生・野

洲・甲賀三郡内九万石の家康への在京賄料は、必ずしも秀次領が解体したことをうけて宛がわれたものではないといえる。

② 家康に宛がわれた近江の在京賄料について、秀吉からの代官が仰せ付けられている。この事実は、北条攻めを翌年三月に控える秀吉が家康へ在京賄料を宛がうものの、「長丸」上洛が実現しない段階で家康に京都近郊の知行を直轄させるわけにはいかないという政治的な事情もあると思われる。

③ 天正十七年九月時点での近江の在京賄料宛行は、当年のみの暫定的な措置であったようである。これは島津氏の事例でもほぼ同様な措置があったことを示したが、秀吉は彼らが確実に自身の政権下に入ったとみなしてから、正式に在京賄料を宛がっていたと考えられる。

④ 秀吉が陪臣に対し在京賄料を宛がったことを示す史料は、これまで後世の編纂物でしか確認できなかった。しかし【史料6】がその事実を裏付けるように、徳川家臣すなわち秀吉から見れば陪臣に当たる「供者」らに秀吉が在京賄料を与え、それを家康が受取っていることがわかる。

以上に見てきたように、徳川への在京賄料の宛行は、当時の豊臣・徳川の力関係が単純に「主従関係」の一言で語ることのできる問題ではなく、当時の両者の微妙な関係を如実に示すものであることがわかる。

すなわち、賄料の宛行と連動する「長丸」の上洛は、豊臣政権にとって小田原の役を執行するにあたり、徳川からの軍事的協力を得るための必要条件であったと考えられ、家康は彼の上洛を了承したことをもって、役での豊臣への軍事的協力の意思を明確に示したといえる。徳川の協力がなければ、豊臣政権は小田原の役を執行できなかったのであり、天正十七年九月十七日時点での徳川への在京賄料の宛行と「長丸」の上洛猶予は、豊臣政権の徳川への懐柔策であったと捉えることができるだろう。(49)

【史料6】九月十七日付家康書状は、小田原攻めを翌年に控えた豊臣政権に対し、豊臣・北条の間に立つ徳川氏の政治的立場が窺える貴重な史料であると思われる。

(1) 朝尾直弘『将軍権力の創出』(岩波書店、一九九四年)Ⅱによれば、「在京賄料」とは豊臣政権にたいする参勤のための上洛中に要する諸費用を調達するものであるという。
(2) 中村孝也『新訂徳川家康文書の研究』(日本学術振興会、一九八〇年)上巻、七〇一頁。
(3) 『野洲町史』第二巻通史編2(野洲町、一九八七年)。
(4) 『滋賀県史』第三巻(滋賀県編、一九二七年)。
(5) 藤田恒春「豊臣秀次と近江の領地支配」(三鬼清一郎編『織豊期の政治構造』、吉川弘文館、二〇〇〇年)。
(6) 「嶋津家文書」(『大日本古文書』家わけ十六ノ一、東京帝国大学文学部史料編纂所、一九四二年)四四一、豊臣秀吉判物。
(7) 「嶋津家文書」四四二、豊臣秀吉判物。
(8) 「上杉家文書」(『大日本古文書』家わけ十二ノ二、東京帝国大学文学部史料編纂所、一九三五年)八三二、豊臣秀吉判物。
(9) 『久我家文書』第三巻(國學院大學久我家文書編纂委員会、一九八二年)七二六号文書、『九条家文書』五(宮内庁書陵部、一九七一年)一五一四文書(2)等。
(10) 「聚楽行幸記」(『群書類従』第三輯・帝王部、一九五九年訂正三版発行)。
(11) 「豊鑑」(『群書類従』第二十輯・合戦部、一九五九年訂正三版発行)。
(12) 平野明夫「豊臣政権下の徳川氏」(『地方史研究』三〇五、二〇〇三年、のち平野明夫『徳川権力の形成と発展』(岩田書院、二〇〇六年)に所収)。
(13) 『武徳編年集成』上巻(名著出版、一九七六年)。
(14) 『朝野旧聞裒藁』第七巻(汲古書院、一九八三年)天正十四年十一月条。
(15) 朝尾直弘、宇野俊一、田中琢編『角川日本史辞典』(角川書店、一九九六年)「武徳編年集成」項。

(16)『国史大辞典』(国史大辞典編集委員会編、一九九二年)「三河記」項。
(17)『家忠日記』(臨川書店、一九六八年)。
(18)三鬼清一郎編『豊臣秀吉文書目録』(名古屋大学文学部、一九八九年)。
(19)『守山市誌』資料編歴史年表(守山市誌編さん委員会編、二〇〇二年)。
(20)『守山市誌』によれば、当該史料の年代を天正末期としているが、『野洲町史』・『守山市誌』ともに、史料自体は掲載されていない。
(21)『近江蒲生郡志』巻三(滋賀県蒲生郡役所、一九二二年)。
(22)『近江蒲生郡志』一〇〇九、野洲郡三上村御上神社記録。
(23)『野洲町史』三五頁、御上神社文書。
(24)神崎彰利『検地』(教育社、一九八三年)検地施行年表。
(25)この家康書状について、佛教大学平祐史名誉教授が知人の末包貞子氏(某氏姉)を介して写真を預かり、筆者が平祐史研究室において見学する機会に恵まれ、改めて本史料の調査を進めることとなった。史料釈文の作成等にあたって、佛教大学平祐史名誉教授・故水野恭一郎名誉教授・渡辺忠司教授、中京大学播磨良紀教授、大阪城天守閣学芸員宮本裕二氏にご教示を賜った(各氏の肩書きは、平成二八年現在)。記して謝したい。なお本史料は、朝日新聞平成十六年十一月二十二日付夕刊等にて紹介された。
(26)生年未詳。一般に豊臣秀吉の右筆として知られる。文禄二年(一五九三)、豊後国内で二万五千三百石を領した。文禄四年八月、関白秀次事件に連座して失脚、島津義弘に預けられた。慶長三年(一五九八)三月二十日、薩摩の配所で自殺した(阿部猛、西村圭子編『戦国人名事典コンパクト版』(新人物往来社、一九九〇年)「木下吉隆」項)。
(27)生年未詳。はじめ丹羽長秀・長重に仕えた。天正十三年(一五八五)、豊臣秀吉に仕え、七月奉行の一人となる。同十七年十一月、小田原の役に備えて兵糧の準備を命じられた。同十九年閏正月、増田長盛らと近江を検地した。文禄四年六月、近江水口城主五万石となり、のち十二万石に加増される。慶長五年の関ヶ原の役では西軍に属したが、十月三日、近江桜井谷で自殺した(『戦国人名事典コンパクト版』「長束正家」項)。
(28)『太閤記』(『新日本古典文学大系』60、岩波書店、一九九六年)。

(29) 由緒書は左記の通り。

長束氏江州水口城主長束大蔵大輔正家之胤也則豊太閤五奉行之基也関原之役正家属西軍師散而後裔子其隠于南山城東河原村寛文中及其孫半右衛門又移于大和街廣野新田村事農耕後享保年間家弟善兵衛者出事于京師中立売豪買清水理兵衛家号桜井屋勤慎倶臻有年于茲家主大賞其功労遂分産以搆居于西陣五辻巷称桜井屋善兵衛其時旧里兄半右衛門者曩昔　神君所与家祖之書牘一通齎来以贈善兵衛曰証長束氏於此□□而秘重焉後天明八年有災延及洛中臨比時換家財抱此一軸以遁于四方而後得脱既而復旧基五代于今皆称善兵衛当今主人憑相国玉龍□西堂請余記其由因録其所聴以与亦之以足観世道変替云

足利中務源義俊誌㊞㊞

(30) 秀吉の「御朱印」とは【史料4】とも考えられそうであるが、前述したように天正十四年ごろには家康へ知行が与えられていた可能性がある。

(31) 『系図纂要』第九（名著出版、一九九一年）。

(32) 徳川義宣『新修徳川家康文書の研究』（徳川黎明会、一九八三年）。

(33) 『新訂徳川家康文書の研究』中巻、七五頁、豊臣秀吉より家康に遣れる書状〔御感証文集〕。

(34) 『晴豊記』（『増補続史料大成』第九巻、臨川書店、一九七八年）。

(35) 『三河後風土記』（『通俗日本全史』第十巻、早稲田大学出版部、一九一二年）。

(36) 『国史大辞典』「三河後風土記」項。

(37) 『系図纂要』第九。

(38) 『徳川実紀』第一篇（『新訂増補国史大系』第三十八巻、吉川弘文館、一九六四年）台徳院殿御実紀巻一。

(39) 『多聞院日記』（『増補続史料大成』第四十一巻、臨川書店、一九七八年）。

(40) 藤田達生『日本近世国家成立史の研究』（校倉書房、二〇〇一年）第八章によれば、豊臣政権による天正十七年九月の妻子をも含む諸大名への在京令は、豊臣秀長以外に毛利氏や大友氏など、全豊臣大名に通達されたという。

(41) 高橋修「徳川家康発給書状論」（『東北歴史資料館研究紀要』二五、東北歴史資料館、一九九九年）。

(42) 家康書札礼の研究としては他に、徳川義宣「家康印章の使用期間と朱黒別について」（『日本歴史』五三一、一九九二年）、平野明夫「戦国期徳川氏の政治的立場」（『国史学』一五八、一九九五年）などがある。

(43)「書状論」では、宛所位置が「月」の上とする。
(44) ただし、「書状論」による時期区分の関東入国時代（天正十八年七月～慶長四年末）・他家宛・D-1β型にもほぼ当てはまり、おおよその年代特定は可能であるが、決定的なものとはいえない。
(45) 東京大学史料編纂所架蔵写真帳「古文書纂」。
(46) これについては、第二章で詳しく後述する。
(47)『野洲町史』三六頁。
(48)「長丸」の上洛については、第二章表3を参照のこと。
(49)「長丸」の上洛については、第二章で詳しく後述する。

第二章　豊臣政権の対北条政策と家康

はじめに

豊臣政権の統一過程に関する研究は、近年盛んに行われている。その中でも藤木久志氏による「惣無事」論の提唱は、この政策に対する根本的な見直しをせまるものであった。(1)

藤木氏によれば、豊臣期の諸大名は「惣無事」令により自力救済権を否定され、軍事力集中と行使は「公儀の平和の強制と平和侵害の回復の目的にのみ限定」されていたとし、この「平和の強制」が豊臣政権による「惣無事」の政策基調であったとする。

この藤木氏の見解は、「惣無事」「豊臣平和令」というキーワードに象徴されるように、豊臣政権による「私戦」の禁止という側面が特に強調され、実際に豊臣政権が「成敗」を行ったのは小田原の役での北条のみであるとしたため、それが批判の対象にもなっている。(2)

しかし、それらの研究は「惣無事」「豊臣平和令」という文言・表現や、「惣無事」関係文書の年代比定などから時期的な側面を再検討するものが多く、「惣無事」の実態や本質を再検討したものは多くない。

豊臣政権の関東「惣無事」政策が、北条だけではなく、北関東領主らをも対象としていたことはよく知られる。

本章では前述のような研究状況を踏まえ、まずその基礎作業として、関東「惣無事」において、藤木氏が豊臣政権唯一の「成敗」であると主張する小田原の役と、それに至るまでの豊臣政権の対北条政策を考察対象とし、そこに介在したとみられる徳川氏の存在意義を中心に分析していきたい。

ここで明らかになるのは、家康、ひいては徳川氏の豊臣・北条に対する中立性である。一般的に徳川氏は、小牧・長久手戦後、天正十四年（一五八六）十月の家康上洛以後、豊臣政権と主従関係を結び、同十八年春の小田原の役に至ったといわれ、またそのような関係を前提として豊臣政権の関東「惣無事」政策が進められたといわれる。(3)

だが、この豊臣・北条に対する中立性は、豊臣政権の対北条政策を左右する要因であり、豊臣政権の関東「惣無事」の政策基調にも関わる問題であると考えられる。

本章で取り上げる家康の世継「長丸」（徳川秀忠の幼名）の上洛問題は、徳川の豊臣・北条に対する中立性を象徴的に示すものである。従来の研究では、「長丸」の上洛問題は、彼が元服前であるということもあり、良質の史料が無く、ほとんど注目されていなかったが、第一章で紹介した「九月十七日付家康書状」は、小田原の役直前に発給されたとみられ、「長丸」上洛についても記している。この史料を、考察材料の一助としつつ、豊臣政権の対北条政策における徳川氏の存在意義を分析したい。

なお本章では、徳川秀忠は同時代史料によって、天正十八年十二月まで「長丸」と呼称されることが確認できる(4)ことから、それ以前の彼を「長丸」と記す。

第一節　豊臣・徳川間における「長丸」上洛問題

「長丸」とは徳川秀忠の幼名である。『系図纂要』[5]には「秀忠公　長丸　竹千代　天正七年四ノ七生于浜松」とある。

表3に示したように、「長丸」のことを記した史料は、彼が「秀忠」と名乗る以前であるためか、それほど多くの史料はなく、またその上に史料価値の低い編纂物が多いことがわかるだろう。中村孝也氏『新訂徳川家康文書の研究』[6]に掲載される索引には、「長丸」という事項が存在せず、前掲「九月十七日付家康書状」などに、数点「長丸」という名がみられる程度である。

豊臣・徳川間において「長丸」の上洛問題は、天正十四年二月、秀吉の妹である旭姫の下向に関する交渉にて持ち上がったようである。『三河後風土記』[7]によれば、この交渉において、旭姫との縁組にあたっては、家康が

①「関白妹君」＝旭姫と家康との間に男子が生まれても徳川の嫡子とはしないこと

②「長丸」を「大阪」＝豊臣方への人質としないこと

③万一家康が死去したとしても、徳川領の五ヵ国に秀吉が手出しせず、「長丸」に徳川の家督をとらせること

の三ヵ条を挙げている[8]。この三ヵ条については、ほぼ同内容の記述が『武徳編年集成』[9]天正十四年二月条にみられる。しかしこの二史料は、のちの編纂物であり、史料価値が低く、またこの三ヵ条を記した同時代史料は見当たらない。

ただ、①については旭姫と家康との間に男子が生まれておらず、③についても秀吉存命中に家康が死去することはなかったということは、歴史的事実から明らかである。本章において、問題点としなければならないのは②

表3　「長丸」上洛に関する記事

No.	年	月	日	内容	典拠
1	天正14	2	23	翌廿三日に浅野長政、清洲より此所までは十四里の所を午刻に馳参る、神君御対面有つて御所望の三箇条を御書面になされ長政に示さる、此御書面は御右筆神尾庄兵衛筆取つて記す、第一関白妹君に此上男子生れ給ふとも、御嫡子には立てらるべからず、又、長丸君を以て大阪へ人質に遣かさるゝ事あるべからず、又、もし万一御逝去ありても御領五箇国に関白殿御手出しあるべからず、長丸君を扶助して御家督とらせらるべしとの御文言、長政謹んで押し戴き拝見し、御諚御尤も至極せり、	『三河後風土記』中巻第二十三。
2	天正15	8	8	八日　神君従二位ニ叙セラレ権大納言ニ任ジ玉フ　台徳公従五位下ニ叙セラレ蔵人頭ニ補シ玉ヒ侍従ニ推任アリ且武蔵守ヲ兼玉フ駿府ニテ今日首服ヲ遂ラルユヱ秀吉諱ノ字ヲ贈リ秀忠ト称シ玉フ(略)	『武徳編年集成』天正十五年八月。
3	天正15	8	8	台徳院殿御諱は秀忠。(略)(天正)十五年八月八日従五位下に叙し給ひ。十六年正月五日正五位下にのぼらせらる。	『徳川実紀』第一篇。
4	天正16	1	5	天正十六年戊子台徳公には正五位下に昇らせらる、是れ正月五日也、関白太政大臣豊臣秀吉公は九州二島既に平均し、関八州をのぞきて皆掌握に帰し、威風四海に輝き、尊敬並々ならず、(略)	『三河後風土記』中巻第二十四。
5	天正16	1	5	柏崎物語曰天正十六年秀吉執奏正月五日台徳院様正五位下	『朝野旧聞裒藁』天正十六年正月五日条。
6	天正17ヵ	9	17	長丸上洛之儀、供者知行方をも請取候之間、少相延て不苦之由、上意之旨候之由承候て、少相延し申候、雖然やかて可差上申候、(略)	「九月十七日付家康書状」。
7	天正17	12	9	台徳院殿、十一歳ニ成せ給フ、此冬秀吉へ謁見ノタメ、御上洛ニ定リケレドモ、秀吉ヨリ、侍臣ノモトへ書ヲ賜テ、幼少ニシテ、遠路ナリガタカルベシトテ、止メラレケル、十二日、	『武徳大成記』天正十七年十二月九日条。

				神君駿府へ御帰り、西尾ノ城ヨリ御書ヲ遣サレ、井伊直政酒井忠世青山忠成ニ、台徳院殿御上洛ノ事ヲ催促シ給フ、	
8	天正17	12	10	神君秀吉ト御対顔秀吉北條ガ表裏アルヲ深ク憎デ来春征伐スベキ旨相議セラル　神君急ギ酒井右兵衛大夫忠世後雅楽頭ト改内藤弥三郎正成後修理亮ト改青山藤七郎忠成後常陸介ト改等ノ台徳公輔佐ノ族ヘ尊翰ヲ賜ハリ彼上京ヲ催サル是秀吉小田原発向ニ定ルユエ　台徳公ヲ質子トシ御在京アラシメン為ナリ	『武徳編年集成』天正十七年十二月十日条。
9	天正17カ	12	26	急度申候、仍長丸（徳川秀忠）上洛付而種々御馳走之由、祝着之至難申尽候、弥御心付可為本望候、恐々謹言、 （天正十七年） 十二月廿六日　家康（花押摸） 羽田長門守（正親）殿	徳川義宣『新修徳川家康文書の研究　第二輯』（徳川黎明会、二〇〇六年）一三七頁、「羽田正親に遣れる書状」〔角屋記録〕東京大学史料編纂所所蔵。
10	天正18	1	3	長丸君（台徳公の御事也）未だ関白御対面なければ、小田原進発以前に御上洛あるべしとて、此正月三日駿府を出て給ふ、従ふ輩は井伊直政、酒井忠世、内藤正成、青山忠成也、同十三日御入洛あれば関白悦び給ひ、御迎として長束大蔵大輔を参らせらる、	『三河後風土記』中巻第二十四。
11	天正18	1	3	十八年正月三日駿府を発して。はじめて京におもむかせ給ふ。これは豊臣関白秀吉公御ゆかりとならせ給ひて後。公にはいまだ御対面ましまさざる故なるべし。	『徳川実紀』第一篇。
12	天正18	1	7	若君様御上洛候、今度之御上洛ハ、関白様尾州信雄御むすめ子御養子被成、若君様と御祝言被仰合候、	『家忠日記』天正十八年正月七日条。
13	天正18	1	14	家康子長上洛ニ弁太刀折紙礼遣候、	『晴豊記』天正十八年正月十四日条。
14	天正18	1	15	十五日（略）関白より名の一字をさづけて　秀忠君と称しまいらせられ。	『徳川実紀』第一篇。
15	天正18	1	19	家康長ヨリ余ニつた五十は弁馬十八日さきちやうのひ今朝也御会始也、	『晴豊記』天正十八年正月十九日条。

16	天正18	1	21	御本所御チヤセンノ息女小姫君ト云、当年六才、関白殿ノ養子ニテ二三才之時ヨリ御育也、今度去廿一日歟、家康ノ世継ノ子御長殿ト云十三才、コレト於受楽祝言在之、関東於存分、ケワキ料ニ三ケ国可被遣之由也云々、	『多聞院日記』天正十八年正月二十八日条。
17	天正18	1	25	若君様京都より御下り候、	『家忠日記』天正十八年正月二十五日条。
18	天正18	1	25	台徳公駿府に還入シ玉フ時ニ　神君曰秀吉今度長丸ヲ留メサル事ハ東海道吾領内ノ城々ヲ借テ旧臣ヲ籠置小田原ヘ進発セント欲スナラン道筋ノ諸城ヲ掃除スベキ旨本多作左衛門重次本多佐渡守正信ニ　命ゼラル案ノ如ク二三日ヲ経テ秀吉ヨリ羽書来リ右諸城ヲ借ルベキ由ヲ告ル　神君則領掌シ玉フ諸群臣皆　神君ノ明叡ヲ感ズ	『武徳編年集成』天正十八年正月二十五日条。
19	天正18ヵ	2	2	今度長丸(徳川秀忠)致上洛候之処、即被抂高駕、種々御懇情之由、井伊侍従(直政)申候、寔以過分之至、忝畏存候、此等之趣可然之様、可預御披露候、恐々謹言、 (天正十八年) 二月二日　家康(花押) 遠藤筑後守殿	『新修徳川家康文書の研究　第二輯』一四七頁「遠藤筑後守に遣れる書状」。
20	天正18	12	24	くわんはく殿よりきくてい殿こか殿くわんしゆ寺殿中山殿御つかいにて、いへやすちやう(家康長)しやうてんの事御かちにつきよなり、さんたい廿九日との事なり、	『御湯殿上日記』天正十八年十二月二十四日条。
21	天正18	12	28	秀吉ノ推挙ニ依テ台徳公従四位下侍従ニ御昇進有テ、元ノ如ク武蔵守ヲ兼任シ玉フ、	『武徳編年集成』天正十八年十二月二十八日条。
22	天正18	12	29	家康子於長公家成、予所よりしやうそくニあらためられ候、	『晴豊記』天正十八年十二月二十九日条。
23	天正19	6	4	(略)将又奥平美作守事、侍従(徳川秀忠)ニ相付、在京可然候、(略)	『新訂家康文書』中巻、七五頁「豊臣秀吉より家康に遣れる書状」。

注：本表は「豊臣政権の対北条政策と「長丸」の上洛」(『織豊期研究』七、二〇〇五年)表1を加筆・修正したものである。なお故徳川義宣氏より多くのアドバイスを頂いた。

である。

第一章で述べたように、天正十七年正月までは「長丸」の上洛は確認できない。しかし、天正十四年二月から同十七年正月までの間に、秀吉が「長丸」を上洛させようとした形跡がみられる。それは彼の叙任に関するものである。

これに関して、『徳川実紀』(10)などによれば、天正十五年八月、「長丸」が「従五位下」に叙されたという記事が見出せる。ついで天正十六年正月、彼は「正五位下」に叙されたことが記される。『朝野旧聞裒藁』(11)天正十六年正月五日条に「柏崎物語曰天正十六年秀吉執奏正月五日台徳院(徳川秀忠)様正五位下」とあり、秀吉の執奏のあったことが記される。ただ、よく知られるように『徳川実紀』は江戸幕府編纂の歴史書であり、(12)『朝野旧聞裒藁』も、天保十三年(一八四二)成立の江戸幕府の官撰歴史書で、のちの編纂物である。(13)

しかしながら「長丸」の叙任については、『系図纂要』第九には「(天正)十五年八ノ八従五下侍従武蔵守　十六年正ノ五正五下　十八年正ノ五元服　十二ノ廿九従四下(略)」とあり、『徳川諸家系譜』(14)には「同(天正)十五丁亥年御九歳、八月八日御元服、従五位下蔵人頭、同十六戊子年御十歳、正月五日正五位下、同十八庚寅年御十二歳、秀吉為御対顔正月御入洛、十五日御対顔、廿六日駿府還御、同十二月廿九日従四位下侍従(略)」とある。両系譜で「長丸」の元服年などは異なっているものの、天正十五年八月八日には「従五位下」、天正十六年正月五日には「正五位下」に叙されていることがわかる。

当該期の官位叙任にあたっては、秀吉の執奏が必要であったことはよく知られる。(15)小牧・長久手戦の戦後処理において、天正十二年十二月、家康の次男・於義丸(秀康)が上洛し、秀吉は彼を養子とした。ついで天正十四年四月、秀吉妹・旭姫と家康との婚約が成立し、豊臣政権の「東国御出馬」が回避された。五月には政権が関東・奥羽停戦令を発令し、北関東領主らに「家康赦免」を知らせた[16]。同年十一月には家康が上洛し、これによって豊臣・徳川間に主従関係が結ばれたといわれる[17]。

以後家康は、豊臣政権の武家官位制に組み込まれ、秀吉の執奏により官位を叙されていく。天正十四年十一月上洛の際には権中納言、翌十五年八月上洛の際には従二位大納言に叙されている。『家忠日記[18]』天正十四年十一月七日条には「家康御位中納言ニ被成候」、同十五年八月十七日条には「殿様駿州へ御帰候、今度御くらい大納言ニ御成候」とある。いずれの場合も、家康の上洛と秀吉の弟である秀長の叙任があり[19]、家康の叙任に秀吉の奏請があったのは間違いないだろう。

ここでの問題点は、天正十五年八月八日や同十六年正月五日での「長丸」の叙任には、同年同月日における彼の上洛が確認できないことである。

徳川氏の叙任が秀吉の執奏によるものであるのは、間違いないであろう。秀吉の執奏をうけるには、叙任される者が上洛する必要があり、秀吉は「長丸」の官位を執奏することで、彼の上洛を実現させようとしていたと考えられる。だが「長丸」に関しては、この時点での上洛は確認できない。

これまでの研究では、「長丸」の叙任やそれに伴う彼の上洛に関する問題は等閑視されてきた。しかしながらこの問題は、当時の豊臣・徳川・北条をめぐる政治状況（具体的には豊臣政権にとっては、徳川・北条への東国政策、徳川にとっては天正十一年には北条に娘督を送り、同十二年には豊臣に二男の秀康を送っていたという北条・豊臣との姻戚関係）において、重要なファクターであると考えられる。

以下、これを課題として考察を加えたい。

第二節　小田原の役と「長丸」の上洛

(一)「長丸」上洛に至るまでの過程

小田原の役の前年、天正十七年九月一日に、豊臣政権は諸大名に対して妻子上洛令を発したといわれる。『多聞院日記』[20]天正十七年九月一日条には、「諸国大名衆悉以聚楽へ女中衆令同道、今ヨリ可在京ノ由被仰付トテ、大納言（豊臣秀長）殿、女中衆今日上洛、筒井モ同前」とある。これによれば、秀吉は諸大名に命じて、その妻子らを在京させようとしていた。[21]

藤田氏によれば、これは九州国分から聚楽第行幸を経て進められた豊臣政権の専制化と深く関わっているとする。[22]また時期的にみて、この諸大名妻子上洛令は、翌年春に控える小田原の役に向けて、豊臣政権が諸大名より人質を徴収することを目的としたものであったと考えられる。

ここでもう一度、第一章で紹介した「九月十七日付家康書状」と、そこから明らかとなる事実を再掲したい。

【史料1】「九月十七日付家康書状」

追而申候、長丸上洛之儀、供者知行方をも請取候之間、少相延て不苦之由、上意之旨候之由承候て、少相延し申候、雖然やかて可差上申候、□（尚カ）御次も候ハヽ、可然様被仰上可給候、以上、

江州知行方之儀付而、被成下御朱印候、則頂戴仕候、仍而江州知行方之儀、当年之事ハ御代官被　仰付、以物成可被下之旨、得其意存候、路次廻知行之儀、被成御替之、可被下之由、誠被為入御念候而被　仰下候段、忝次第難申尽候、此旨可然候様被仰上可給候、恐々謹言、

九月十七日　家康（花押）

木下半介(吉隆)殿
長束(正家)大蔵大輔殿

第一章で述べたように【史料1】は、天正十七年に比定される。この年代比定に基づき、以下の事実が明らかとなる。

①　近江の知行について、本史料発給以前、すなわち天正十七年九月十七日以前に既に秀吉の朱印をもって家康に宛がわれている。

②　当年（天正十七年）の物成については秀吉からの代官が派遣され、物成の収納分が家康に下されている。

③　この際に路次辺りの知行については知行替えが行われている。

④　天正十七年九月に発せられた豊臣政権の諸大名妻子上洛令に対し、「長丸」の上洛については、「供者」の知行をも請取っていることを理由として多少ながら延期されており、それを秀吉が了解している。しかしながら家康は「長丸」を「やかて可差上申候」として、近いうちの彼の上洛を約している。

①②③については、第一章にて分析した。ここでの問題点は④である。

【史料1】によれば、家康は在京賄料の請取を理由に息「長丸」の上洛を猶予されている。この事実は、右記家康書状により初めて知り得るものであると思われ、徳川氏は豊臣政権から特別視される存在であることがわかる。

ただ、「長丸」の上洛はあくまで延期されただけであり、後述するように翌十八年正月には上洛しており、徳川氏側が知行を請取ることも「長丸」の上洛と連動している。また「少相延て不苦之由」とする秀吉の「上意」をうけて、家康が自身の意思として「少相延し申候、雖然やかて可差上申候」と返答していることも注目される。

これは「長丸」の上洛日程は未定であるが、いずれ近いうちに彼を上洛させるという家康の意思表示である。【史料1】には、具体的な「長丸」の上洛日程は述べられていない。実際には翌十八年正月に上洛しており、猶予されているのは三ヵ月程度であるが、天正十七年九月十七日の段階では「長丸」の上洛日程は決定していなかったと思われる。

では、「長丸」の上洛はどの段階で決定したのだろうか。

【史料2】(23)

條々

一、北條事、近年蔑公儀、不能上洛、殊於関東、任我意、狼藉條、不及是非、然間去年可被加御誅罰処、駿河大納言家康卿依為縁者、種々懇望候間、以條数被仰出候へば、御請申付而被成御赦免、則美濃守(北条氏規)罷上、御礼申上候事

一、先年家康被相定條数、家康表裏之様ニ申上候間、美濃守被成御対面上ハ、境目等之儀被聞召届、有様ニ可被仰付之間、家之郎従差越候へと被仰出候処ニ、江雪差上訖、家康与北條国切之約諾儀、如何と御尋候処ニ、其意趣者、甲斐信濃之中、城々ハ家康手柄次第、可被申付、上野之中ハ北條可被申付之由相定、甲信両国ハ則家康ニ申付候、上野沼田儀者北條不及自力、却而家康相違之様ニ申成、寄事於左右、北條出仕迷惑之旨申上候歟と被思食、於其儀者、沼田可被下候、乍去上野のうち真田持来候知行三分二、沼田城ニ相付、北條ニ可被下候、三分一ハ真田ニ被仰付候條、其中ニ有之城を真田ニ可相拘之由、被仰定、右之北條ニ被下候三分二之替地者家康より真田ニ可相渡旨、被成御究、北條可出仕との一札出候者、則被差遣御上使、沼田可相渡と、被仰出、江雪被返下候事

一、当年極月上旬、氏政可致出仕旨、御請一札進上候、因茲被差遣津田隼人正・富田左近将監、沼田被渡下候事

一、沼田要害請取候上ハ、右之一札ニ相任則可罷上と被思食候処、真田相拘なくるみ（名胡桃）の城を取、表裏仕候上者使者ニ非可被成御対面儀候、彼使雖可及生害、助命返遣候事

一、（略）然処ニ氏直背天道之正理、対帝都企奸謀、何不蒙天罰哉、古諺云、巧詐不如拙誠、所詮普天下逆勅命輩、早不可不加誅伐、来歳必携節旗令進発、可刎氏直首事、不可廻踵者也、

天正十七年十一月廿四日　　朱印（秀吉）

北條左京大夫（氏直）とのへ

右記秀吉朱印状は、一般的には秀吉が北条氏直に宣戦を布告したとされるものである。

二・三条目にみえる沼田城の北条への受け渡しに関する記述は、『家忠日記』などによれば天正十七年七月ごろに確認できる。同日記天正十七年七月二十一日条によれば、「榊原式部大輔（康政）、信州真田へ沼田の城さかミ（北条）へ渡しニ被越候、京都よりハ富田平右衛門、津田四郎左衛門尉けんしに被越候、沼田城うけ取候ハヽ氏真（氏直ヵ）上へ出仕可被成候」とあり、家康の臣・榊原康政が真田領の沼田を北条へ渡すために同地へやって来ており、豊臣政権からは富田・津田の両「けんし」＝検使がやって来ている。そして両検使は、北条が沼田を受け取る条件として氏直の上洛・出仕を挙げていることがわかる。

ところで、これとほぼ同時期の十七年七月以降、家康は自領国の五ヵ国総検地を行っている。[24] これは今後予想される小田原の役に向けての、軍役負担に伴うためのものであると思われる。すなわち家康は、この段階ですでに小田原の役においての豊臣への軍事的協力を念頭に置いていたものと捉えることができるだろう。

ついで四条目には、北条側が沼田を受け取れば、右の二・三条目に挙げたように氏直が上洛・出仕すると秀吉は考えていたが、真田領の名胡桃を奪ってしまったことが記される。すなわち豊臣政権からみれば、北条側に約束を反故にされたわけだが、これは十七年十一月上旬のことである。

そして十一月二十四日、右記布告状が豊臣政権より発せられたのである。その布告状と同日付で、左記の書状が秀吉から家康に発給されたと思われる。

【史料3】(25)

(端裏書)「駿河大納言(徳川家康)へ御書留」

態差遣使者候、北條儀、可致出仕由御請申、沼田城請取之、一礼之面をハ不相立、信州真田持内なくるミノ城乗取之由、津田隼人正・富田左近かたへ、従其方之書状ニ相見候、然者、北條表裏者之儀候間、来春早々出馬、成敗之儀、可申付候、早四国・中国・西国、其外国々へ陣触申付候、其表境目之儀、又ハ人数可出之行等儀、可令談合候條、二三日之逗留ニ、馬十騎計にて、急々可被相越候、(略)

(天正十七年)十一月廿四日

駿河大納言とのへ

猶以、越後宰相(上杉景勝)も四五日中ニ上洛之由候、幸候間、関東へ行之儀、可令直談候條、早々上洛待入候、雖不及申候、駿甲信堺目等、慥之留守居被申付可然候也、

右記書状案にも北条が約束に反して名胡桃を奪ったことが記されている。北条「成敗」につき、秀吉は軍勢派遣などに関して談合したいと家康の上洛を促している。これをうけて、家康は上洛のため十二月二日に岡崎を出立している。(26)『家忠日記』天正十七年十二月十三日条によれば、「酒井宮内(家次)より京よりの御ふれ相州御陣

之事申来候、関白様ハ明三月朔日、尾州大府様ハ二月五日、家康様ハ正月廿八日御出馬之由候」とあり、正式に小田原の役の日程と、徳川の豊臣への軍事的協力が決定されたことがわかる。ただ、これらの史料には「長丸」の上洛に関する記述はみられない。

一方で、『武徳編年集成』天正十七年十二月十日条によれば、「神君秀吉ト御対顔秀吉北條ガ表裏アルヲ深ク憎デ来春征伐スベキ旨相議セラル　神君急ギ酒井右兵衛大夫忠世後雅楽頭ト改内藤弥三郎正成後修理亮ト改青山藤七郎忠成後常陸介ト改等ノ　台徳公輔佐ノ族ヘ尊翰ヲ賜ハリ彼上京ヲ催サル是秀吉小田原発向ニ定ルユエ　台徳公ヲ質子トシ御在京アラシメン為ナリ」とある。また『武徳大成記』(27)によれば、「(天正十七年十二月九日) 台徳院殿、十一歳ニ成せ給フ、此冬秀吉ヘ謁見ノタメ、御上洛ニ定リケレドモ、秀吉ヨリ、侍臣ノモトヘ書ヲ賜テ、幼少ニシテ、遠路ナリガタカルベシトテ、止メラレケル、十二日、神君駿府ヘ御帰リ、西尾ノ城ヨリ御書ヲ遣サレ、井伊直政酒井忠世青山忠成ニ、台徳院殿御上洛ノ事ヲ催促シ給フ」とあり、小田原の役と「長丸」上洛に関することが話し合われている。『武徳編年集成』では、家康と秀吉が北条「征伐」について話し合い、家康は「台徳公」=「長丸」を豊臣への人質として上洛させたい考えを持っていたことが記されている。特に『武徳大成記』では、秀吉が「台徳院」=「長丸」の上洛を止めているにも関わらず、家康が「長丸」の上洛を促している。すなわち、秀吉ではなく家康の意思によっての「長丸」上洛が記述されるこれら後世の編纂物は、九月十七日に発給された右記家康書状の「雖然やかて可差上申候」をうけていると考えられ、「長丸」の上洛に関して、家康の意思が尊重されていることがわかる。

【史料1】発給の九月十七日からこの十二月上旬までは、家康の上洛は確認されず、また「長丸」の上洛を促すような史料は確認できない。『武徳編年集成』は、既に述べた通り、幕府側の視点で記述された家康の伝記である。[28]『武徳大成記』は、林鳳岡・木下順庵らの編で、貞享三年（一六八六）の成立とされる。[29]ともに後世の編纂物であり、信頼性は低いが、十二月十六日には家康が帰国し、その半月後には「長丸」が上洛していることから、彼の上洛日程は、小田原の役の日程と豊臣への軍事的協力のことについて話し合われたこの会談の際に決定したとするのが妥当であると考えられる。

この会談で話し合われた「長丸」の上洛問題は、【史料1】「雖然やかて可差上申候」をうけており、その約束の履行と小田原の役での豊臣への軍事的協力は、切り離しては考えられない問題であったといえる。

（2）「長丸」上洛と「在番」

家康は、この会談を終えて、十六日には帰国の途についている。そして第一章で述べた通り、年が明けて天正十八年正月に「長丸」は初めて上洛したのである。

『家忠日記』によるとこれは、「長丸」と秀吉の養子となった織田信雄の娘との祝言のための上洛であるとしている。

また『多聞院日記』天正十八年正月二十八日条には、「御本所御チヤセン（織田信雄）ノ息女小姫君ト云、当年六才、関白殿ノ養子ニテ二三才之時ヨリ御育也、今度去廿一日歟、家康ノ世継ノ子御長殿ト云十三才、コレト於受（聚）楽祝言在之、関東於存分、ケワヰ料ニ三ケ国可被遣之由也云々、事々敷祝言ノ様也ト、松林院ノ得業被語了」とある。「家康ノ世継ノ子」である「御長殿」＝「長丸」が実際に上洛し、「小姫君」との祝言が聚楽第において行われたことが記されている。これらの日記類には、「長丸」の上洛を人質としての上洛ではなく、祝言を理由としての上洛であったとしている。また彼が当時、世間から家康の「世継」と解されており、「関東」すなわちこれから攻撃予定の北条氏の所領が関白秀吉の「存分」となれば、彼にその「三ケ国」を遣わすという噂になっている。「長丸」の上洛が、小田原の役を前提としていたことがわかる。

だが、一般に「長丸」＝秀忠の室は浅井長政の三女であるといわれ、この信雄の息女で秀吉の養女となっていた「小姫君」と「長丸」との祝言が実際に行われたかどうかは不明である。[30] しかしながら、天正十八年正月に「長丸」が実際に上洛したのは多くの史料により確認でき、[31] 彼の上洛が天正十七年九月の諸大名妻子上洛令に対応していることから、三ヵ月程度の猶予期間があったものの、実質的には徳川から豊臣政権への人質であるのは間違いないだろう。

秀吉は、表向きには祝言を理由として、実質的には人質としての「長丸」の上洛を実現させ、家康の意思を確認した。それにより、小田原の役での豊臣への徳川の軍事的協力は確実となったといえる。

ところが「長丸」は、祝言が終わると二十五日には早々に帰国してしまう。[32]『武徳編年集成』天正十八年正月二十五日条によれば、「台徳公駿府に還入シ玉フ時ニ　神君曰秀吉今度長丸ヲ留メサル事ハ東海道吾領内ノ城々ヲ借テ旧臣ヲ籠置小田原へ進発セント欲スナラン」とある。これによれば、「長丸」が駿府に戻った際に、秀吉が今回「長丸」＝秀忠を自身の許に留め置かないのは「東海道吾領内」＝徳川領内の「城々」を（秀吉が）借り受けて（秀吉の）「旧臣」を置き、その上で小田原攻めを行うことを望んでいるからであるとする。「長丸」の帰国と豊臣軍の「在番」が東海道の諸城に置かれることは連動していると読み取れる。実際に東海道の諸城に吉川広家らが「在番」として置かれた事例は、同時代史料によって確認できる。

【史料4[33]】

北条儀、頃可致出仕旨、及御請一札之面、不相立、結句、信州之内一城奪取之、其外於東国無道表裏、無是非次第候、因茲、対北条如此被仰遣候、則写加朱印為見之候、右之通被　仰出上者、来春被出御馬、可加誅戮候、先勢従正月打立候、其方事、尾州清須城請取、人数二千にて自身可在番候、同国仮屋須賀城へ人数五百可被入置候、其用意可被申付候間、為越年上洛無用ニ候、二月中旬必京着肝要候、猶浅野弾正少弼（長吉）・黒田勘解由（孝高）可申候也、

（天正十七年）極月四日　〇（秀吉朱印）

羽柴筑前侍従（小早川隆景）とのへ

【史料5】(34)

北条儀為誅伐来春至于関東被成御進発条、其方事人数五百召連、二月中旬有上洛、尾州星崎城請取、自身可被在番候、委曲輝元隆景江相達候、猶浅野弾正少弼・黒田勘解由可申候也、

（天正十七年）極月四日　〇（秀吉朱印）

吉川侍従（広家）とのへ

【史料4】【史料5】史料は、何れも天正十七年十二月四日付のものである。【史料4】では、秀吉から小早川隆景へ「尾州清須城請取、人数二千にて自身可在番候、同国仮屋須賀城へ人数五百可被入置候」とあり、「在番」の置かれることが記される。【史料5】では、秀吉から吉川広家へ「二月中旬有上洛」以後に「尾州星崎城」の「請取」と「在番」を命じている。ただ何れも「尾州」のことであり、当時尾張は織田信雄領である。

では、徳川領には豊臣方の「在番」が置かれたのだろうか。

【史料6】(35)

山中城責崩、伊豆国平均被仰付、小田原面江御先手一里五十町之間ニ陣取候、然者御跡在城番事、次第送ニ

可入置候間、其地小早川かたへ相渡候而、岡崎之城請取、番等無由断可被申付候也、
（天正十八年）四月二日　〇（秀吉朱印）
（吉川広家）羽柴新庄侍従とのへ

これによれば、天正十八年四月二日、秀吉はこの時【史料5】にみえる「尾州星崎城」の「在番」を吉川広家に命じていたが、これを小早川へ渡し、今回広家には替わりに徳川領である三河岡崎城の「在番」を命じていることがわかる。

【史料7】[36]

此御物被成添奉行、被差上候間、以次人夫拾五人、可京着候、猶木下半介可申候也、
（天正十八年）六月十五日　〇（秀吉朱印）
星崎　清須
（小早川隆景）羽柴筑前侍従とのへ
岡崎
羽柴新城侍従とのへ

これを裏付けるように【史料7】でも、星崎城に小早川が、岡崎城に吉川が在城していることがわかる。[37]このように「在番」体制の確立によって、秀吉自身は天正十八年三月には小田原へ向けて出陣することとなる。もちろん【史料4】～【史料7】には「長丸」に関することが述べられているわけではないが、「長丸」の帰国後に豊臣軍の「在番」が東海道の諸城に置かれたことは留意すべきであると考える。
徳川の軍勢は正月二十八日に出陣し、家康自身も二月十日には出陣している。[38]徳川氏は、ここにおいて初めて

豊臣の課す軍役に応じ、[39] 豊臣軍の先鋒として、豊臣軍最大の兵を小田原に送り込むことになる。[40]

家康は、北条・豊臣と姻戚関係を結んでいた。天正十一年には北条に娘督を送り、同十二年には豊臣に二男の秀康を送っていた。当然、男子を送った豊臣との関係が深いのはいうまでも無い。

天正十七年九月、豊臣政権は諸大名妻子上洛令を発するが、これは翌年春に控える小田原の役に向けて、諸大名より人質を徴収することが目的であったと考えられる。これに対応する【史料1】によれば、家康は、豊臣政権より在京賄料の請取を理由に「長丸」の上洛を猶予されている。「長丸」の上洛問題は、彼が上洛しない限り、徳川は豊臣・北条にそれぞれ一人ずつの子を人質として送っていたという点で、徳川が両者との中立的立場を保っていたといえる。

しかし家康は、妻子上洛令に対し、九月十七日時点で「長丸」の近いうちの上洛を約しており、家康は秀吉に対し、「長丸」の上洛を了承したことを以って、小田原の役における豊臣への軍事的協力の意思を明確に示したといえる。その事実と、それに続く北条による名胡桃城攻撃は、徳川の両者とのバランスを崩壊させることとなった。北条への宣戦布告直後の秀吉・家康の会談は、家康の意思による「長丸」の上洛を決定させたとみてよいだろう。

天正十八年正月、実質的に人質としての「長丸」の上洛は、小田原の役における徳川の豊臣への軍事的協力を前提としており、秀吉は「長丸」の上洛により、小田原の役での徳川の軍事的協力が確実となったのち、徳川の兵を先鋒として、北条への攻撃を開始したのである。

しかしこの事実は豊臣政権にとって、逆説的に考えれば、「長丸」の上洛が実現しない段階では、北条との関係の深い徳川の軍事的協力が得られず、北条への攻撃が行い得ないことを示しているといえる。

以下、これについて時間を遡って考察したい。

第三節　豊臣政権の小田原出兵計画と「長丸」の不上洛

前述したように、「長丸」が叙任されるには秀吉の執奏が必要であったし、それには「長丸」が秀吉の元へ赴く、彼の上洛が不可欠であったことは間違いないであろう。秀吉は「長丸」の官位を執奏することで、彼を上洛させようとしていたと考えられる。

だが「長丸」が上洛することは、徳川にとっては豊臣政権への人質であったと考えられる。しかし天正十五年八月、あるいは天正十六年正月の「長丸」の叙任に際して、彼の上洛は確認できなかった。

そこで当該期の「長丸」不上洛問題とともに注目されるのが、天正十五年末ごろから翌十六年にかけて計画されたと思われる豊臣政権の小田原出兵である。「計画されたと思われる」としたのは、実際に豊臣側が北条へ軍勢を派遣した様子がみられないことによる。

前掲の北条への宣戦布告条【史料2】の一条目に「去年（天正十六年）可被加御誅罰処」とみえる。結果、これは「駿河大納言家康卿依為縁者、種々懇望候間、以條数被仰出候へば、御請申付而被成御赦免、則美濃守（北条氏規）罷上、御礼申上候事」と続いているように、家康の「懇望」によって北条が「御赦免」され、北条氏規が上洛したことが記される。上洛するにあたり、北条家中において氏規が選ばれたのは、彼が以前から家康と親交のあることによるのはいうまでもない。

しかし【史料2】は秀吉の発給した文書であり、記される内容はあくまで政権側の主張である。正確な分析を行うには、徳川や北条側、あるいはそれ以外の客観的と思われる史料などによらなければならないと考える。

北条側の史料によれば、天正十五年十二月に「京勢陣用意之由告来儀、顕先書候」、「如顕先書、京勢催動儀、必然之様ニ告来間、先諸軍勢を急速相集候」[41]などとあり、「京勢」すなわち豊臣の軍勢が出陣の準備を整えているとの情報が北条に入り、北条はそれに対する軍勢を急いで集めようとしていたことが知られる。

【史料8】[42]

此方江源兵衛登候、幸之間、存分共委細直ニ相含候、仍越後従本庄(繁長)者、色部・黒河以相談之(ママ)、庄内へ悉頼入候、庄中従最上(義光)抱之儀成間敷由、其聞候、左様ニ候て、其表之人衆、大概最上江可打返候歟、山中雪皆々消候者、景勝自身可被打出之由、其唱候、随而南口様躰之事、関白与小田原御弓、無事成就候、佐竹ニ而者、府中と江戸殿(重通)間ニ干戈出来、義重(佐竹)自身有出張、一和之雖御意見候、江戸殿悉手詰故、時宜相切、府中へ義重打向、被及弓矢立候由ニ候、佐竹洞中悉取紛(乱カ)候、然間仙道口無異儀候、万吉期来音候、恐々謹言、

追而、三ツこし候、物一つも長はしへと丶くへきニ候ハ丶、越申上候、以上、

(天正十六年)三月十三日　政宗御判

遠出(遠藤出羽守高康)

【史料8】には「関白与小田原御弓、無事成就候」とあり、天正十六年三月十三日には、伊達政宗が遠藤高康に北条と豊臣の「御弓」が「無事」となった旨を伝えている。

ところで最近、矢部健太郎氏が当該期の豊臣政権の統一政策に関する以下の史料について、重要な見解を示している。[43]

【史料9】[44]

去二日書状、加披見候、関東無殊儀之由、被申越候、然者、八州儀、最前家康上洛刻、具被仰聞候間、定而

御請可申候、自然、北条（氏直）相背御下知、佐竹（義宣）・宇都宮（国綱）・結城（晴朝）へ於相動者、従此方可被仰聞間、後詰可有之用意可被申付候、猶石田治部少輔（三成）・増田右衛門尉（長盛）・木村弥一右衛門尉（吉清）可申候也、
（天正十五年）二月廿四日　（花押）
上杉少将（景勝）とのへ

右記秀吉直書の「後詰可有之用意可被申付候」の解釈について、藤木久志氏は天正十四年十月、家康の上洛・臣従後、東国「惣無事」政策は彼中心に大きく転換し、それまで「取次」として重要な位置を占めていた上杉景勝は脇役に退けられ、家康・富田一白が「惣無事」政策の中心になるとの見解を示している[45]。すなわち藤木氏は「後詰」という文言を「脇役に退けられた」と解したのである。この藤木氏の見解は、ほぼ無批判に共通認識とされてきた。

しかし矢部氏はこの見解に対し、当該期に現出する「後詰」文言の用法を分析し、また実際に天正十八年の小田原の役において、景勝が北条氏を背後から攻める役割を果たしていたことから、「後詰」＝「敵の背後から攻める軍隊」であるとの見解を示した。すなわち、秀吉直書の「後詰可有之用意可被申付候」とは、「惣無事」政策において景勝が脇役に退けられたのではなく、天正十四年十月の家康上洛以降も、景勝は一貫して豊臣政権の「惣無事」政策に家康と共に関与させられていたと結論付けた。

矢部氏の「後詰」文言に対するこの見解は、賛同しえるものである。しかしながら、北条氏に対して豊臣政権の軍事行動が天正十八年三月まで見られないとはいえ、景勝の軍事的後方支援としての「後詰」が右記秀吉直書の発給された天正十五年二月から、同十八年三月まで見られないのは、時間的に間隔が開き過ぎている。

ここにみえる景勝の軍事的後方支援としての「後詰」とは、むしろ天正十五年末から翌十六年にかけて計画さ

れたと思われる豊臣政権の小田原出兵を想定していたと考えた方がよい。したがって、この際の豊臣政権の小田原出兵計画は、徳川だけでなく上杉をも巻き込む、大規模なものであったといえるだろうが、前述したように実際に豊臣側が軍勢を派遣した様子はみられない。

天正十六年五月二十一日、家康は氏政・氏直に対し、氏政の兄弟が秀吉のもとに上洛すべきことを勧告し、もし上洛しないならば娘の督姫を離縁して返してほしいと起請文を送っている。(46) 七月十四日には家康が家臣の朝比奈泰勝に、氏規の上洛を催促させている。(47) その後、『家忠日記』天正十六年八月十日条によれば、「相州氏直伯父北條美濃守（氏規）関白様江出仕、今日岡崎へ着られ候、安内者榊原式部大輔、成瀬藤八也」とあり、氏規が岡崎に立ち寄っている。これらの史料は、「関白与小田原御弓、無事成就候」にあたって、徳川の介在を示すものである。

次いで『多聞院日記』天正十六年八月十八日条によれば、「京都ヘハ東国ヨリ相州氏直ノ伯父美濃ノ守（氏規）上洛、東国悉和談相調了云々、奇特不思儀ノ事也、天下一等（統）満足充満、天道如何」とあり、氏規が上洛している。氏規の上洛にあたっては、北条側の史料によれば、「此度京都御一所ニ成、家康以御取持、美濃守上洛候」(48)と記されている。家康は、氏規の上洛を実現させ、豊臣・北条を「御取持」ち「和談」・「無事」を調えたことにより、豊臣政権の北条への軍勢派遣が見送られたのである。

したがって、ここでの分析からいえるのは、

① 天正十五・六年ごろの家康は、豊臣と北条の合戦を望んでおらず、両者間を「御取持」ち、「関白与小田原御弓」の「無事」・「和談」を調えている。

② ただし家康は、北条が豊臣との「和談」を承諾せず、北条家中の者が上洛しない場合には、娘の離縁を要求

している。

③　前述したように、「長丸」が上洛しない限り、徳川は豊臣・北条にそれぞれ一人ずつの子を人質として送っていたという点で、徳川が両者との中立的立場を保っていたこと、また天正十八年正月の「長丸」の上洛が徳川の豊臣への軍事的協力を前提とするものであったことから鑑みれば、天正十五年八月、あるいは翌年正月の「長丸」叙任の際に彼が上洛しないのは、家康がこの際の小田原出兵計画に豊臣への軍事的協力をしないことの意思表示であったといえる。

④　右の事実は、豊臣政権からみれば「長丸」の上洛が実現できないことにより、徳川の軍事的協力を得られず、実質上政権の小田原出兵計画の頓挫といえる。

おわりに

本章での考察を時間軸に沿ってまとめたい。

①　天正十四年二月、秀吉の妹である旭姫の下向に関する交渉にて、家康が「長丸」を豊臣方への人質としないことを挙げたのに端を発し、豊臣・徳川間において「長丸」の上洛問題が持ち上がったとされるが、これについて記した史料は信頼性の低いものしかなかった。

②　天正十五年八月、あるいは天正十六年正月の「長丸」の叙任に際して、秀吉は「長丸」の官位を執奏することで、彼を上洛させようとしていたと考えられるが、何れの場合も彼の上洛は実現しなかった。この際に「長丸」が上洛しないのは、家康がほぼ同時期の小田原出兵計画に豊臣への軍事的協力をしないことの意思表示であったと考えられ、この事実は実質上豊臣政権の小田原出兵計画の頓挫であったといえる。

③　天正十七年九月、豊臣政権は諸大名妻子上洛令を発するが、家康は、豊臣政権より在京賄料の請取を理由に「長丸」の上洛を猶予されている。「長丸」の上洛延期は、彼が上洛しない限り、徳川は豊臣・北条にそれぞれ一人ずつの子を人質として送っていたという点で、徳川が両者との中立的立場を保っていたといえる。しかし家康は、妻子上洛令に対し、九月十七日時点で「長丸」の近いうちの上洛を約しており、「長丸」の上洛を了承したことを以って、小田原の役における豊臣への軍事的協力の意思を明確に示したといえる。その事実と、それに続く北条による名胡桃城攻撃は、徳川の両者とのバランスを崩壊させることとなった。北条への宣戦布告直後の秀吉・家康の会談は、家康の意思による「長丸」の上洛を決定させたとみてよい。

④　豊臣政権は、天正十八年正月、実質的に人質としての「長丸」の上洛により、小田原の役での徳川の軍事的協力が確実となったのち、徳川の兵を先鋒として、北条への攻撃を開始した。

これらの事実は、豊臣政権にとって、「長丸」の上洛が実現しない段階では、北条との関係の深い徳川の軍事的協力が得られず、北条への攻撃が行い得ないことを示しているといえる。結果、「長丸」の上洛問題に象徴される徳川の中立性は、豊臣政権の対北条政策を大きく左右する問題であったといえる。

藤木氏は、小田原の役が豊臣政権唯一・例外の「成敗」であると主張する。しかし本章で明らかにしたように、政権が条件（徳川の軍事的協力）さえ整えば、その時点での北条への「成敗」を実現できたことから鑑みれば、むしろ小田原の役は政権にとって必然の「成敗」であったといえる。「平和の強制」が豊臣政権による「惣無事」の政策基調であったとする藤木氏の見解は再考される必要があろう。

しかし、豊臣政権の東国政策の全体像を捉えるには、「惣無事」関係史料や、北関東領主に対する豊臣の政策などを分析しなければならないであろう。「惣無事」関係史料の分析については後述する。

(1) 藤木久志『豊臣平和令と戦国社会』(東京大学出版会、一九八五年)。

(2) 代表的なものを挙げれば、藤田達生『日本近世国家成立史の研究』(校倉書房、二〇〇一年)がある。氏によれば、秀吉が賤ヶ嶽の合戦以来、「戦争→国分執行→仕置令発令」という一連の手続きを繰り返しながら全国統一を完了したとしている。そして秀吉が主張した「惣無事」というスローガンは、あくまでも直接境界を接しない遠隔地の戦国大名間紛争に軍事介入するための名分であり、「国分」に至る一連の政治過程と軍事動員からは、独善的かつ好戦的な政権の本質が明瞭になると述べ、藤木氏の見解と相反する。ただこの藤田氏の見解は、「惣無事」「無事」表現のみられない四国・九州などでの分析から得られた結論であり、「惣無事」「無事」表現のみられる関東での分析は行っていない。

(3) 藤木前掲注(1)書によれば、当該期の豊臣・徳川の主従関係を認めた上で、秀吉は「惣無事」の執行を家康に委ねたとしている。平野明夫「豊臣政権下の徳川氏」(『地方史研究』三〇五、二〇〇三年)によれば、①徳川氏は、天正十四年十月二十七日、秀吉に謁見・「見参」することによって織田大名から豊臣大名へと転換したこと、②役負担の面で、徳川氏が豊臣政権の軍事動員に応じて出兵した最初の戦いは小田原の役であったこと、③天正十四年十一月、家康が豊臣政権の関東・奥羽への「取次」に任命されたこと、などを根拠として天正十四年十月に豊臣・徳川の主従関係が成立したとしている。山本博文『幕藩制の成立と近世の国制』(校倉書房、一九九〇年)第一部第一章によれば、概念上の「取次」を、諸大名への命令伝達や個々の大名を服属させ後見するといった諸機能を果たし、かつそのような役割を公的に認められ期待される(豊臣)政権の最高級メンバーと定義しており、豊臣と徳川の主従関係を認めた上で、家康を豊臣政権の「取次」と捉えている。粟野俊之『織豊政権と東国大名』(吉川弘文館、二〇〇一年)第二章第一節によれば、天正十四年十月末家康が上洛して秀吉に臣従したことが大きな意味を持ち、このような状況をもとに関東・奥羽には「惣無事」令が発せられることになるとしている。筆者は両者の主従関係を否定するつもりはないが、本章で明らかとなる徳川の中立性は豊臣政権の対北条政策を左右するものであったと考える。

(4) 『晴豊記』(『増補続史料大成』第九巻、臨川書店、一九七八年)天正十八年十二月二十九日条。

(5) 『系図纂要』第九(名著出版、一九九一年)。

(6) 中村孝也『新訂徳川家康文書の研究』下巻之二(日本学術振興会、一九八〇年)。

(7)『三河後風土記』巻第二十三（『通俗日本全史』第十巻、早稲田大学出版部、一九一二年）。
(8) 表3No.1。
(9)『武徳編年集成』上巻（名著出版、一九七六年）。
(10)『徳川実紀』第一篇（『国史大系』第三十八巻、吉川弘文館、一九二九年）。
(11)『朝野旧聞裒藁』（汲古書院、一九八二年）。
(12) 朝尾直弘、宇野俊一、田中琢編『角川日本史辞典』（角川書店、一九九六年）「徳川実紀」項。
(13)『角川日本史辞典』「朝野旧聞裒藁」項。
(14)『徳川諸家系譜』第一（続群書類従完成会、一九七〇年）。
(15) 池享「天下統一と朝鮮侵略」（池享編『日本の時代史13　天下統一と朝鮮侵略』吉川弘文館、二〇〇三年）によれば、秀吉は服属した大名にまず上洛を命じ、そして上洛した大名に官位を推挙したとしている。
(16) 粟野俊之『織豊政権と東国大名』（吉川弘文館、二〇〇一年）第二章第一節。
(17) 池前掲注(15)論文によれば、天正十四年十月に徳川家康を大坂城に迎え臣従の礼をとらせた秀吉は、関東「惣無事」の執行を家康に委ね、その旨を北条氏に伝えさせたとしている。
(18)『家忠日記』（臨川書店、一九六八年）。
(19) 家康の上洛については表1（二三頁）参照。
(20)『多聞院日記』（『増補続史料大成』第四十一巻、臨川書店、一九七八年）。
(21) 第一章注(40)参照。
(22) 藤田達生『日本近世国家成立史の研究』（校倉書房、二〇〇一年）第八章。
(23)『新訂徳川家康文書の研究』上巻、七五〇頁、豊臣秀吉より北条氏直に遣れる宣戦布告状（真田文書）。
(24)『新訂徳川家康文書の研究』上巻、七三五～七四七頁。
(25)『神奈川県史』（神奈川県企画調査部県史編集室編、一九七〇年）資料編3古代・中世（3下）、九五〇〇、豊臣秀吉書状案（富岡文書）。
(26)『家忠日記』天正十七年十二月二日条。
(27)『武徳大成記』（汲古書院、一九八九年）。

(28)『角川日本史辞典』「武徳編年集成」項。
(29)『角川日本史辞典』「武徳大成記」項。
(30)徳川義宣氏より、この際の祝言が実際に行われたかどうかについては検討を要するとのアドバイスを頂いた。本章では、祝言が行われたかどうかという事実よりも、祝言が「長丸」の上洛を促すための豊臣側の表向きの口実に用いられたことを重要視したい。ただこのような筆者の見解について、福田千鶴『淀殿――われ太閤の妻となりて――』（ミネルヴァ書房、二〇〇七年）では、

　武家社会の婚姻では、まず縁組みを取り決め、しかるべき年齢になった段階で正式に輿入れすることがしばしば行われるので、この長丸と小姫の「祝言」は現代風にいえば婚約式にあたるものであり、いわゆる結婚式は小姫の早世により沙汰止みになったものであろう。

との指摘をうけた（傍点筆者）。これに対しては、本書補論一にて若干の私見を述べているので、参照してほしい。
(31)表3（四一頁）参照。
(32)『家忠日記』天正十八年正月二十五日条。
(33)「小早川家文書」（『大日本古文書』家わけ十一ノ一、東京帝国大学文学部史料編纂掛、一九二七年）四四八。
(34)「吉川家文書」（『大日本古文書』家わけ九ノ一、東京帝国大学文学部史料編纂掛、一九二五年）一一三。
(35)「吉川家文書」一一七。
(36)「小早川家文書」三七一。
(37)小田原の役に際しての豊臣政権の「在番」については、小林清治『秀吉権力の形成』（東京大学出版会、一九九四年）第三章-四が詳しい。
(38)『多聞院日記』天正十八年正月二十八日条、『家忠日記』天正十八年二月十日条など。
(39)平野明夫「豊臣政権下の徳川氏」（『地方史研究』三〇五、二〇〇三年、のち平野明夫『徳川権力の形成と発展』（岩田書院、二〇〇六年）に所収）。
(40)小林清治『奥羽仕置の構造』（吉川弘文館、二〇〇三年）第一章によれば、家康は小田原の役に際し、二万人の軍役を負担している。なお天正十七年七月から十八年三月までの豊臣・徳川・北条の動向については、表4を参照してほしい。

表4　豊臣・徳川・北条の動向（天正十七年七月〜十八年三月）

No.	年	月	日	豊臣	徳川	北条	典拠
1	天正17	7	21	氏直の上京を促し、真田昌幸の所領上野沼田を氏直に与えると約す（→北条）。			『家忠日記』天正十七年七月二十一日条。
2	天正17	9	1	諸大名に命じて、その妻子らを在京させる。			『多聞院日記』天正十七年九月一日条。
3	天正17	9	17		近江在京賄料の礼を述べ、秀忠の上洛延引を告げる（→秀吉）。		「九月十七日付家康書状」。
4	天正17	10	3			北条氏邦、氏直の命をうけ、宇都宮国綱の属城下野多気城を攻める。	「宇都宮興廃記」、『武徳編年集成』天正十七年十月一日条他。
5	天正17	10	晦日	豊臣秀長、上洛し小田原出陣について談議し、承諾せず。			『多聞院日記』天正十七年十月晦日条。
6	天正17	11	3			北条氏邦の兵、真田昌幸の属城・名胡桃を奪う。	『家忠日記』天正十七年十一月三日条。
7	天正17	11	23	菊亭晴季に命じて、北条への布告状を草案させる。			『鹿苑日録』天正十七年十一月二十三日条。
8	天正17	11	24	宣戦布告する（→北条）。			『新訂徳川家康文書の研究』上巻、七五〇頁。

9	天正17	11	24	小田原の役についての会談のことを告げる(→徳川)。			『神奈川県史』資料編三古代・中世(三下)、九五〇〇。
10	天正17	11	24	上杉他へ小田原の役の軍役を課す。			『上杉家御年譜三』他。
11	天正17	11	29		北条よりの使者・石巻越前を自領に留める。		『家忠日記』天正十七年十一月二十九日条。
12	天正17	11	晦日			北条氏規、酒井忠次に沼田のことにつき書状を送る(→徳川)。	『戦国遺文　後北条氏編』三五四六。
13	天正17	12	2		家康が小田原の役に関し会談のため、上洛する(→豊臣)。		『家忠日記』天正十七年十二月二日条。
14	天正17	12	4	小早川隆景・吉川広家に小田原の役を告げ、来年二月中旬の上洛を促す。			「吉川家文書」一一三(『大日本古文書』家わけ九ノ二)、「小早川家文書」四四八(『大日本古文書』家わけ十一ノ一)。
15	天正17	12	5	伊達政宗に上洛を促す。			『福島県史』第七巻資料編二、二五三他。
16	天正17	12	7			秀吉母大政所を人質にすれば父氏政を上洛させると告げる(→豊臣)。	『新訂徳川家康文書の研究』上巻、七五三頁。

17	天正17	12	9			豊臣・北条間の和解の斡旋を請う(→徳川)。	『新訂徳川家康文書の研究』上巻、七五四頁~七五六頁。
18	天正17	12	13		酒井家次に命じ、小田原出陣の準備をさせる。		『家忠日記』天正十七年十二月十三日条。
19	天正17	12	16		家康、帰国する。		『家忠日記』天正十七年十二月十六日条。
20	天正17	12	25	上杉景勝が上洛する。			『御湯殿上日記』天正十七年十二月二十五日条。
21	天正17	12	｜	信濃・遠江などに禁制を発す。			「上杉家文書」(『信濃史料』十七巻・七九頁)他。
22	天正18	1	7		秀忠、上洛する。		『家忠日記』天正十八年正月七日条他。
23	天正18	1	8	真田昌幸に小田原の役の時期を伝え、その指図をする。			「長国寺殿御事蹟稿」八(『信濃史料』十七巻・八三頁)。
24	天正18	1	25		秀忠、帰国する。		『家忠日記』天正十八年正月二十五日条。

25	天正18	1	28		徳川軍が出陣する。		『多聞院日記』天正十八年正月二十八日条他。
26	天正18	2	2	前田利家が伊達政宗に小田原出陣を促す。			「伊達文書」九（『信濃史料』十七巻・九四頁）。
27	天正18	2	10		家康自身が出陣する。		『家忠日記』天正十八年二月十日条。
28	天正18	3	1	秀吉、小田原へ出陣する。			『多聞院日記』天正十八年三月一日条。

(41) 杉山博他編『戦国遺文』後北条氏編第四巻（東京堂出版、一九九二年）三二四四（大道寺文書）・三二四五（浅草文庫本古文書）など。

(42) 『小田原市史』史料編原始・古代・中世Ⅰ（小田原市編、一九九四年）七一一、伊達政宗書状写（遠藤文書）。

(43) 矢部健太郎「東国「惣無事」政策の展開と家康・景勝」（『日本史研究』五〇九、二〇〇五年）。

(44) 『新潟県史』資料編3中世一（新潟県編、一九八二年）三三五、羽柴秀吉直書（上杉家文書）。

(45) 藤木前掲注(1)書第一章。

(46) 『新訂徳川家康文書の研究』上巻、七二一頁、北條氏政・同氏直に遣れる誓書（鰐淵寺文書）。

(47) 『小田原市史』史料編原始・古代・中世Ⅰ、七一六、徳川家康書状写（書上古文書六）。

(48) 『戦国遺文』後北条氏編第四巻、三三三四、北条氏邦朱印状写（武州文書所収秩父郡秀三郎所蔵文書）。

補論一　書評　福田千鶴著『淀殿――われ太閤の妻となりて――』

はじめに

『淀殿――われ太閤の妻となりて』（以下、福田著書）は平成一九年にミネルヴァ書房より公刊されたものである。福田著書における論点は明確である。福田千鶴氏（以下、著者）は、冒頭にて、

第一に淀に在城した期間が一年に満たないのになぜ彼女を「淀殿」と呼ぶのだろうか、という呼称に対する疑問に始まって、最終的には側室＝妾という評価自体にも大きな疑問を向ける必要があるように思えてきたのである。(1)

と述べている。「側室＝妾」という一見当然とも思える既成概念にすら疑問を向け、再検討していくという著者の分析視角は、この概念だけにとどまらず、福田著書において徹底されているように思われる。そして著者は、

天下人たる豊臣秀吉は一夫多妻多妾の婚姻形態をとっていたというのが本書の結論である。そのため、一夫多妻多妾であった豊臣家には妻が複数いたのみならず、「淀殿」は「北政所」と称された寧とともに、正妻の一人であったという一貫した視点を本書では採用している。（略）今回の作業を通じてみて、江戸時代の大名家においては制度的には一夫一妻多妾制であったため、表向きは正室がただ一人の妻であり、側室は妾

であったが、実態としては側室も妻であるとの見通しが得られるようになった。(略)本書が「淀殿」びいきに傾いたものではないことを明示するために、「淀殿」の呼称に関してはそのつど史料を丸カッコ内に併記して引用し、彼女が正妻の呼称で呼ばれていることを理解できるようにした。(略)「淀殿」=側室=愛妾という先入観で史料をみていくことからまずは止め、史料のなかから彼女のありのままの姿に迫ることにしたい。(2)

と述べる。「彼女」=「淀殿」が「正妻の呼称で呼ばれていること」に、「側室=妾」との先入観を持つ評者は半信半疑である。福田著書を読み終えるころには評者の「淀殿」=側室=愛妾という先入観は、改められているだろうか。

第一節　福田著書の構成と概要

福田著書の構成は以下の通りである。

はしがき
序　章　「愛妾」から「愛妻」へ
第一章　茶々をとりまく人間模様
第二章　二子の誕生
第三章　おふくろ様と呼ばれて
第四章　大坂城の最期
主要参考文献

あとがき

浅井茶々（淀）年譜

人名・事項索引

福田著書において著者は、これまでの「淀殿」に対する評価を積極的に見直そうとしている。そして「淀殿」との当たり前の呼称ですら、見直そうとしている。「はしがき」でも、桑田忠親氏の成果の多くをなぞる形をとりながら、その誤謬をただし、見解の違いを際立たせるような書き方になっていると述べる。[3] これまで「淀殿」に関する伝記で最も著名なものは、桑田忠親氏の『淀君』[4]であった。その初版は一九五八年であり、書かれた当時の時代背景や桑田氏の「淀殿」、ひいては女性に対する捉え方は、現在盛んに行われている女性史論などとはかけ離れたものとなっている。だがこれまで「淀殿」の伝記としては、桑田氏の見解を積極的に見直すものはなかったといってよく[5]、福田著書はそれと対置されるものであるといえよう。

序章では、「淀殿」についての辞書的な理解では天下人豊臣秀吉の「側室」の一人であり、その立場は「妻」でなく「妾」とするものであるが、その定説に対して彼女を「側室」や「妾」といった視点でみることが正しいのだろうかというのが、福田著書における最大の問いかけであると述べている。そして、それとともに解決しておかなければならない大問題が茶々の呼称についてであるという。[6] 著者によれば、多くの論者は卑称である「淀君」を江戸時代の呼称としているが、実は「淀殿」も江戸時代になってからの呼称であり、しかも生存中にはほとんど「様」付けで呼ばれており、同時代的な呼び名であれば「淀殿」ではなく「淀様」の方が彼女に対する正しい敬称の付け方であるという。ただ、「様」「殿」「君」「方」が呼び名に付ける敬称であり、その人物の社会的な立場（格式）や評価が表されているものとすれば、彼女の本来の呼び名は「淀」ということになるという。

彼女が存命中の同時代史料を一覧すると、彼女を「淀殿」と呼ぶ史料は一点も確認できないが、淀在城を契機として「淀」を号として用い続けたという。そこで著者は「淀君」にせよ「淀殿」にせよ、その呼称を採用するには根拠が示されるべきであるとして、福田著書では彼女の本名でもある茶々を統一的に用いることにしたいとする。評者もこれに合わせ、福田著書評では「茶々」と表記したいが、これについては後述したい。

次に彼女を「側室」や「妾」といった視点でみることが正しいのだろうかという著者自身の問いかけについて、江戸時代の大名は一夫多妻制を基本としていたが、慶長二十年（元和元年、一六一五）七月に「武家諸法度」が発令され、それ以後の大名の婚姻は一夫一妻制を基本とし、世嗣を獲得するための多妾制が公認されていたという。したがって茶々を秀吉の側室・妾としてみなす見解は、江戸時代の一夫一妻多妾制の通念が深く影響しているとする。逆に「武家諸法度」発令以前の武家社会において、婚姻形態が一夫一妻でなければならない必然性はなく、資力のある天下人秀吉なら問題ないという。

このような論理から著者は、秀吉の妻が寧一人でなければならない理由はないとして、茶々が存命中の史料には彼女を側室＝愛妾とするものはまったく確認できないとする。例外的に一夫一妻制を尊重するキリシタン側の史料で彼女を「妾」とする点を挙げ、一夫一妻制になじんでいる現代人が当時の史料をみている点にこそ、疑いの目を向けてみる必要があるとする。慶長八年に刊行された『日葡辞書』では「正室」「側室」の立項がない一方で、「本妻」「別妻」「妾」の立項があり、同書が語意を採録した室町・戦国時代には「本妻」の他に「別妻」がいるという一夫多妻で理解されていたこと、「別妻」は「妾」とは区別された存在であると認識されていたことを述べる。

第一章では「茶々をとりまく人間模様」を描く。著者は茶々の出生に関して、生年については井上安代氏の説(7)

を支持し、永禄十二年説をとりたいという。評者は、茶々の出生時期と浅井長政・織田市の婚姻、浅井・織田の同盟関係成立時期は大きく関連する問題であろうと考える。福田著書にとっては、さほど大きな課題ではないだろうが、当該期の織田・浅井・朝倉の争乱を分析した評者[8]からすれば、茶々の出生時期と右の関係の成立時期の関連性についても分析してほしい。

続いて茶々と秀吉の関係を描くが、ここで特筆すべきは、秀吉の「正室」である寧と茶々との関係を見直していることである。秀吉の「正妻」である寧と「側室」である茶々とは不仲であったとする説が強固にあるが、この見解を是正する跡部信氏の指摘[9]をうけて、秀吉の死後、寧と茶々が豊臣家の後家として連携することを基本線と考え、常に行動していたことが重要であると述べる。また寧に相対する茶々の位置付けについて、二人は「其外女房衆」とは別格の扱いを受けているが、第一番目が寧であり第二番目が茶々であるという順序が崩れることはなかったとする。さらに秀吉の「側室」であるとされる前田摩阿（前田利家の三女）や京極龍子（京極高吉と浅井久政娘との間に生まれた子）の事例を挙げ、彼女らが秀吉の「側室」であるという位置付けを見直し、秀吉の妻は一人ではなく、時期によってその数は異なるにしても、正妻ですら寧一人ではなかったと結論づける。

第二章では「二子の誕生」として、茶々の第一子・捨（鶴松）と、第二子・拾（秀頼）を彼女の居所と関連付けて描く。茶々の居所といえば、「淀殿」の呼称から連想されるように淀城であるが、著者によれば茶々が実際に在住したのは鶴松誕生の前後のみであり、短期の宿泊も含めても一年にも満たなかったという。著者の分析によれば、天正十七年（一五八九）一月になると茶々は妊娠六カ月目に入り、いわゆる安定期にあたり、秀吉はこの時期に豊臣淀城の普請を本格的に開始したという。このほぼ同時期、同年五月二十日に挙行されたのが秀吉の金賦りであり、これは鶴松が万民に祝福されて誕生する状況をつくるという秀吉独特の演出であるという。茶々が豊臣淀城に移り住んだ日時は伝わらないが、鶴松の誕生は五月二十七日であり、遅くとも五月までには移り住んだと著者は推測する。そして鶴松を最初から嫡出子として扱うために、秀吉は聚楽城や大坂城とは別に、新たに豊臣淀城を整備して御殿を新造し、茶々を新造様として迎えた。これは、以後茶々を正妻として扱うことの公表であったという。

次いで著者は、秀吉の養女小姫と徳川家康の世子長丸（のちの秀忠）との「祝言」の分析を行うが、これについては後述したい。

さて鶴松が誕生すると、秀吉は八月末に彼を大坂城へ移徙させるための準備を始めたらしい。秀吉は大坂城本丸の鉄御門の番に関する掟を定めた。「来たる同（天正）十八年の小田原遠征を前に控えてはいるものの、秀吉にとっては、比較的余裕のある休養期間であり、このような掟書を公布するのに最も適した時期であった」との桑田忠親氏の推測を批判しつつ、これは鶴松の大坂城移徙を控えて奥向の出入りに関する取り決めを定めたものと考えるのが妥当であるとする。

著者は、秀吉が鶴松誕生後茶々を正妻として扱ったというが、一方で寧は小田原の陣にあたり、聚楽城において人質として集めた諸大名の妻子を監督する役割を秀吉から与えられたという。これは、小田原陣中にいる茶々との、妻として果たさねばならない役割の分担であるという。したがって「太閤さま軍記のうち」の記主・牛一が、茶々に対して公卿や貴人の正妻の敬称である「北の御方」を用いるのも当然であると指摘する。

また茶々は「大坂殿」とも呼ばれていたという。これは豊臣家の本拠地である「大坂」を呼称とする茶々に対して、彼女が「側室」や「妾」といった待遇に置かれていなかったことを示していると指摘する。さらに大名の家臣らは彼女のことを「よとの御前様」「御台様」と呼んでおり、太閤秀吉の正妻として扱われていたことがわかるという。

鶴松の死後、茶々は文禄元年段階でも「簾中」（貴人の正妻をさして用いる敬称）、文禄二年には大坂城二の丸に移り住み「二の丸殿」と呼ばれ、茶々は子を失っても秀吉の正妻としての地位を失っていないと述べる。その二の丸には拾とともに暮らすわけだが、秀吉が関白秀次から本丸と二の丸のそれぞれにおいて進物を受けた事実は、それぞれの御殿に住む妻（本丸御殿には寧、二の丸御殿には茶々と秀頼がいる）の夫として礼を受けたと言い換えることができるという。

第三章では「おふくろ様と呼ばれて」とし、秀頼の成長を見守る茶々と秀吉死後の茶々を描く。慶長年間に入ると茶々は秀頼の「御ふくろさま」と呼ばれるようになる。また秀吉死後には寧とともに大坂城において茶々が「両御台様」と呼ばれていた史料が確認でき、豊臣家の女主人として君臨していたと指摘する。一方の寧が京都に移ると、彼女の役割は（豊臣家と）朝廷との結びつきを深めることに重きが置かれるとし、これが寧に与えられた妻としての役割であったとする。また慶長六年（一六〇一）一月十四日付けで田中吉政が愛宕教学院に発給した文書を挙げ、関ケ原合戦後の寧と茶々の位置が、豊臣恩顧の大名にとって、秀吉の生前と同様の敬意をもって扱われる存在であったとする。が、こうした立場に変化をもたらしたのは、慶長八年に出家を決意した寧自身の意向によるという。

第三章では「淀殿自筆消息」として伝わる文書の分析も行っているが、これについては後述したい。

第四章では「大坂城の最期」として、茶々と秀吉の末路を描く。茶々が独自に朝廷との交流をもっていたことを指摘し、また大仏殿造立については茶々の強い意向が反映されていたことを指摘する。

第二節　評者の見解

ここで著者に対する評者の見解をいくつか挙げたい。

まず全体に関わるものとして、「側室＝妾という評価自体にも大きな疑問を向ける」ことが著者の主張[10]の一つである。著者は、茶々が秀吉の「側室＝妾」ではなく妻であった根拠として、①鶴松を最初から嫡出子として扱うために、秀吉は聚楽城や大坂城とは別に、新たに豊臣淀城を整備して御殿を新造し、茶々を新造様として迎えたこと、[11]②秀吉が関白秀次から本丸と二の丸のそれぞれにおいて進物を受け、それぞれの御殿に住む妻（本丸御殿には寧、二の丸御殿には茶々と秀頼がいる）の夫として礼を受けたことなど[12]を挙げる。

呼称についての問題点は後述するとして、秀吉が彼女を「茶々」と記すことは確認できるが、秀吉以外の人物が彼女を表記する場合、鶴松や秀頼が生まれて以降は彼らの母親として呼ばれることが多く、[13]茶々は豊臣家の世継たる鶴松や秀頼の母であるが故の「妻」（という評価）であったとも捉えられる。この点で女性史論上に位置づけた際、豊臣家において茶々からしか世継ができなかったという特殊性には配慮する必要もあると考える。

続いて、呼称に関するものである。福田著書を通して著者は、タイトルの「淀殿」ではなく「茶々」を統一表記として用いている。著者によれば、多くの論者は卑称である「淀君」を江戸時代の呼称としているが、実は「淀殿」も江戸時代になってからの呼称であるという。その根拠として、江戸期から明治期にかけて淫婦としての「淀殿」「淀君」像が描かれ、そのイメージが現代社会にも定着したてきたことを挙げる。

たしかに現代に生きる著者のこのような認識は、正しいのかもしれない。寛文四年（一六六四）に榊原忠次が編纂させた『御当家紀年録』[14]には「淀」が採用され、寛政三年（一七九一）に成立した『翁草』[15]にも「淀殿」が採用されているのは、著者も述べている。

著者は、彼女が淀城に在住したのは一年にも満たなかったとし、淀在城を契機として「淀」を号として用い続けたというが、評者が確認した限り、鶴松や秀頼が生まれて以降は彼らの母親として呼ばれることが多いようである。

「淀殿」にせよ「淀君」にせよ、明治以降の人たちが江戸期の史料をみて「淀」を採用するのは理解できるが、ではなぜ江戸期の人たちは彼女に対し、淀城在住が一年に満たないにも関わらず、敢えて「淀」の呼称を採用したのだろうか。「茶々」はもちろん、「大坂殿」や「二の丸殿」との呼称は定着せず、なぜ『御当家紀年録』や『翁草』では「淀」が採用されたのだろうか。なぜ江戸期の人たちは、「茶々＝淫婦」ではなく「淀＝淫婦」とのイメージを作り上げたのだろうか。この点については、著者は述べてないように感じる。

「淀」が「淀川」や「淀城」から援用されていることはおそらく間違いないであろうが、そもそも字義的にみれば「淀」は、「水が流れないでよどむこと。また、その所。よどみ」「物事が渋り滞ること。すらすらと進まないこと。よどみ。」との意を持ち[16]、良い意味では用いられることは少ない。彼女の呼称が『御当家紀年録』や『翁草』が成立したころに「淀」と定着したのは、「殿」や「君」ではなく「淀」そのものに侮蔑の意が込められていたのではないかとも思える。

第二章で挙げたいのは、天正十八年正月の秀吉養女小姫と長丸の「祝言」に関する著者の指摘である。評者は以前別稿において、『家忠日記』[17]天正十八年正月七日条、『多聞院日記』[18]天正十八年正月二十八日条を挙げて、「一般に長丸＝秀忠の室は浅井長政の三女であるといわれ、この信雄の息女で秀吉の養女となっていた「小姫君」と長丸との「祝言」が実際に行われたかどうかは不明であること」[19]を述べたが、ここで著者から、武家社会の婚姻では、まず縁組みを取り決め、しかるべき年齢になった段階で正式に輿入れすることがしばしば行われるので、この長丸と小姫の「祝言」は現代風にいえば婚約式にあたるものであり、いわゆる結婚式は小姫の早世により沙汰止みになったものであろう。

との指摘をうけた（傍点評者）。これについては、故徳川義宣氏よりこの際の「祝言」が実際に行われたかどうかについては検討を要するとのアドバイスを頂いたが、評者は、「祝言」が行われたかどうかという事実よりも「祝言」が長丸の上洛を促すための豊臣側の表向きの口実に用いられたことを重要視したいとしたことから、「祝言」ということばの意を丁寧に調べず、安易に用いてしまった。

そこで「祝言」の辞書的な意を確認してみると、a「いわいのことば」、b「祝い、祝儀」、c「嫁入りの儀式を行うこと、またその式、婚礼、結婚式」などである[20]。著者は、ここでの「祝言」を「婚約式」と解しているが、辞書的には「婚約式」の意はない。ただ、b「祝い、祝儀」、c「嫁入りの儀式を行うこと」ぐらいに捉えれば、著者の主張する「婚約式」とも解釈できそうである。『多聞院日記』天正十八年正月二十八日条によれば、当時長丸は「十三才」、小姫にいたっては「六才」であり、著者の表現を用いれば「現代風」の結婚式が行われたとは考えにくい。もちろんこれは、評者が「祝言」の意を曖昧に捉えたまま「「祝言」が実際に行われたかどうかは不明である」としたため、著者からのこのような指摘をうけたものと考えられる。

そこで再び『家忠日記』天正十八年正月七日条を確認してみると、「若君様と御祝言被仰合候」とある。『多聞院日記』天正十八年正月二十八日条には「於受楽(聚)祝言在之」とあり、「事々敷祝言ノ様也」と「松林院ノ得業」が語っていることから、「祝言」が行われたことは確実であろう。前稿で評者の用いた「祝言」の意は、まさにcの「結婚式」のことで、これが「実際に行われたかどうかは不明である」としたのである。この点で、「祝言」

といえば「結婚式」の意しかないだろうとの評者の先入観から、「祝言」ということばの意に十分に注意を払わなかったことは反省すべき点とし、今後の糧としたい。

また長丸の上洛に関しては、最近平野明夫氏も注目しているようである。[21] 彼の上洛に関して記す『徳川実紀』[22]第一篇を確認してみると、「(天正十八年正月) 十五日 (略) 関白より名の一字をさづけて 秀忠君と称しまいらせられ」とあり、天正十八年正月段階で長丸が「秀忠」と名乗り始めたことが叙述される。『徳川実紀』は後世の編纂物であり、史料性には注意を払わねばならないが、一般的に秀忠=長丸の元服は天正十八年正月十五日、秀吉に謁見した際であったとされ、[23]「秀忠」の名乗り始めとされる。

しかしながら平野氏によれば、天正十八年末の時点で彼が元服していなかったことは実証されており、評者も秀忠が天正十八年十二月まで「長丸」を名乗っていたことを明らかにした。[24] ここで注目したいのが秀忠の名乗りの問題である。前述したように評者は以前別稿にて、元服前の徳川秀忠の上洛問題を取り扱った。そこで評者は元服前の秀忠に対して、当時の名乗りであり同時代史料にもその名が確認できる「長丸」を採用した。すなわち評者は、「秀忠」ではなく「長丸」が上洛することに重要な意味があると捉えたわけである。

天正十八年末の時点で彼が元服していなかったこと、換言すれば長丸が秀吉の「秀」をこの段階まで名乗らなかったこと、長丸と小姫の「祝言」は小姫の早世により沙汰止みになったことを鑑みれば、豊臣と徳川が天正十八年正月段階ではそれほど強固な主従関係を結べなかったのでないかとも思われるが、[25] これは評者の今後の課題としたい。

続いて第三章において、評者の気になった点を挙げたい。前述したように著者は、慶長六年(一六〇一)一月十四日付けで田中吉政が愛宕教学院に発給した以下の文書を挙げ、[26] 関ケ原合戦後の寧と茶々の位置を分析している。

猶以正月五月九月之御祈禱之御礼、銘々可被上事不可有御油断候、以上、

秀頼殿・政所（寧）様・御上（茶々）様・内府（徳川家康）様・中納言（徳川秀忠）様・結城（秀康）様・下野（忠吉）様・満（万）千代（信吉）様為御祈禱、於筑後以来迄百石参候之間、弥於御宝前御武運御長久之御祈念尤存候、猶中村采女かたより可申入候、恐惶謹言、

慶長六年

正月十四日　　田中兵部太輔

愛宕山　　　　　吉政（花押）

教学院

御同宿中

著者は、豊臣大名から徳川大名への脱皮をはかりつつある国持大名の吉政が、関ケ原合戦後であろうとも豊臣恩顧の大名にとって豊臣家の優位および豊臣家における寧と茶々の位置は変化しておらず、彼女らは秀吉の生前と同様の敬意をもって扱われる存在であったという(27)。

たしかに著者が述べるように、寧や茶々が家康や秀忠らよりも上位の順序で記されることには注目すべきであろう。だがこの事例は、やはり秀頼や彼女らとともに家康や秀忠らが挙がっていることに意味があると考える。関ケ原合戦に勝利した徳川氏はもはや豊臣家の一大名ではなく、吉政ら豊臣恩顧の大名にとって「秀頼殿・政所様・御上様」ら豊臣家の相対的な評価は、「内府様・中納言様」ら徳川家のそれと並立するものと捉えられるようになってしまったといえよう。

さらに、著者が第三章で行った「淀殿自筆消息」の分析についてもみておきたい。著者は「淀殿自筆消息」と

して伝わる二点の史料〈消息1〉〈消息2〉を挙げる。いずれの消息も、従来の説では発給者（署名a）（署名b）とも「あこ」と読んできたが、よくみると「よと」と読めないこともなく、茶々の号が「淀」であったことからすれば、署名に「よと」と記した可能性についても検討の余地が残されているという。[28] また「淀殿自筆消息」とされる〈消息3〉の（署名c）はほとんど判読することができないが、〈消息1〉と〈消息3〉は茶々の自筆消息で、署名は「よと」と記したものである可能性も捨て切れないという。[29]

評者も確認してみたが、たしかに著者の述べるように〈消息1〉の（署名a）の一文字目は「よ」か「ち」、〈消息2〉の（署名b）は「よと」と読めなくもない。ただ「あこ」とも読めそうである。ここで問題となりそうなのが、茶々が自身を「よと」と署名した史料があるのか、であろう。このような史料があるのであれば、著者の説にも説得力が増すのであろうが、残念ながらこれについては示されていない。ただ前述したように、「淀」そのものに侮蔑の意が込められていたとするなら、周囲はともかく茶々自身が「淀」「よと」と署名することはないだろう。もちろん著者自身も、消息の署名を「よと」と断定するには判断材料に欠けるとしており、新出史料の発見を期待したいところである。

おわりに

『大坂物語』[30] 下によると、「我太閤の妻と成て、最愛浅からざるにより、余の人には左様の筋もなかりけるに、前世の契り深くして、二人若君を生み奉りしが、兄八幡太郎は三歳にて失せ給ふ。（略）」とある。『大坂物語』は、作者未詳、下巻は大坂夏の陣ののちに書き継がれたものであるという。これは、茶々の「秀頼御ふくろの最期の言葉」[31] として叙述されており、「我太閤の妻と成て」の箇所は、福田著書『淀殿』の副題でもある。史料価値に問題があるにせよ、夏の陣直後の段階において、茶々は自身を「妾」ではなく太閤の「妻」と語ったと、当時の人々から認識されていたのである。この点で、「淀殿」が「正妻の呼称で呼ばれていること」に違和感を覚え、「側室＝妾」との先入観を持っていた評者の疑問は解決したように思える。

以上、福田著書に対しての評者の見解を書き連ねたが、誤解や誤読を犯した点も少なくないであろう。ただ、「側室＝妾」などという一見当然とも思える既成概念にすら疑問を向け、再検討していくという著者の分析視角は、評者を含め多くの研究者が見習うべきであろうと感じたことを付け加えておきたい。

（1）福田著書ⅰ頁。
（2）同右書、ⅱ頁。
（3）同右書、ⅲ頁。
（4）桑田忠親『淀君』（吉川弘文館、一九八五年、初版は一九五八年）。
（5）「淀殿」に関する研究は、近年盛んに行われているようである。主なものを挙げれば、田端泰子「「大坂冬・夏の陣」に収斂する淀殿の役割」（『女性歴史文化研究所紀要』一一、二〇〇二年）、北川央「浅井三姉妹の長女――淀殿」（小和田哲男編『戦国の女性たち』河出書房新社、二〇〇五年）、跡部信「高台院と豊臣家」（『大阪城天守閣紀要』三四、二〇〇六年）など。
（6）著者によれば「淀殿」の本名は浅井茶々であるという（福田著書一頁）。
（7）井上安代『豊臣秀頼』（自家版・続群書類従完成会製作、一九九二年）。
（8）本書第五章参照。
（9）跡部前掲注（5）論文。
（10）福田著書ⅰ頁。
（11）同右書、九一頁。

(12) 同右書、一三九頁。
(13) たとえば「御か、さま」「おかかさま」など。田端前掲注(5)論文によれば、鶴松・秀頼を出産して以後は、秀吉の彼女に対する見方が「ちゃちゃ」から「御ふくろさま」「おか、さま」へと変化していったという。
(14) 『御当家紀年録』(児玉幸多編『註釈日本史料』集英社、一九九八年)。
(15) 『翁草』(『日本随筆大成』吉川弘文館、一九七八年)。
(16) 『国語大辞典新装版』(小学館、一九八八年)「淀」項。
(17) 『家忠日記』(臨川書店、一九六八年)。
(18) 『多聞院日記』(『増補続史料大成』第四十一巻、臨川書店、一九七八年)。
(19) 本書第二章。
(20) 『国語大辞典新装版』「祝言」項。
(21) 平野明夫『徳川権力の形成と発展』(岩田書院、二〇〇六年)第二章第二節。
(22) 『徳川実紀』(『国史大系』第三十八巻、吉川弘文館、一九二九年)。
(23) たとえば小和田哲男『徳川秀忠――「凡庸な二代目」の功績――』(PHP研究所、一九九九年)。
(24) 本書第一章にて、秀忠が天正十八年十二月まで「長丸」を名乗っていたことを述べた。
(25) もちろん長丸が上洛したこと自体には意味があると考える。これについては、本書第二章を参照されたい。
(26) 松岡久人編『広島大学所蔵猪熊文書』(福武書店、一九八二年)武家文書、其二、八。
(27) 福田著書一七一頁。
(28) 同右書、一九一～一九三頁。
(29) 同右書、一九六～一九八頁。
(30) 渡辺守邦・渡辺憲司校注『大坂物語』(『新日本古典文学大系74　仮名草子集』岩波書店、一九九一年)四七頁。
(31) 同右。

第三章　天正後期豊臣政権の「取次」と家康

はじめに

本章は、天正後期における豊臣秀吉と徳川家康の政治的関係を再検討し、その上で当該期の関東における豊臣政権の交渉役であったといわれる家康の役割を捉え直すことを課題とする。

豊臣政権の統一過程に関する研究は、近年盛んに行われている。中でも政権と諸大名との交渉を仲介した人物を取り上げた「取次」論は、その政治機構を捉える上で重要な位置を占めていると思われる。その「取次」の構成員や役割を分析した研究には、代表的なものとして、山本博文氏「豊臣政権の「取次」の特質」(1)があり、氏は天正期の「取次」の事例として家康を挙げている。

氏は概念上の「取次」を、諸大名への命令伝達や個々の大名を服属させ後見するといった諸機能を果たし、かつそのような役割を公的に認められ期待される（豊臣）政権の最高級メンバーと定義している。特に家康については、彼が天正十四年（一五八六）十月に上洛して秀吉に臣従し、同盟関係に入ってからは、上杉（景勝）とともに家康も「取次」の任にあたることになり、その後景勝は背景に退けられ、家康主導で関東方面の「取次」が行われることになったという。また「惣無事之儀」の斡旋は「取次」の任務にあった家康がその一翼を担っていたという。この点において氏は、豊臣と徳川の主従関係を認めた上で、家康を豊臣政権の「取次」と捉えているといえるだろう。

一方で津野倫明氏は、機能面からみた山本氏の定義には曖昧な部分があり、「取次」か否かの判断は史料上に「取次」と確認できるかどうかをそのメルクマールとすべきであるとの見解を示している。(2)

津野氏は家康が「取次」であったか否かを検討したわけではないが、氏の、史料上に「取次」と確認できるかどうかをそのメルクマールとすべきとの指摘は重要であると考える。本章で述べるように上杉景勝や富田知信らを「取次」と記す史料は確認できるが、家康を北条との交渉過程において「取次」と記す同時代史料は管見の限り見当たらない。(3)これは豊臣政権と徳川氏の政治的関係が、政権と上杉や富田らとのそれとは異なることによると思われる。しかしながら、豊臣政権が家康を介して関東と交渉していたことは明らかであろう。

そこで本章では、その基礎作業として、まず史料上にみえる関東方面の「取次」を確認し、その上で天正後期における豊臣秀吉と徳川家康の政治的関係を再検討する。ついで家康が関東との交渉役として如何なる役割を果たしていたのかを明らかにしたい。結果としてこの作業は、ある特定の「取次―被取次」関係の把握と権限の分析に終始し、その多様性が指摘されるのみで、かえってその輪郭が曖昧になっているといわれる「取次」概念を明確にできる一助になると考える。(4)

なお本章では、一般に豊臣政権の関東「惣無事」の主な対象であったといわれる北条氏との交渉過程を取り上げる。(5)

第一節　関東方面の「取次」と秀吉・家康の政治的関係

（一）関東方面の「取次」

【史料1】[6]

尊書之趣、具遂披露候、則以　御書被仰出候、
一、新発田（重家）事、被責詰、近々可有一途之由、尤被思召候、様子木村弥一衛門尉（吉清）ニ被仰含、被差遣候キ、何之道ニも急度被明隙候様ニ、被仰付尤候事、
一、真田（昌幸）事、是又最前如被仰出候、表裏者候ニ付而、御成敗之儀、雖被仰付候、先今度之儀、被加御遠慮候事、
一、関左并伊達（政宗）・会津（芦名盛隆）辺御取次之儀ニ付て、御朱印相調進之候、御才覚専一存候事、
猶条々、追々可得御意候、恐惶謹言、
（天正十四年）九月廿五日　長盛（花押）
三成（花押）
謹上　上杉少将（景勝）殿

山本氏によれば、天正十四年（一五八六）十月末の家康上洛以前において、諸大名への意思伝達＝「取次」は（秀吉の）盟友ともいうべき大大名がその任に当たり、まず関東以北に対しては上杉景勝がそれを命じられたとする。[7] たしかに【史料1】によれば、「関左」（関東）と伊達・会津への「取次」のことについて秀吉の「御朱印」を調えて景勝に下されたことが記される。

【史料2】[8]

八月十日書状、今日廿五到来、加披見候、新発田（重家）表へ被相動、被取詰之由尤候、何之道にも、急度一着候様与思召、木村弥一右衛門尉（吉清）被仰含、被差遣候、被得其意、分別肝要候、将又、真田事、先書ニ如仰遣候、表裏者候間、御成敗之儀、家康雖被仰出候、此度之儀、先以相止候、次関東其外隣国面々事、入魂次第、可被申次由、猶別紙申顕候也、

（天正十四年）九月廿五日　（羽柴秀吉花押）

上杉少将（景勝）とのへ

【史料2】は、【史料1】と同日付で上杉景勝に発給された秀吉書状である。「関東其外隣国面々事」につき、「入魂次第」「申次」がれるべしと、「別紙」すなわち【史料1】に「申顕」しているという。

ここで確認しておきたいのは、【史料1】【史料2】に示される「真田事」である。【史料1】【史料2】ともに、「真田」は以前より「表裏者」であることを記す。ここで【史料1】においては、「真田」への「御成敗之儀」につき、秀吉（実際には差出の増田長盛・石田三成）から宛て先の景勝に対し、「先今度之儀、被加御遠慮候事」とする。【史料2】においては、同様に「真田」への「御成敗之儀」につき、秀吉は家康に対し「雖被仰出候、此度之儀、先以相止候」とする。

両書状とも景勝に宛てたものではあるが、景勝・家康ともに「真田」への「御成敗之儀」については停止するよう（「被加御遠慮候事」「先以相止候」）、秀吉から伝えられていることがわかる。「取次」と記される景勝とそうは記されない家康、両者の違いはどのように捉えればよいのだろうか。

ついで山本氏は、天正十四年十月末に家康が上洛して秀吉に臣従し同盟関係に入ってからは、上杉氏とともに家康も「取次」の任にあたることになるとして、以下の史料を挙げている。

【史料3】[9]

去月廿一日之書状、今月四日、加披見候、随而家康於無上洛者、三川境目ニ為用心、殿下(秀吉)被成御動座、北国衆其外江州何も宰相(羽柴秀長)ニ相添、関東江可差遣旨相定候之処ニ、家康上洛候て令入魂、何様にも関白殿(秀吉)次第与申候間、別而不残親疎、関東之儀、家康と令談合、諸事相任之由、被仰出候間、被得其意、可心易候、真田(昌幸)・小笠原(貞慶)・木曽(義昌)両三人儀も、先度其方上洛之刻、如申合候、徳川所へ可返置由、被仰候、（略）委細増田右衛門尉(長盛)・石田治部少輔(三成)・木村弥一右衛門尉(清久)可申候也、

(天正十四年)十一月四日　　　（羽柴秀吉花押）

上杉少将(景勝)とのへ

【史料3】傍線部によれば、秀吉は景勝に対し「関東之儀」を家康と談合して「諸事」を任すという。

山本氏は【史料3】から、関東方面の「取次」は上杉氏と家康の両名で担当することになり、その後景勝は背景に退けられ、家康主導で関東方面の「取次」が行われることになったとの見解を示している。氏の解釈にしたがえば、景勝へは「関左」などへの「取次」についての秀吉の「御朱印」（【史料1】）が九月に発給され、十一月にはそれを取り消すような書状（【史料3】）が発給されたことになる。たとえこの間に家康が上洛したとはいえ、これでは秀吉の政策に一貫性がなく、あまりに不自然である。また、矢部健太郎氏の分析によれば、当該期において景勝は背景に退けられてはおらず、彼は一貫して豊臣政権の東国政策に家康と共に関与させられていたと結論付けている[10]。

筆者は、関東方面の「取次」について、秀吉の「御朱印」が発給された者とそうでない者とは区別する必要があると考える。前述したように、家康を「取次」と記す同時代史料は、管見の限り見当たらない。もちろんこれ

は、家康を「取次」とする史料が現存しないだけである可能性もある。だが、景勝に対し「関東之儀」を家康と談合して「諸事」を任すと記す【史料3】からは、むしろ「取次」そのものに関する言及がない点に注目したい。

ところで山本氏は、大大名に「取次」を全面的に任せたわけではなく、秀吉の側近も同時に動いていたと述べている。[11]

【史料4】[12]

雖未申通候令啓候、抑去歳九州島津為可有御追罰、御動座之処、御陣中へ走入奉懇望候間不及御料簡、有御赦免被召返候、誠唐国迄も平均眼前候、此上関東奥両国惣無事之儀、被仰出候条、可被成其意候、然者関奥諸大名、若至被成言上者、我等御取次之儀、馳走可申之段、被仰付候間、以使者申定候、急速御使於被為指上者、御書已下申調可進之候、此外随身之御用等蒙仰候者、涯分可走廻候、委細者彼口上申含候間、令省略候、恐々謹言、

卯月六日　　（富田知信花押）

白川殿

御宿所

右記史料は天正十六年に比定される。これは「去歳九州島津為可有御追罰」が天正十五年の豊臣政権の九州出兵を指すことより、その翌年のものであると考えられるからである。[13]これによれば、「関東奥両国惣無事之儀」を（秀吉が）仰せられるので、「関奥諸大名」すなわち関東と奥羽・陸奥の諸大名はもし秀吉に対し言上することがあれば、「我等」が「取次之儀」を馳走するように仰せ付けられており、急ぎ使いを上洛させれば（秀吉の）「御書」以下を調え進呈し、これ以外に仰せをこうむれば身を賭して奔走しましょうというのである。

「我等」は史料の性格上、発給者である富田と同格・同僚、あるいは格下・配下の者であると考えられる。したがって「我等」は、大名である家康ではなく、富田を含めた秀吉側近の者を指すと思われる。この史料からは、天正十六年段階で関東方面の「取次」は富田ら秀吉側近の者が行っていたと推定され、家康を「取次」と考えることはできないだろう。

ここで「取次」と記される秀吉側近の富田の役割を押さえておきたい。彼の役割は、

①　秀吉が「被仰出」れている「関東奥両国惣無事之儀」を「関奥諸大名」に伝えること

②　①について、もし「関奥諸大名」が秀吉に言上することがあれば、「我等」＝富田ら秀吉側近が「取次」いで「馳走」すること

③　その場合、「関奥諸大名」側が使いを上洛させてくれれば、奔走することであったといえよう。

上杉や富田らが関東方面の「取次」と記されることを確認した。これは豊臣政権からみれば、上杉や富田は「取次」の「朱印」を下せる、あるいは「取次」をさせることができる関係であることを示しているといえる。これが上杉や富田らと家康との違いであろうと考える。以下、「取次」と記されない家康と豊臣政権との政治的関係を「惣無事」関係史料から分析したい。

（2）「惣無事」関係史料にみえる秀吉・家康の政治的関係

山本氏は、天正十四年十月末に家康が上洛して秀吉に臣従し同盟関係に入ってからは、上杉氏とともに家康も「取次」の任にあたることになるという。この天正十四年十月の家康上洛＝豊臣・徳川の主従関係成立とみる見

解は、山本氏に限らず通説として継承され、また豊臣期の「取次」論や「惣無事」論を語る際の前提条件として利用されてきた。

天正十四年十月の家康上洛が両者の主従関係を結ぶきっかけとなり、以後徳川が豊臣への従属度を強めていったことは間違いないであろう。だが筆者は、彼の上洛と同時に強固な主従関係が結ばれたわけではないと考えており、第一章・第二章において、

① 天正十七年九月段階でも、豊臣政権は徳川に対し、諸大名妻子上洛令を発したにも関わらず、家康の主張を受け入れ「長丸」の上洛を猶予し賄料を宛がうなど、気遣いせねばならない関係であったこと

② 「長丸」の上洛は、豊臣政権が小田原の役を執行するにあたっての必要条件であったと考えられるが、彼の上洛についての主導権は徳川側にあったこと

そして、

③ 豊臣・北条間における徳川の中立性は、豊臣政権の対北条政策を左右する要因であり、豊臣政権の関東「惣無事」の政策基調にも関わる問題であったこと

を挙げ、当該期の豊臣・徳川の政治的関係を見直してきた。しかしながら筆者のこのような考えに対して、平野明夫氏は以下のような見解を示した(14)。

片山正彦は、天正十八年正月に秀忠が上洛するまで、徳川氏は豊臣・北条間で中立であったとする。(略)しかし主従関係ではなくして、聚楽亭行幸に供奉し、小田原の役に軍役を務めていることの説明がつくのであろうか。(略)やはり、天正十四年には主従関係が結ばれていたと捉えざるをえない。その契機は家康の上洛、秀吉への謁見であり、それは「見参」と換言できる。「見参」によって主従関係が結ばれたといえる。

これまで述べてきたように、家康「取次」論にも、家康上洛＝豊臣・徳川の主従関係成立とみる見解は前提条件として利用されており、平野氏もその例外ではない。[15] 本章はそれに対する批判でもある。

【史料5[16]】

関東惣無事之儀付而、従羽柴方如此申来候、其趣先書申入候間、只今朝比奈弥太郎《(泰勝)》為持為御披見進之候、好々被遂御勘弁御報可示預候、此通氏直江も可申達候処、御在陣之儀候之條、不能其儀候、様子御陣江被付届可然候様専要候、委細弥太郎口上申含候、恐々謹言、

十一月十五日　　家康（花押）

北條左京大夫殿

山本氏は、「惣無事之儀」の斡旋は「取次」の任務にあった家康も（富田らとともに）その一翼を担っていたという。[17] これまで述べてきたように、家康を「取次」と記す史料は管見の限り見当たらないが、それは「惣無事」関係史料でも同様である。[18] 右記家康書状[19]では「関東惣無事之儀付而、従羽柴方如此申来候（中略）此通氏直江も可申達候処」とあるように、豊臣から徳川を経由して北条へ「関東惣無事之儀」を伝えていることはわかる。しかしながら、富田の場合と異なり、家康を「取次」とは記していない。

【史料6[20]】

対富田左近将監書状披見候、関東惣無事候、□今度家康ニ被仰付之条、其段可相達候、若相背族於有之者、可加成敗候、可成其御旨也、

十二月三日　（秀吉花押）

白土右馬助とのへ

次に「関東惣無事」を記す【史料6】の秀吉書状も確認しておきたい。【史料6】の他に、ほぼ同内容の「片倉小十郎」宛のものも存在する。[21]この二つの書状は、よく年代比定が議論されることが多い。[22]今後分析していきたいと考えるが、本章ではこれについて議論するつもりはない。

【史料6】によれば、秀吉は「関東惣無事」を「今度家康ニ被仰付」という。表5を確認すると、「惣無事」関係史料において秀吉差出のものに家康が見られる場合は、家康に対し「被仰付候」とする。[23]また家康差出の場合でも、伊達氏宛てのものは「従殿下（豊臣秀吉）被仰下候」とあり、[24]「被仰付」「被仰下」あるいは「殿下」との敬意を示す表現から豊臣・徳川の主従関係を窺うことができる。

一方で【史料5】は、家康差出で北条氏へ宛てたものである。「従羽柴方如此申来候」という表現からは、家康から秀吉への敬意は感じられず、ここから豊臣・徳川の主従関係を読み取ることはできない。いずれの「惣無事」関係史料も年代比定については諸説あり、[25]事例も少ないが、豊臣側と徳川側では主従関係の認識に相違がある点、そして家康が北条に対した際には「従羽柴方如此申来候」とし、徳川側は他の大名と北条との関係を区別しているように見受けられる点は注目すべきであろう。

たしかに山本氏が述べるように、「惣無事之儀」の斡旋は「取次」の任務にあった者がその一翼を担っていたと解してしまうと、両者とも広義の意味において、斡旋していることには違いない。しかしながら、関東方面の「取次」と記され「御朱印」を頂いている上杉や富田らと、「取次」と記されない家康では、豊臣政権に対する立場・役割が異なっていると考えられる。したがって、両者にとっての「斡旋」の意味は、必然的に異なる内容を持つものであるといえるだろう。

また「惣無事」関係史料において、豊臣側と徳川側では主従関係の認識に相違がある点、家康が北条に対した

表5 「惣無事」文言の見える史料(管見の限りによる)

No.	年代	月	日	内容	発給者	受給者	典拠	備考
1	元亀1年ヵ	閏7	4	(略)此書中認内ニ、萩原主膳帰府、彼如才覚者、白川義親(結城義親、妻は義重女)へ被相渡、田村ヲも一統ニ惣無事於可有之者、謙信可任意見由候間、押返萩原重而差越候、大手口之弓箭、肝心候間、差捨万事、義重納得候様ニ、父子差入而意見尤ニ候、盛氏之書中ヲも、為披見差越候、以上	上杉謙信	梶原源太(政景)	『岩槻市史』(岩槻市市史編さん室、一九八三年)古代・中世史料編Ⅰ、古文書史料(下)九六一〔太田文書〕	戸谷氏は、天正五年に比定する。
2	天正10年	5	10	(略)仍去比佐会(佐竹会津)当惣無事之儀付而、被及御半途、碩斎(伊達宗澄)以御異見之上、抛万端不足任置候、如此之御礼、則可申宣候、依兎角遅延覚外候、巨細新田美作守(信政)口上申含候間、不能細書候、恐々謹言、	田村清顕	伊達輝宗	『大日本古文書』「伊達家文書之一」(東京帝国大学文科大学史料編纂掛、一九〇八年)二四六、田村清顕書状	
3	天正10年	5	11	(略)仍去比佐会(佐竹会津)当惣無事之儀付而、被及御半途、碩斎(伊達宗澄)以御異見之上、抛万端之不足任置候、(略)	田村清顕	伊達次郎(政宗)	『大日本古文書』「伊達家文書之一」二四七、田村清顕書状	
4	天正10年	5	11	先立佐会(佐竹会津)当惣無事付而、被及御半途候、御大儀候、(略)	勝光寺正寿	伊達(輝宗)殿御陣所	『大日本古文書』「伊達家文書之一」三一六、勝光寺正寿書状	

5	天正10年	5	11	先立佐会(佐竹会津)当惣無事付而、被及御半途候、御大儀候、(略)	勝光寺正寿	伊達西(政宗)殿御陣所	『大日本古文書』「伊達家文書之二」三一七、勝光寺正寿書状	
6	天正10年	10	28	急度令啓候、抑今度各申合候処、上方申事在之付而、三介(織田信雄)殿自御兄弟当表対陣之儀、令無事、諸事御異見等之儀、我々江頼入候旨、度々御理之条、任其儀、氏直与和与之事候、其方如存知之、我々年来信長預御恩儀不浅候間、無異儀者落着候、其付而、信長如御在世之時候、各惣無事尤候由、氏直へ申理候間、晴朝へ御諫言第一候、(略)	徳川家康	水谷伊勢守(水谷勝俊)	『小田原市史』(小田原市編、一九八九年)史料編原始・古代・中世Ⅰ、六八二、徳川家康書状写〔譜牒余録五九〕	
7	天正11年ヵ	11	15	関東惣無事之儀付而、従羽柴方如此申来候、其趣先書申入候間、只今朝比奈弥太郎(泰勝)為持為御披見進之候、好々被遂御勘弁御報可示預候、此通氏直江も可申達候処、御在陣之儀候之條、不能其儀候、様子御陣江被付届可然候様専要候、(略)	徳川家康	北條左京大夫	『小田原市史』史料編原始・古代・中世Ⅰ、六九九、徳川家康書状写〔武州文書十六〕	藤木・粟野・鴨川・立花氏は天正十四年に比定する。中村氏は「羽柴」を秀長として天正十六年に比定し、水江氏もこれに従い天正十六年とする。最近では戸谷氏が天正十一年に比定する。
8	天正12年	3	12	急度令啓入候、改年ニ者未申承候、背本意候、仍而御分国	皆川広照	本弥(本多正信)	『群馬県史』(群馬県史編纂委員会編、	

				中御静謐之由珍重候、然者関東惣無事于今未落居ニ候、被引詰様ニ頼存候、殊ニ由信(由良国繁)・長新(長尾顕長)進退之儀、家康御威光以一度被召返儀、両地へ各拙者無由断佗言申候、(略)			一九七七年)資料編七、三二八九、皆川広照書状〔三浦文書〕	
9	天正12年	4	21	(略)将又其表惣無事、由良・長尾儀付而、先度中川市助差越候キ、定可為参着候間、不能重説候、従去九日及合戦、始池田父子(勝入・元助)・森庄三(長可)・木下勘解由・同助左衛門(助休)、大将之者共悉、其外一万余討取候、羽柴(秀吉)儀使者如見聞之、地利ニ引入在之間、一途遅延之儀候、乍去此度討留無異儀可令上洛候、於様子者可御心安候、(略)	徳川家康	皆川山城守(広照)	『新訂徳川家康文書の研究』上巻、五九七頁、皆川広照に遣れる書状〔皆川文書〕	
10	天正12年ヵ	7	20	(略)随而関東諸家中江惣無事之儀、家康被申扱度之由候而、只今小倉松庵(実明)被差遣候、可然様御才覚祝着可被申候、(略)	本多忠勝	皆河山城守(広照)	『栃木県史』(栃木県史編さん委員会編、一九七三年)史料編・中世一、皆川文書一〇七、本多忠勝書状案	『栃木県史』は、年代比定をしていない。戸谷氏は、天正十二年に比定する。
11	天正12年	9	2	惣無事之沙汰候、	秀吉ヵ	家康ヵ	『家忠日記』天正十二年九月二日条	

12	天正13年ヵ	5	15	（略）去頃、政宗ニ惣無事御籌策候由承及候キ、如斯上者、可為如何候哉、精預御返答候者、可為本望候、将又、南衆（北条氏政）皆川表江右之調儀候間、小泉近辺ニ在陣、此度者一向ニ無指扱候、従佐（下野佐野）陣も防戦之可被及働之由、各被申越候、可御心安候、（略）	浅川廉純	（宛先無し）	『歴代古案』（『史料纂集』続群書類従完成会、一九九三年）第四、一二七五、浅川廉純書状	『歴代古案』は、伊達・葦名の「事切」を根拠に天正十七年に比定する。戸谷氏は、天正十三年に比定する。
13	?	12	3	対富田左近将監書状披見候、関東惣無事候、□今度家康ニ被仰付之条、其段可相達候、若相背族於有之者、可加成敗候、（略）	秀吉	白土右馬助	『福島県史』（福島県編、一九六四年）七、九、豊臣羽柴秀吉書状〔白土文書〕	粟野・立花氏は天正十四年、藤木氏は十五年、鴨川氏は十六年とする。
14	?	12	3	対富田左近将監書状遂披見候、関東惣無事之儀、今度家康ニ被仰付候之条、其段可相達候、若相背族於有之者、可加成敗候間、可得其意候也、（略）	秀吉	片倉小十郎（景綱）	『小田原市史』史料編原始・古代・中世Ⅰ、七〇五、豊臣秀吉書状〔伊達家文書〕	粟野・立花氏は天正十四年、藤木氏は十五年、鴨川氏は十六年とする。
15	?	12	3	対石田治部少輔書状遂披見候、関東・奥両国迄惣無事之儀、今度家康ニ被仰付条、不可有異儀候、若於違背族者、可令成敗候、猶治部少輔可申候也、 十二月三日　（秀吉花押） 多賀谷修理進とのへ	秀吉	多賀谷修理進	『小田原市史』史料編原始・古代・中世Ⅰ、七〇四、豊臣秀吉書状写〔秋田藩家蔵文書十三〕	粟野・立花氏は天正十四年、藤木氏は十五年、鴨川氏は十六年とする。

16	天正15年ヵ	12	3	雖未申通候令啓候、然者奥両国惣無事之儀、御書被差遣候、路次等之儀憑入候、（略）	富田知信	相馬殿	『相馬文書』（『史料纂集』古文書編十三、続群書類従完成会、一九七九年）一三五	粟野氏は天正十四年、藤木氏・鴨川氏は天正十五年に比定する。
17	天正15年ヵ	12	20	雖未申通候令啓候、然者従関白殿、関東并奥両国惣無事之儀、此宗洗被差遣候、其元路次等宿送之儀、被仰付候者、可為満足候、（略）	富田知信	本庄殿	『新潟県史』（新潟県編、一九八〇年）資料編四、六一一頁〔渡辺文書〕	粟野氏・藤木氏・鴨川氏は天正十五年に比定する。
18	天正16年	4	6	雖未申通候令啓候、抑去歳九州島津為可有御追罰、御動座之処、御陣中へ走入奉懇望候間不及御料簡、有御赦免被召返候、誠唐国迄も平均眼前候、此上関東奥両国惣無事之儀、被仰出候条、可被成其意候、然者関奥諸大名、若至被成言上者、我等御取次之儀、馳走可申之段、被仰付候間、以使者申定候、（略）	富田知信	白川殿	『白河市史』（白河市編、一九八九年）五、七四九頁〔白河文書〕	「去歳九州島津為可有御追罰、御動座候処」が豊臣政権の九州出兵を指すことから、その翌年の天正十六年に比定できる。
19	天正16年	10	26	其表惣無事之儀、家康可申曖旨、従殿下（豊臣秀吉）被仰下候間、御請申、則以使者、和与之儀可申曖由存候処、早速御無事之由、尤可然儀候、殊義光（最上）之儀、御骨肉之事候間、弥向御（後）互御入魂専要候、（略）	家康	伊達左京大夫（政宗）	『新訂徳川家康文書の研究』上巻、七二五頁、伊達政宗に遣れる書状〔伊達家文書二〕	

20	天正16年	10	26	其表惣無事之儀、家康可被曖之旨、従関白殿(秀吉)被仰付候間、及其御請、即以使者、和与之儀可申曖由存候、早速無事之由珍重候、然者先相止使節、殊政宗・義光(最上)之事ハ、御骨肉之事候間、弥無異儀御入魂可然候、向後政宗与別而可申談候間、連々取成相任候、(略)	家康	片倉小十郎(景綱)	『新訂徳川家康文書の研究』上巻、七二六頁、片倉景綱に遣れる書状〔片倉家譜〕	
21	天正18年	11	15	覚 一御調儀第一ニ存候事付我等請取事 一御働之様子之事 一惣無事存知寄通申入候事 一葛西(晴信)身上之事(略)	羽柴忠三郎氏(蒲生氏郷)	伊達左京大夫(政宗)	『大日本古文書』「伊達家文書之二」五四一、蒲生氏郷覚書状	
22	天正18年	11	20	(略)先日の惣無事ハ、如何成行候哉、かたはしニ理申城なとハ、一刻もはやく御済可然候、寒天にて候まゝ、御急可然候々々々、又唯今誓文ニ而申候通、今度政宗御忠節、中々不及是非候、南部なと体を見申候ほと、政宗御手柄候、(略)	氏(蒲生氏郷)	浅野六右	『大日本古文書』「伊達家文書之二」五四四、蒲生氏郷書状	

注：戸谷穂高「関東・奥両国「惣無事」と白河義親――(天正十六年)卯月六日付富田一白書状をめぐって――」(『中世東国武家文書の成立と伝来に関する史料学的研究――陸奥白河結城家文書を中心に――』平成十六年度〜平成十八年度科学研究費補助金基盤研究研究成果報告書、二〇〇七年)付表を参考に、筆者が加工した。なお備考の参考文献はそれぞれ、粟野俊之『織豊政権と東国大名』(吉川弘文館、二〇〇一年)、鴨川達夫「「惣無事」令関係史料についての一考察」(『遙かなる中世』十四、一九九五年)、立花京子「書評　小林清治著『奥羽仕置と豊臣政権』」(『織豊期研究』六、二〇〇四年)、戸谷穂高「戦国期東国の「惣無事」」(『戦国史研究』四九、二〇〇五年、戦国史研究会第二九五回例会報告要旨)、戸谷前掲論文、中村孝也『新訂徳川家康文書の研究』上巻(日本学術振興会、一九八〇年)、藤木久志『豊臣平和令と戦国社会』(東京大学出版会、一九八五年)、水江漣子『家康入国』(角川選書、一九九二年)による。

際には徳川側は他の大名と北条との関係を区別しているように見受けられる点は注目すべきである。

ここから導き出されるのは、家康と秀吉との関係は「取次」の「御朱印」を頂いている上杉や富田らと秀吉とのそれとは異なり、単純な主従関係ではないことであろう。

第二節　豊臣・北条間の交渉と家康の役割

では、家康は豊臣政権と関東の諸大名、特に北条との交渉にあたって、どのような役割を担っていたのであろうか。

【史料7】(26)

（前略）

一、此度京都御一所ニ成、家康以御取持、美濃守（北条氏規）上洛候、其分銭弐万貫入由候、此方手前へも、定而三百貫も、四百貫も可懸候、如何共可致様無之候間、知行役・扶持役之随分限、可為出候、其上十ヶ年以来請郷へ、号扶持銭棟別赦免候、当年加様之方迄も、前々之役半分可為致候、左候へ者、永楽銭五拾銭出者ハ、廿五銭可出候事、

（中略）

右之条々、自分・同心見分可有其調、黄金・出物・わた（綿）此三様を以、可為調次第者也、仍如件、

（天正十六年）子六月七日　□

秩父孫二郎殿

同心衆中

右記朱印状は、北条氏邦が秩父孫二郎とその同心衆に対し、北条氏規の上洛にかかる費用等を負担させようとした際に発給されたものである。

後掲する家康起請文の二条目に対応して「美濃守」＝北条氏規が上洛することとなり、その際に「此度京都御一所ニ成、家康以御取持」とある。すなわち北条側からは、家康は北条と「京都」＝豊臣とを「御一所ニ成」すための「御取持」と認識されていたのである。この史料からは、少なくとも北条側は、家康が豊臣政権との主従関係に基づく「取次」であるという認識はないことが読み取れる。

では、北条と豊臣とを「御一所ニ成」すための家康の「御取持」とは、具体的にどのようなものだったのであろうか。当該期の徳川は、北条・豊臣と姻戚関係を結んでいたことが知られる。天正十一年には北条に娘督を送り、同十二年には豊臣に二男の秀康を送っていた。

しかし家康は、この姻戚関係を解消しようとしたことがある。

【史料8(27)】

敬白　起請文

一其方御父子之儀、於殿下《豊臣秀吉》御前、悪様申なし、佞人之覚悟を構へ、御分国中毛頭不相望事

一今月中、以兄弟衆、京都へ御礼可被申上事

一出仕之儀、於無納得者、家康娘可返給事

右条々存曲折、令違犯者、

梵天帝釈・四大天王・惣日本国中六十余州大小神祇・別伊豆箱根両所権現・三嶋大明神・八幡大菩薩・天満大自在天神・部類眷族神罰冥罰可罷蒙者也、仍起請文如件、

天正十六年
五月廿一日　　　　家康（花押）
北條左京大夫《(氏直)》殿
北條相模守《(氏政)》殿

これによれば、

① 家康が秀吉に対し、北条父子のことを悪くいわず、北条領国を所望しないこと
② 北条氏政の「兄弟衆」の上洛を促すこと
③ 上洛なき場合は娘の督姫を離縁して返してほしいこと

を挙げて、それを起請文の形で送っている。これは、北条との姻戚関係により徳川が容易に豊臣側に付けない事情を示しているといえよう。

筆者は第二章にて、徳川は豊臣・北条にそれぞれ一人ずつの子を送っていたという点で両者間において中立的立場を保っていたことを示した。

右記起請文は、そのような関係を前提としながら、豊臣・北条間において何か事が起これば、徳川が豊臣側に付くことを認めるものである。その際に、家康は娘の督姫の返還を条件に挙げているが、これは徳川による豊臣・北条との中立性の解消を示しているといえる。

逆に、北条側の「兄弟衆」が上洛しさえすれば、この姻戚関係はそのまま保たれることになり、徳川の中立性は維持されることになる。すなわち天正十六年段階では、督姫が徳川へ返還されない限りは、姻戚関係に基づく中立性が維持されるのである。

ここで確認できるのは、家康が北条に対し、豊臣・北条間での中立的立場の解消をみせつつ、「取持」を行っていることである。とはいえ、家康が豊臣・北条の力関係を見計らった上で「中立」を保っている点には注意せねばならない。もちろん、女子を送っていた北条との関係よりも男子の秀康を送っていた豊臣との関係が深いのはいうまでもなく、右記起請文も何か事が起これば徳川は豊臣側に付くことを認めるものである。

天正十七年十一月、豊臣政権が北条に宣戦布告した際には、「北條事、近年蔑公儀、不能上洛、殊於関東、任我意、狼藉條、不及是非、然間去年可被加御誅罰処、駿河大納言家康卿依為縁者、種々懇望候間、以條数被仰出候へば、御請申付而被成御赦免、則美濃守（北条氏規）罷上、御礼申上候事[28]」との条々が豊臣から北条へ発せられている。

これによれば「去年」＝天正十六年、北条に対し「御誅罰」を加えようとしたところ、家康が「依為縁者、種々懇望」したという。ここにみえる「縁者」とは、豊臣との「縁者」である秀吉妹旭、あるいは次男の秀康を指すのか、北条との「縁者」である娘の督姫を指すのかは、はっきりしない。いずれにせよ、このような豊臣と徳川、そして北条へ連なる家康の「縁者」という立場が北条氏規（【史料8】にみえた北条氏政の「兄弟衆」）の上洛を実現させたことには違いない。

結果、これは『多聞院日記』天正十六年八月十八日条によれば、氏規の上洛が実現し、豊臣と北条との「和談」が調ったことを記す。このように大名の使者を上洛させるといった行為は、前述の「取次」富田の事例において確認したが、前出の布告状からは、家康を「取次」としての行為と捉えた様子はみえない。富田の事例で挙げた書状【史料4】も前出の布告状も、いずれも豊臣側の史料であるが、布告状が家康の行為を「縁者」としてのそれと捉えている点は注目せねばならないであろう。

【史料9】[29]

従京都之御書付給候、并御添状具披見、内々逐一雖可及貴答指(候カ)、還相似慮外候歟之間、先令閉口候、畢竟自最前之旨趣、貴老淵底御存之前委細被仰披候者、可為本懐候、猶罪之被糺実否候様所希候事、一両日以前以使申候キ、津田(信勝)・富田(知信)方へ申遣五ヶ条御披見上、重説雖如何候猶申候、名胡桃努自当方不乗取候、中山書付進之候キ、御糾明候者可聞召届事、

一上洛遅延之由、被露御状候、無曲存候、当月之儀正、二月にも相移候者尤候歟、依惑説、妙音一鷗相招、可晴胸中由存候処、去月廿余日之御腹立之御書付誠驚入候、可有御勘弁事、

右之趣、御取成所仰候、恐々謹言、

(天正十七年)十二月九日　　氏直（花押）

徳川殿

北条氏直から家康へ発給された【史料9】によれば、北条側が家康に期待するのは秀吉の「御腹立」を「御勘弁」してくれる「御取成」である。ほぼ同時に北条氏政・氏規からも家康へ「御取成」を願う書状が発給されている。[30]

【史料9】には、富田・津田の名も挙がっている。「津田（信勝）・富田（知信）方へ申遣五ヶ条御披見上」にみえる「五ヶ条」は、同年十二月七日付で富田知信・津田信勝に宛てられた氏直書状である。[31]これによれば「就中先年家康上洛之砌ハ、被結御骨肉、猶大政所ヲ三州迄御移之由承候」とあり、北条側は秀吉と家康との「御骨肉」＝血縁関係を結んだことを挙げ、豊臣に対し弁解していた。北条側も豊臣・徳川の姻戚関係を意識していたのである。

またこの「五ヶ条」では、秀吉の側近である富田・津田を「取成」と記していない点も押さえておきたい。やはり「御取成」と記される家康とは区別する必要があろう。[32]

ところが徳川の姻戚関係に基づく中立性は、天正十六年段階での北条に対する督姫の返還問題よりも、天正十七年九月以降豊臣に対する「長丸」上洛問題がその重要性を増していく。「長丸」上洛が現実味を帯びていくにしたがい、督姫は徳川へ返還されないまま[33]小田原の役が執行されたのである。[34]

【史料10】[35]

態令啓候、仍最前も其元之儀及異見候之処ニ無承引候へき、此上者令任我等差図兎角先有下城、氏政父子之儀御詫言専一ニ候、猶朝比奈弥三郎(弥太郎泰勝)口上相添候、恐々謹言、

(天正十八年)六月七日　御諱御判（家康）

北条美濃守(氏規)殿

最後に、小田原の役開戦後の家康の役割をみておきたい。戦中家康は入魂であった氏規へ右記書状を送り、われらの「差図（指図）」に任せて北条父子は開城し詫びるのが専一であるという。ここでは家康は、秀吉の意向を伝えるために使者として北条方へ赴いていると考えられるから、北条が「詫言」を専一にするのは秀吉に対してであろう。

管見の限り、小田原の役開戦後のこの段階では家康に対し「取持」「取成」ということばは、みられなくなる。辞書的な意味からみれば、家康は北条に対し豊臣との「取持」「取成」＝仲をとりもつ役割から、北条に対し秀吉の意向に基づき「差図」＝指示し命令する役割に変わっていったといえるだろう。

おわりに

最後に本章の考察をまとめたい。

①関東方面の「取次」と記され「御朱印」を頂いている上杉や富田らと、「取次」と記されない家康では、豊臣政権に対する立場・役割が異なっていると考えられ、両者にとっての山本氏のいう「斡旋」の意味は、必然的に異なる内容を持つものであると考えられる。また「惣無事」関係史料において、豊臣側と徳川側では主従関係の認識に相違がある点、家康が北条に対した際には徳川側は他の大名と北条との関係を区別しているように見受けられる点は注目すべきである。ここから導き出されるのは、家康と秀吉との関係は「取次」の「御朱印」を頂いている上杉や富田らと秀吉とのそれとは異なり、単純な主従関係ではないということである。

②少なくとも北条側は、家康が豊臣政権との主従関係に基づく「取次」であるという認識はなく、北条と豊臣とを「御一所ニ成」すための「取持」「取成」を行う存在であると見なしていたと考えられる。北条と豊臣とを「御一所ニ成」すための「取持」「取成」とは、豊臣と徳川、そして北条へ連なる家康の「縁者」という立場、すなわち姻戚関係に基づく徳川の中立性によるものであった。とはいえ、家康が豊臣・北条の力関係を見計らった上で「中立」を保っている点には注意せねばならない。この中立性は、天正十六年段階では督姫の返還が実行されることになれば解消される。ところが徳川にとっての姻戚関係の重要性は、北条に対する督姫返還問題よりも、豊臣に対する「長丸」上洛問題へ移行していく。天正十七年九月「長丸」上洛が現実味を帯びていくにしたがい、督姫は徳川へ返還されないまま小田原の役が執行されたのである。小田原の役開戦後は管見の限り、家康に対し「取持」「取成」ということばは、みられなくなる。家康は、北条に対し豊臣との「取

持」「取成」＝仲をとりもつ役割から、北条に対し秀吉の意向に基づき「差図（指図）」＝指示し命令する役割に変わっていったと考えられる。

天正十七年十二月、家康は秀吉の要請に応じ上洛している。この家康上洛の間に北条「成敗」についての「談合」が行われ、小田原の役の執行が決定した。この「談合」では、議題として小田原の役の執行とともに「長丸」の上洛についても話し合われたと考えられる。(36) 逆に「長丸」の上洛が実現するまでは、小田原の役は執行されなかった。すなわち役がこの段階まで執行されなかったのは、家康の「取持」「取成」があったためと考えられる。北条が徳川に期待する豊臣への「取持」「取成」は、督姫が徳川へ返還されないまま、「長丸」の上洛によってその意味を失い、姻戚関係に基づく豊臣・北条間における徳川の中立性は解消されたといえよう。

豊臣政権側からみれば、「取次」は秀吉から「御朱印」を頂いた上杉や富田がいるのであるから、家康が「取次」である必要はないし、研究史の上からも、殊更当該期の秀吉と家康との主従関係を強調する必要はないであろう。

通説的理解によれば、小牧・長久手戦において豊臣政権は徳川に、軍事的には敗北したが、家康を上洛させ武家官位制に組み込むことなどによって主従関係を成立させ、政治的には勝利したといわれる。しかしながら、むしろ軍事的に敗北したことが、豊臣政権が関東との交渉を行うにあたって、そこに介在する徳川の中立性を認めざるを得ない要因となったと考える。これは、徳川や北条をも含め、豊臣政権の東国に対する「成敗」や「惣無事」に関わる問題であると思われる。これについては第四章で詳しく後述する。

（1）　山本博文『幕藩制の成立と近世の国制』（校倉書房、一九九〇年）第一部第一章。

（2）津野倫明「豊臣政権における「取次」の機能」（『日本歴史』五九一、一九九七年）、同「豊臣政権の「取次」蜂須賀家政」（『戦国史研究』四十一、二〇〇一年）。
（3）山本前掲注（1）書第一部第一章、二五頁によれば、家康・上杉の他に富田知信・や津田信勝・施薬院全宗や和久宗是らが「取次」として働いていたとする。しかし後述するように、家康については北条との交渉過程において彼を「取次」とする同時代史料は見当たらない。
（4）戸谷穂高「豊臣政権の取次――天正年間対西国政策を対象として――」（『戦国史研究』四十九、二〇〇五年）。
（5）山本前掲注（1）書第一部第一章二五頁によれば、家康は娘督姫を北条氏直に嫁がせていたので、彼は北条氏政に上洛を勧め、和解のために力を注いでいたとし、関東・奥羽に関係の深い家康が、上杉氏よりも「取次」の任に適していたとする。
（6）『新潟県史』資料編3中世一（新潟県編、一九八二年）七七二、石田三成・増田長盛連署副状〔上杉家文書〕。
（7）山本前掲注（1）書第一部第一章。
（8）『新潟県史』資料編3中世一、三三四、羽柴秀吉直書〔上杉家文書〕。
（9）『新潟県史』資料編3中世一、三三六、羽柴秀吉直書〔上杉家文書〕。
（10）「取次」上杉景勝の役割については、矢部健太郎「東国「惣無事」政策の展開と家康・景勝」（『日本史研究』五〇九、二〇〇五年）が詳しい。ところで氏によれば、「惣無事」に関わる家康の「取次」行為などはすべて秀吉の指示下に行われており、上杉景勝の「取次」行為の減少は、当時景勝が豊臣政権の命令を受けて軍事行動に奔走していたためであるという。しかしながら本章で明らかにするように、少なくとも小田原の役以前に家康を「取次」とする同時代史料は見られないし、もちろん「惣無事」関係史料にもそれは見られない（表5参照）。また上杉景勝の「取次」行為の減少は、彼が軍事行動に奔走していたことも一要因であろうが、（家康ではなく）秀吉側近の富田らが「取次」を行っていたことも、その一要因であると考える。
（11）山本前掲注（1）書第一部第一章。
（12）『福島県史』七（福島県編、一九六六年）一一七、富田知信書状〔白川文書二〕。
（13）この史料の分析については、鴨川達夫「「惣無事」令関係史料についての一考察」（『遙かなる中世』十四、一九九五年）が詳しい。

(14) 平野明夫『徳川権力の形成と発展』(岩田書院、二〇〇六年)第二章第二節。
(15) 平野氏は、「取次」文言の見られない家康に対し、秀吉からの「取次を命じる」とした文書が残存する佐々成政、毛利輝元、浅野長政・幸長を事例に検討し、その結果家康を「取次」と推定している。
(16) 『小田原市史』史料編原始・古代・中世Ⅰ(小田原市編、一九九四年)六九九、徳川家康書状写〔武州文書十六〕。
(17) 山本前掲注(1)書第一部第一章。
(18) 「惣無事」関係史料において、家康を「取次」と記述しないことについては、表5(九五頁)を参照されたい。
(19) この書状の年代推定は表5に示したように、かつては天正十四年説と十六年説が有力であった。本章において、この史料の年代推定について言及するつもりは無いが、筆者も「従羽柴方如此申来候」との記述から、天正十四年以前ではないかと考える。これについては第四章にて述べる。
(20) 『福島県史』七、九、豊臣羽柴秀吉書状〔白土文書〕。
(21) 「伊達家文書」(『大日本古文書』家わけ第三、東京大学史料編纂所編、一九〇九年)九八六号。
(22) 表5No.13、No.14。
(23) 表5No.13~No.15。
(24) 表5No.19、No.20。
(25) 表5備考をそれぞれ参照されたい。
(26) 杉山博他編『戦国遺文』後北条氏編第四巻(東京堂出版、一九九二年)三三三四、北条氏邦朱印状写〔武州文書所収秩父郡秀三郎所蔵文書〕。
(27) 『小田原市史』史料編原始・古代・中世Ⅰ、七一三、徳川家康起請文〔鰐淵寺文書〕。
(28) 『神奈川県史』資料編3古代・中世(3下)(神奈川県企画調査部県史編集室編、一九七九年)九四九九、豊臣秀吉朱印状〔北条文書〕。
(29) 『小田原市史』史料編中世Ⅲ(小田原市編、一九九三年)一九八六、北条氏直書状写〔古証文五〕。
(30) 『小田原市史』史料編中世Ⅲ、一九八七、北条氏政書状写〔古証文五〕。『小田原市史』史料編原始・古代・中世Ⅰ、七四六、北条氏規書状写〔古証文五〕。

(31) 中村孝也『新訂徳川家康文書の研究』上巻（日本学術振興会、一九八〇年）七五三頁、北条氏直より富田知信・津田信勝に遣れる弁疏状（諸家感状録）。

(32) 本章は、「取持」「取成」の語を概念化しようとするものではない。例えば「取成」の語は、天正十七年十二月五日付伊達左京大夫宛「浅野長吉・前田利家連署書状」（伊達家文書）（『小田原市史』史料編原始・古代・中世Ⅰ、七四五）や、「北条氏直より富田知信・津田信勝に遣れる弁疏状」（諸家感状録）（『新訂徳川家康文書の研究』上巻、七五三頁）にもみられる。あくまでも「御朱印」が調えられる「取次」上杉らの事例と、そうではない家康では区別する必要があると考えるからである。

(33) 督姫が徳川へ返還されるのは、小田原の役後である。

(34) 「長丸」上洛問題については、本書第二章を参照されたい。

(35) 『新訂徳川家康文書の研究』上巻、七七六頁、北条氏規に遣れる書状（古文書集十）。

(36) 詳しくは、本書第二章を参照。

第四章　豊臣政権の統一過程における家康の位置付け

はじめに

小田原の役やいわゆる「奥羽仕置」は、豊臣政権の全国統一過程の最終段階、「総仕上げ」と位置づけられる。では、なぜ豊臣政権は四国攻めや九州攻めを先行させ、小田原の役や「奥羽仕置」を「総仕上げ」(後回し)としたのであろうか。

これに関して、これまでの研究では至極当然の手順であるかのように捉えられ、ほとんど問われることは無かった。若干、立花京子氏が「(天正十三年前半の)秀吉は北陸・四国・九州制圧を先行させるため、北条氏成敗のためのすぐの関東出馬は実施不可能であった」と述べている。(1) しかしながら、このような捉え方でよいのだろうか。立花氏に関していえば、秀吉がなぜ北条氏成敗よりも北陸・四国・九州制圧を先行させたのか、その理由については触れていない。

筆者は、豊臣政権が四国攻めや九州攻めを先行させたのは、そもそも規定路線ではなかったと考える。これは豊臣政権の東国進出に、徳川家康がその障害となっており、秀吉は彼を政権下に取り込んだことで漸く政権の全国統一への最終段階＝小田原の役や「奥羽仕置」を迎えることができたと考えるからである。そしてそこには、豊臣政権の諸政策、いわゆる「惣無事」が密接に関連していたとみられる。

豊臣政権の政策基調であるといわれる「惣無事」については、これに基づく「平和の強制」と捉える藤木久志氏の見解(2)と、武力制圧を行うための名分と捉える藤田達生氏の見解(3)とに概ね別れる。

藤木氏によれば、豊臣期の諸大名は「豊臣平和令」「惣無事令」により自力救済権を否定され、軍事力集中と行使は「公儀の平和の強制と平和侵害の回復の目的にのみ限定」されていたとし、「平和の強制」が豊臣政権による「惣無事」の政策基調であったとする。

その批判として藤田氏の研究がある。氏は、秀吉が賤ヶ嶽の合戦以来、「戦争→国分執行→仕置令発令」という一連の手続きを繰り返しながら全国統一を完了したとしている。そして秀吉が主張した「惣無事」というスローガンは、あくまでも直接境界を接しない遠隔地の戦国大名間紛争に軍事介入するための名分であり、「国分」に至る一連の政治過程と軍事動員からは、独善的かつ好戦的な政権の本質が明瞭になると述べる。さらに藤田氏は、「惣無事令」という（豊臣政権）独自の法令は想定できず、秀吉が発令したのはあくまでも「停戦令」で、「惣無事」や「天下静謐」は武力介入を正当化するための政策基調であったとの見解を示しており(4)、藤木氏の見解と相反する。

筆者は、概ね藤田氏の見解は首肯できると考えているが、氏は政権の西国での武力制圧過程を分析することで、その政策基調を東国にも当てはめる手法を採っており、東国へのそれに関しては直接的に分析していない。また天正十四年（一五八六）十月の徳川家康の上洛＝豊臣・徳川の主従関係成立とみる見解は、通説として継承され、豊臣政権の統一過程を語る際の前提条件として利用されてきた(5)。だが筆者は、天正十四年十月の家康の上洛と同時に主従関係が結ばれたわけではないと考えて、当該期の豊臣・徳川の政治的関係を見直してきた(6)。

本章では、筆者がこれまで分析していなかった天正十四年十月の家康上洛以前の豊臣・徳川の関係性を検討したい。その上で、豊臣政権の政策基調であるといわれる「惣無事」を位置付け直したいと思う。

なお、ひとまず本章においては、「「惣無事」関係史料」とは「「惣無事」文言を含む史料」、「東国」とは「豊臣領国からみて東側の国」、「西国」とは「豊臣領国からみて西側の国」との意で用いる。(7)

第一節　家康上洛以前の豊臣・徳川の関係

(一) 小牧・長久手戦と秀吉・家康

表6は、天正十四年までの豊臣政権の軍事介入・武力制圧を示したものである。まず、秀吉による家康への最初の武力制圧行動、すなわち小牧・長久手戦における秀吉の対東国政策の方針を確認したい。

【史料1】(8)

遠路預貴札候、本望至候、仍秀吉御方可被申談之儀付而、山左入道被差下候処、遮而之御使者、尤珍重存候、
先書ニ如申入候、家康此度可被打果事者眼前ニ候、然者早速相州へ可被寄馬ニ手定候、彼堺目被成御出馬、
不可有御油断候、秀吉前之儀、涯分可致馳走候、於於(衍カ)時宜者可御心安候、猶委曲山左可為演説候間、不能巨
細候、恐惶謹言、
(天正十二年)六月五日　　不干(花押)
義重　御報

右記史料は、天正十二年六月、「不干」から常陸の佐竹義重に宛てられたものであり、小牧・長久手戦中に発給されたものである。当時佐竹氏は北条氏と対陣しており、「不干」は秀吉が家康を「打果」すことが「眼前」

表6　豊臣政権の軍事介入(天正14年10月の家康上洛まで)

No.	対象	年	月	内容	典拠	結果	典拠
1	柴田・織田信孝	天正11	5	去月廿一日、柴田修理亮(勝家)四ヶ国之人数有儘召連、三七(織田信孝)殿引入、滝川(一益)令一味、武篇を仕懸候事	『小田原市史』六八四、羽柴秀吉書状〔毛利家文書〕	天正十一年六月「討果」	『新潟県史』三三七、羽柴秀吉書状写〔上杉家文書〕
2	上杉	天正11	5	廿五日、賀州へ出馬、諸城雖相踏候、筑前守太刀風ニ驚、草木までも相靡体にて候之付而、越中境目金沢と申城ニ立馬、国々置目等申付候内ニ、越後長尾(上杉景勝)出人質、筑前次第令覚悟候	〃	天正十一年五月「赦免」	『小田原市史』六八四、羽柴秀吉書状〔毛利家文書〕
3	織田信雄・徳川	天正12	3	此度羽柴(秀吉)余恣之振舞仕付而、三介(織田信雄)申合、彼凶徒可打果覚悟候而、令出馬候	『新修家康文書　第二輯』八九頁、徳川家康書状〔財団法人水府明徳会所蔵〕	天正十二年十一月和睦	『大日本史料』十一之十、一五九頁、秀吉書状〔幸田文書〕等
4	北条・徳川	天正12	6	家康此度可被打果事者眼前ニ候、然者早速相州(北条)へ可被寄馬ニ手定候	『小田原市史』六八七、不干書状〔佐竹文書〕	天正十八年三月秀吉出陣、七月北条降伏	『多聞院日記』天正十八年三月二日条等
5	雑賀	天正13	2	来三月廿一日、至紀州表、可令出馬候	『豊公遺文』五五頁、秀吉書状	天正十三年三月「泉州紀州熊野浦迄平均ニ申付候」	『小田原市史』六九一、羽柴秀吉書状写〔御文書五〕
6	長曽我部	天正13	5	長曽我部為成敗、致于四国、来月三日、此方出馬渡海候	『豊公遺文』五七頁、秀吉書状	天正十三年閏七月「赦免」	『豊公遺文』六二頁、羽柴秀長書状

7	佐々	天正13	6	佐々内蔵助成敗として秀吉(羽柴)被出馬付而	『新修家康文書　第二輯』一〇四頁、織田信雄書状〔久能山東照宮所蔵〕	天正十三年八月「越中飛驒国、共に平均申付」	『豊公遺文』六五頁、秀吉書状
8	姉小路	天正13	8	飛驒国姉小路事、如存知、蔵介令同意、悪逆条、人数遣之	『豊公遺文』六五頁、秀吉書状	〃	〃
9	島津	天正13	10	急度可被成御成敗候間、此返答各為ニ者一大事之儀候	『大日本史料』第一一編之二一、八頁秀吉書状〔島津家文書〕	天正十五年五月島津降伏	『白河市史』五、七四九頁、富田知信書状〔白河文書〕等
10	徳川	天正13	11	家康儀成敗可申付ニ相極候、殿下(秀吉)御出馬之儀ハ、当年無余日之間、正月十五日以前ニ動座有之而、急度可被仰付事	『大日本史料』第一一編之二二、二四九頁、秀吉書状〔松丸憲正氏所蔵文書〕	天正十四年二月「赦免」	『愛知県史』一二三七、羽柴秀吉朱印状写〔一柳文書〕
11	真田	天正14	8	真田(昌幸)成敗ニ人数越候ニ付家康ために候間、真田急度可被討果儀専一ニ候	『愛知県史』一二四五、羽柴秀吉書状写〔武徳編年集成三二〕	天正十五年二月「信州各儀も可為関白存分旨候条、得其意、矢留之儀堅可申付候」	『群馬県史』三四六五、豊臣秀吉書状〔真田文書〕
12	新発田	天正14	9	新発田(重家)表へ被相動、被取詰之由尤候、何之道にも、急度一着候様与思召、木村弥一右衛門尉(吉清)被仰含、被差遣候	『新潟県史』三三四、羽柴秀吉直書〔上杉家文書〕	天正十五年十一月「新発田因幡(重家)其外不残三千余撃果、平均被申付由、心地能候」	『新潟県史』三二四、豊臣秀吉直書〔上杉家文書〕

であると述べつつ、それが実現すれば早速「相州」＝北条氏へ「可被寄馬」＝軍勢を派遣する「手定」になっており、「彼堺目」へ秀吉が「被成御出馬」＝出陣なされるという。

ここでは、秀吉が家康を「打果」たした場合「相州」北条氏への「出馬」を企図していたこと、すなわち政権の武力制圧の対象が徳川だけでなく北条も含まれていたことに注目したい。そもそも天正十二年のこの段階では、北条も徳川も豊臣政権の武力制圧の対象であり、これが豊臣政権の統一過程における規定路線であったと考えられる。

しかしながら、この規定路線は変更を余儀なくされる。家康側の史料である『家忠日記』(9)天正十二年九月二日条には、「惣無事之沙汰候」、同九月六日条には「無事の沙汰候」とあり、和議の諮られたことが知られる。対して秀吉側は同年九月上旬、宇喜多秀家や千宗易に宛て、織田信雄・徳川家康との和平交渉を進め、彼らから人質が出される旨などを伝えている(10)。だが、『家忠日記』同九月七日条には「無事のきれ候て、茂吉へ惣人数うつし候」とあり、これは不調に終わったことがわかる。九月七日付の北条氏側の史料によれば、秀吉軍が尾張に出陣し様子によっては北条が家康へ加勢するという(11)。実際に北条が加勢したかはともかく、小牧・長久手戦は北条氏にも関わる問題であったことがわかる(12)。当時家康は、天正十一年には北条氏に娘督を送っており、両者は同盟関係にあったことが知られる。このような両者の関係は、豊臣政権の統一過程において以後大きな障害となっていく(13)。

こののち、『家忠日記』天正十二年十一月十六日条には「御無事相済候て、家康御馬被入候、我等も小幡より岡崎迄越候」とあり、秀吉と信雄・家康は改めて和睦している。この際家康の家臣である酒井忠次は、北条氏政に宛てて「抑重而家康出馬之由、其聞候間、無御心元候処、羽柴悃望、因茲被遂和親由、誠以肝要之至、不及申立候」[14]と、秀吉側の「悃望」により「和親」＝和睦したと伝え、最終的には十二月に入り家康の次男・於義丸（のちの秀康）が上洛したことで[15]、小牧・長久手戦は終結することとなる。

ここで明らかとなるのは、武力制圧を規定路線としていた豊臣政権の東進策が、「無事」「和親」という形で終結することとなり、結果越中・飛騨への北国攻め、紀州雑賀攻め、そして四国・九州攻めと、西進策を採るように変化していったことである。すなわちこの戦で徳川への武力制圧に失敗し和睦したこと、その結果主従関係を結べなかったことが、政権の東進策に変更を余儀なくさせたのである。

（2）小牧・長久手戦後の豊臣政権の東国政策と家康

天正十三年から始まる越中・飛騨への北国攻め、紀州雑賀攻め、そして四国・九州攻めにおいて、いずれも豊臣政権が境界紛争の一方の当事者として関与し、その軍事力を背景とした力関係で相手方を従属させたことは、藤田氏が明らかにしたところである[16]。では豊臣政権はこの間、東国へはどのように対応していたのだろうか。

同年三月に紀州雑賀、七月に四国、八月に北国の武力制圧をひとまず完了させた豊臣政権は、その対象を再び東国に定めている。六月二十五日、秀吉は上杉景勝に宛てて「小田原軍慮之義（儀）」として、佐々成政討伐後の小田原北条氏への攻撃の戦略を指示している[17]。

また、天正十三年に比定される十一月十九日付真田安房守（昌幸）宛秀吉書状[18]には、「此上者人数を出、家康儀成敗可申付ニ相極候、殿下（秀吉）御出馬之儀ハ、当年無余日之間、正月十五日以前ニ動座有之而、急度可被仰付事」とあり、秀吉は、家康への武力制圧を翌天正十四年正月十五日までに想定していたことがわかる。ここで「成敗」の文言は、秀吉の「出馬」「動座」など具体的な軍事行動を示していることから、「成敗」＝武力制圧

と捉えてよいだろう。(19)

一方で、『家忠日記』天正十三年十月二十八日条によれば、家康側では秀吉へ「御質物」＝人質を出すか否かが話し合われていた。また「相州（北条氏）」からも家老衆の起請文がもたらされており、これは北条氏にも関わる問題であった。同日条には「質物御出し候事不可然之由申上候」とあり、結局このときには人質を出さなかったようであるが、十一月十三日条には、石川数正が「女房衆」を連れて「上方」＝秀吉の許に奔ったことが記される。ついで十八日条には、家康は来るべき秀吉との戦いに向けて、岡崎城の普請を行っていたことが記される。

【史料2】(20)

最前染筆候、家康事、如何様共天下次第之旨、令貇（懇）望候、然者家康并相州氏直人質出置之、此方於存分者、先度申遣之筋目、如有来令申付候、若令相違者、明春早々出馬、可加誅伐候、其面事、何扁（遍）無越度候様覚悟専一候、猶追而可申越候也、

十二月廿日　（秀吉花押）

佐野修理進（宗綱カ）とのへ

右記史料は、家康と北条氏直が秀吉側へ人質を提出する旨を伝える。この書状について、『小田原市史』や立花氏(21)は天正十二年に比定している。この場合には、小牧・長久手戦直後に発給されたものとなり、人質として家康側からは十二月に秀康が上洛したことが知られるが、北条からの人質提出を示す史料は管見の限り確認できない（表7）。

前述したように豊臣政権は、北条氏へは「小田原軍慮之義」として、佐々成政討伐後の攻撃の戦略を指示していた。また徳川氏へは、前掲十一月十九日付真田安房守（昌幸）宛秀吉書状において、その「成敗」を翌十四年

正月十五日までに想定していた。【史料2】にて秀吉が「家康并相州氏直人質出置之」「明春早々出馬、可加誅伐候」と徳川氏と北条氏を対象としている点を踏まえれば、これを天正十三年に比定したほうがよいと思われる。[22]ただ実際には、このころ徳川や北条からの人質提出を示す史料は確認できず、結局秀吉への人質提出は無かったとみられる（表7）。だが年が明けた天正十四年二月八日、秀吉は家康を「赦免」したと一柳末安に報じている。

【史料3】[23]

急度申遣候、仍家康質物之儀、先度者兎角依相滞可加成敗之旨雖申出候、何様ニも関白《(秀吉)》次第ニ候者合点望候間、赦免候、得其意不可出陣候也、

(天正十四年)二月八日　　秀吉御朱印

一柳伊豆守《(直末)》とのへ

「家康質物之儀」とみえ、秀吉は当初家康からの人質を望んでいたようだが、それが滞り「成敗」を加えるつもりであった。だが「何様ニも関白（秀吉）次第」と家康が望んだので「赦免」し、直末には出陣の必要もないと伝えている。すなわち、この段階で徳川氏は再び政権の武力制圧の対象から外れたと捉えられよう。

そしてこの直後に、家康と秀吉妹の旭姫との祝言の話が持ち上がる。『三河後風土記』中巻第二十三[24]「関白妹君浜松御入輿の事」天正十四年二月二十三日条に「幸ひに殿下も某に渡し越されし起請文あり、御縁組の事御許容あらば差上げ候様にと申付られしとて懐中より関白の起請を取出して忠次（酒井）取つて御覧に供へける所」とみえる。

【史料4】[25]

三月十四日書状加披見候、家康事、種々依懇望誓紙人質等、堅相下令《(トカ)》赦免候、然者東国儀近日差遣使者、境

表7　豊臣・徳川間の人的移動(小田原の役開戦まで)

No.	年	月	豊臣へ	徳川へ	典拠	備考
1	天正12	9	家康息子、石川数正息子、酒井忠次息子		『大日本史料』第十一編之八、四四六頁、〔千宗易自筆書状〕等	小牧・長久手戦一時和睦の際の人質として(不成立ヵ)
2	天正12	12	於義丸(家康次男・秀康)		『家忠日記』天正十二年十二月十二日条等	小牧・長久手戦和睦の際の人質。秀吉の養子となる
3	天正13	11	石川数正		『家忠日記』天正十三年十一月十三日条等	秀吉の許へ出奔する
4	天正14	5		旭姫(秀吉妹)	『家忠日記』天正十四年四月条・五月条等	豊臣・徳川間の祝言。人質ヵ
5	天正14	9	井伊直政・榊原康政・本多忠勝等の親族		『譜牒余禄』本多中務大輔項	家康上京の折りの秀吉の要請による人質ヵ
6	天正14	10		大政所(秀吉母)	『多聞院日記』天正十四年十月十三日条等	旭姫の見舞い。人質として
7	天正14	10	家康(とその従者)		『多聞院日記』天正十四年十月条等	秀吉との対面、官位叙任のため
8	天正15	8	家康(とその従者)		『武徳編年集成』天正十五年八月条等	従二位・権大納言に任じられる
9	天正16	3	家康(とその従者)		『家忠日記』天正十六年三月条等	秀吉との会談
10	天正16	7	家康(とその従者)		『輝元公上洛日記』天正十六年八月条等	北条氏規の上洛に伴う
11	天正17	3	家康(とその従者)		『家忠日記』天正十七年六月条等	秀吉側室淀の出産に伴うものヵ

12	天正17	12	家康（とその従者）		『家忠日記』天正十七年十二月二日条等	小田原の役に関する会談のため
13	天正18	1	長丸（家康三男・秀忠）		『多聞院日記』天正十八年正月二十八日条等	秀吉養女・小姫君との祝言。人質として

目等之儀、可相立候、若相滞族有之者、急度可申付候之間、可被得其意候、何茂不図為富士一見、可相越候之条猶其刻可申候也、

（天正十四年）
五月十三日　（秀吉糸印影）

（太田資正）
三楽斎

右記史料を調査した新井浩文氏によれば、【史料4】を含む太田氏関係文書は東大阪市専宗寺が所蔵するものであり、二〇〇二年一月に現地調査が行われ、いずれの文書もこれまで確認されてこなかったものであるという。内容的には、天正十四年五月十三日、①家康が種々懇望したことにより誓紙・人質等を下し（「下」と読むなら「定める」の意）赦免したとし、②東国には近日中に使者を遣わし「堺目」を「相立」＝設定し、③もし「相滞」るものがいればきっと（処罰を）申し付けるのでその意を得るように、と秀吉は「三楽斎」＝太田資正に伝えている。当時太田資正は、親北条氏の嫡男・氏資によって城を追われ、常陸の佐竹義重を頼りその配下となっていた。

実は、【史料4】とほぼ同内容の史料が他に何点か存在することが知られており、[26] これら一連の史料は藤田氏によると豊臣政権の発した「停戦令」と位置付けられるものである。[27] ここで藤田氏の見解には触れないが、筆者がここで問題としたいのは「誓紙人質等」は秀吉側、家康側のどちらが提出したのか、ということである。【史

料4】からは、どちらが人質を提出したかははっきりしないが、一般的には家康側のみが提出したと理解され、旭姫下向との関連で論じられることはほとんどなかった。【史料4】を初めて紹介した新井氏は特に解説を加えていないが、これを掲載する大阪城天守閣図録では「本状で秀吉は、家康からの講和の願い出があり、誓紙や人質を差し出してきたので赦してやる」と説明されている。[28]つまり、誓紙や人質を差し出したのは家康側であると捉えているが、このような理解は正確に事実を捉えているといえるのだろうか。

　前述したように、二月の段階で家康と秀吉妹の旭姫との祝言の話が持ち上がっているが、具体的な動きとしては、『言経卿記』[29]天正十四年四月二十八日条に「殿下御イモト（妹）徳川家康へ嫁娶也云々、美麗驚目了」とある。詳しく記述しているのは『家忠日記』で、同年四月十三日条には「上方御祝言来廿八日ニ相定候」とある。十九日条には「またよしたへ御祝言之儀談合ニ人をつかハし候、廿八日之御祝言少相延候由申来候」とあり、この祝言は若干延期となった。五月に入ると、七日条には「来九日之御祝言互之起請文之儀ニ日限少相延候由吉田より申来候」とあり、「互之起請文」が交わされたことが知られる。この起請文について具体的な内容はよく分からないが、【史料4】にみえた「誓紙」とはこれを指すと考えられる。注目されるのは、秀吉と家康が互いに起請文を交わしている点であり、少なくとも家康側のみが一方的に「誓紙」を差し出したのではないという点である。最終的には、五月十一日条に「池鯉鮒迄御祝言御迎ニ出候、西の野にて請取申候」とある。

　これに関して、前掲『三河後風土記』にも「御縁組の事御許容あらば差上げ候様にと申付られしとて懐中より関白の起請を取出して忠次（酒井）取つて御覧に供へける所、其起請は此方より御所望の三箇条と同じ文言にて、右三箇条一々相違あるまじとて」とあり、二月時点で両者間において互いに起請文を交わされたことが記され、【史料4】にみえた「誓紙」は内容的にこれと近いものではないかと考えられる。[30]

では、「人質」についてはどうだろうか。表7によれば、二月の家康「赦免」から【史料4】が発給される五月までの間において、両者間での人的移動は管見の限り旭姫しか確認できず、「人質」と捉えられているのは彼女であると考える。一般的には官職上[31]、あるいはその主従関係において上位者である秀吉側が人質を提出することはありえないという見方は修正する必要があろう。しかも当時は、家康が上洛する以前であり、官職の上下はあったとしても両者間に主従関係が成立しているとはいえず、旭姫を徳川への「人質」と理解して差し支えないと考える[32]。もちろんこれは、この際の家康側からの人質提出を示す史料が現状確認できないだけであり、むしろ秀吉と家康の双方から人質が提出され、交換されたとみたほうがよいかもしれない。

ただし旭姫を受け入れることは、家康側にもリスクがある。前掲『三河後風土記』には「第一関白妹君に此上男子生れ給ふとも、御嫡子には立てらるべからず、又、長丸（徳川秀忠）君を以て大阪へ人質に遣かさる丶事あるべからず、又、もし万一御逝去ありても御領五箇国に関白殿御手出しあるべからず、長丸君を扶助して御家督とらせらるべし」とある。同時代史料では確認できないが、旭姫に男子が生まれた場合、徳川家の家督が豊臣家の血縁者に奪われる可能性もあったのである。

【史料5】[33]

先達如触札(北条氏)近年上方無上仁入魂、首尾五月廿日不計(討カ)令上洛者、六日帰城不仕合と任取分候、然者、家康無事相調付而南方之儀可為同意候由相届候、若本意儀ニ可被付果之評談一路、依之、景勝事勿論遂越山、各申合凶徒可致対治之旨申上候条、始佐竹各其方別而諷陣一統之回章顚入候、謹言、

七月十日　景勝判

太田美濃守(資正)殿

右記史料は、【史料4】と同様に東大阪市専宗寺が所蔵するものであり、天正十四年に比定される。上杉景勝が常陸国の佐竹義重に属する太田資正に宛て、秀吉との会見内容を伝えたものである。

内容は、「天正十四年五月二十日、景勝は「上方」=秀吉と入魂により上洛した際に、秀吉と家康との「無事」=和議が調ったことについて、「南方」の小田原北条氏も同調するだろうとの報告があったが、もし北条氏が豊臣への服従を拒むなら討伐することに評決した。その場合景勝は越山し、おのおのと申し合わせて「凶徒」たる北条氏を退治すると申し上げたので、そなたから佐竹を始め諸将に同盟を呼びかけてほしい。」といったものである。ここにみえる秀吉と家康との「無事」が調うとは、この直前の家康と秀吉妹の旭姫との祝言に伴う和睦であると考えられる。

この際のやりとりについて、（天正十四年）十一月四日付景勝宛秀吉書状には「随而家康於無上洛者、三川境目ニ為用心、殿下（秀吉）被成御動座、北国衆其外江州何も宰相（羽柴秀長）ニ相添、関東江可差遣旨相定候之処ニ、家康上洛候て令入魂、何様にも関白殿（秀吉）次第与申候」[34]とあり、秀吉は家康が上洛して「何様にも関白殿（秀吉）次第」と申したとし、景勝には家康が自身に下ってきたかのように伝えている。だがこれはあくまで秀吉側の主張であり、実際には景勝は両者の当時の関係を理解し、「上方」=秀吉と家康との「無事」が調った、すなわち家康の秀吉への「臣従」ではなく、ほぼ対等な和睦であったと捉えるのである。この事実は、必ずしも「人質」が家康側からのみ提出されたと捉えるのが正確ではないことを示しているといえよう。

また、秀吉は北条氏に対しての「討果」を企図しているが、この段階では実行されていない。詳しくは後述するが、再び家康との「無事」=和睦が調ったとはいうものの、北条氏と関係の深い家康が障害となって東国への武力制圧を実行できないのである。

ここで秀吉の母である大政所の三河下向を確認したいが、大政所が家康への「人質」と捉えられている点は注目される。大和興福寺の僧侶である英俊の記した『多聞院日記』天正十四年十月七日条には「近日ニ関白殿母儀大政所へ（ハカ）参川へ人質ニ御越トテ、宰相（羽柴秀長）殿大坂ヨリヨヒニ来ト云々、御譲位付家康上洛申勧付、如此ト沙汰アリ」、同十三日条には「秀吉老母（大政所）人質ニ三州へ被下了ト」とあり、大政所は家康への「人質」と解される。また家康側の史料である『家忠日記』天正十四年十月十七日条には「秀吉御母大政所家康様御上洛候人質ニ明日十八日ニ岡崎迄御越候間」とあり、大政所は家康が上洛する交換条件としての「人質」と捉えられている。

「人質」としての大政所を受け取った家康は、その交換条件に応じて十月末に上洛する。もちろん筆者も、家康の上洛が両者の主従関係を結ぶきっかけとなったのは間違いないと考えている。天正十四年十月の徳川家康の上洛＝豊臣・徳川の主従関係成立とみる見解は、通説として継承され、豊臣政権の統一過程を語る際の前提条件として利用されてきたことは前述した。だが、天正十四年十月の彼の上洛と同時に主従関係が結ばれたわけではなく、徐々にそのような関係が形成され、この上洛もその過程の一面と捉えたほうが正確に当時の両者の関係を捉えていると考える。このような過程をみれば、天正十四年の家康上洛がそのまま両者の主従関係の成立とみる従来の説は見直す必要があるだろう。

このころの豊臣・徳川の関係性について、藤田氏は「家康を臣従させ、関東・奥羽政策を固めた秀吉にとって、自らの（九州への）出陣準備は整った」[35]と捉えるが、必ずしも豊臣・徳川の主従関係の成立が西国への武力制圧を実現させたとはいえないだろう。仮に、この段階で徳川氏に対し軍事動員できるほどの主従関係が結ばれていたのなら、政権はそのまま東国への武力制圧を推し進めればよいのである。この段階で豊臣政権は、徳川氏を臣従させたというよりは和睦したに過ぎず、むしろ和睦したことからこそ再び西国への武力制圧（九州攻め）が可能となったのである。逆に豊臣政権は、再び徳川氏と和睦したことによって、徳川氏がその障害となって東国への武力制圧に失敗したのである。

第二節　「惣無事」における家康の位置付け

第三章までにおいて筆者は、

①　豊臣政権と東国（特に北条氏）との交渉において、家康は必ずしも豊臣政権との主従関係に基づく「取次」として、豊臣側に立って仲介していたわけではないこと[36]

②　豊臣政権が小田原北条攻め、すなわち東国への武力制圧を執行するにあたって、徳川氏がその障害となっていたこと。そして「長丸」（家康三男の秀忠）の上洛は豊臣政権が小田原の役を執行するにあたっての必要条件であったと考えられるが、天正十八年正月に「長丸」が上洛したことによって、その障害であった徳川氏の協力が得られるようになり、役の執行が可能となったこと[37]

を挙げ、当該期の豊臣・徳川の政治的関係を見直してきた。そして本章では、家康の上洛と同時に主従関係が結ばれなかったのは、これ以前の関係が前提となっていると考え、分析してきた。これに基づいて、豊臣政権の政策基調であるといわれる「惣無事」も位置付け直す必要があると考える。

前掲表5（九五頁）は、現状筆者が確認している「惣無事」文言のみえる史料である。豊臣政権が発信元となった「惣無事」については、徳川氏には発給されるが、西国や上杉氏には発給されない。また文中に家康の名を出したものが多い点には留意したい。全二十二点中、豊臣政権の関係するものが十二点みえるが、家康や徳川関係者がみえるものも十一点にのぼる。「惣無事令」の有無については藤木氏と藤田氏の間で見解の別れるところであるが、政権より「惣無事」関係史料を発給される、あるいはその史料中に名のみえる徳川氏は、他の大名と比べて政権に対する立場が特殊であることはたしかだろう。

【史料6】[38]

遠境之処芳墨、殊為御音信黒鞭(駿カ)之馬被差上給候、乗心馬形等勝候間、別而自愛不斗儀候、真上洛之節候之間、祝着無申計候、将又其表惣無事、由良・長尾儀付而、先度中川市助差越候キ、定可為参着候間、不能重説候、従去九日及合戦、始池田父子(勝入・元助)・森庄三(長可)・木下勘解由・同助左衛門(助休)、大将之者共悉、其外一万余討取候、羽柴(秀吉)儀使者如見聞之、地利ニ引入在之間、一途遅延之儀候、乍去此度討留無異儀可令上洛候、於様子者可御心安候、尚使者口上相含候、恐々謹言、

天正十二年

卯月廿一日　　家康（花押）

皆川山城守(広照)殿

天正十二年四月に発給された【史料6】によれば「将又其表惣無事、由良・長尾儀」につき、先だって家康は「中川市助」を遣わしているという。[39]また「従去九日及合戦」において「池田父子（勝入・元助）・森庄三（長可）・木下勘解由・同助左衛門（助休）」ら秀吉方の武将を討取ったことが記される。この記述は、この年に行われた小牧・長久手戦のことであり、両者の対立関係を窺わせる。

これについて、同年に比定される三月十二日付本多正信宛皆川広照書状には「関東惣無事于今未落居ニ候、被引詰様ニ頼存候、殊ニ由信（由良国繁）・長新（長尾顕長）進退之儀、　家康御威光以一度被召返儀、両地へ各

拙者無由断侘言申候、関東之覚与申、此所御念入候様ニ旁々御取成極候」(40)とあり、皆川は家康家臣の本多正信に対し「関東惣無事」が未だ落居しておらず、「被引詰様ニ頼存候」と依頼している。当時由良・長尾らは北条氏と対峙していたらしく(41)、皆川は家康の「御威光」をもって、彼らの「進退」についての「召返」を企図していたとみられる。

さらに同年七月二十日には、本多忠勝が皆川に宛て「関東諸家中江惣無事之儀、家康被申扱度之由候而、只今小倉松庵（実明）被差遣候、可然様御才覚祝着可被申候」(42)として、「関東諸家中」へ「惣無事之儀」は家康が申し扱われたいといっており、皆川にもそれへの協力を求めている。すなわち当時の関東の「惣無事」は、家康が主体となって扱っており、そこには家康の「威光」が東国の領主から期待されていたといえよう(43)。表3（四一頁）を確認してみても、この段階では家康が主体となり関東の「惣無事」を扱うことがあり、「惣無事」の文言がみえるといっても、秀吉の発した「惣無事令」とはいえないことがわかる。この点で藤田氏が、「「惣無事」という表現は、元来は関東で用いられた大名相互の紛争解決を意味する文言である」(44)と捉えていることについても首肯できよう。

【史料7】(45)

対富田左近将監書状遂披見候、関東惣無事之儀、今度家康ニ被仰付候之条、其段可相達候、若相背族於有之者、可加成敗候間、可得其意候也、

十二月三日　（秀吉花押）

片倉小十郎とのへ

ここで、「惣無事」文言を含む史料の年代比定に関する議論について、言及しておきたい。藤井氏は、「これま

で天正一四年とされ「惣無事令」の根拠とされてきた北条氏政宛の徳川家康書状が秀吉の関白就任以前の天正一一年のものと確定されたことから、「惣無事令」のもつ「領土高権」の掌握が秀吉の関白就任によるとする藤木氏の理解は、否定されきらないまでも変更を余儀なくされる」[46]と述べ、天正十三年の関白就任以前に「惣無事」文言を含む史料を秀吉が発給していた可能性が示されていた。

【史料7】は、「関東惣無事之儀」を今度（秀吉が）家康に仰せ付けたのでそれを通達し、もし背くものがあれば「成敗」を加えるという内容である。【史料7】とほぼ同内容の史料が数点確認されているが、これらの史料に関して、藤木氏がこれを天正十五年に推定して以後、粟野氏・立花氏は十四年に推定し[47]、鴨川氏は十六年に推定した[48]。このように、年代推定については様々な見解が示されるが、明快な結論には至っていないようである。ただ、これらの年代比定に共通するのは、天正十三年の秀吉関白就任後、天正十四年十月に家康が上洛したことで、臣従した彼を介して秀吉が関東へ「惣無事」を伝達する（命じる）こととなったという理解であり、これらの史料に関連するとみられる、以下の家康文書も同様に捉えられてきた。

【史料8】[49]

関東惣無事之儀付而、従羽柴方如此申来候、其趣先書申入候間、只今朝比奈弥太郎(泰勝)為持為御披見進之候、好々被遂御勘弁御報可示預候、此通氏直江も可申達候処、御在陣之儀候之条、不能其儀候、様子御陣江被付届可然候様専要候、委細弥太郎口上申含候、恐々謹言、

十一月十五日　家康（花押）

北条左京大夫殿

「関東惣無事之儀」について「羽柴方」より家康へ「申来」った。これについては「先書」に「申入」れがあ

ったので、家康は家臣の「朝比奈弥太郎」を北条氏へ遣わし、「羽柴方」の意を伝えることとなった。その内容は、よくよく「御勘弁」を遂げられることであり、「此通氏直江も可申達候」と北条氏直へも伝えようとしたが、このとき彼は「在陣」中であったことから叶わず、氏直の陣へ届けられることが肝要であるという。

中村孝也氏は『徳川家康文書の研究』において、史料中の「関東惣無事之儀付而、従羽柴方如此申来候」の「羽柴方」に「(秀長)」と付し、「秀吉と(北条)氏政・氏直父子との間の外交交渉は、天正十六年四月聚楽亭行幸の翌五月、秀吉が富田知信・津田信勝・妙音院一鷗軒を使者として、氏直の入朝を催促したときに始まった。然るに氏政父子は言を左右にしてこれに応ぜず、閏五月、氏直は使を駿府に遣して家康の調停を求め、六月五日書を妙音院に遣って、十二月上旬、氏政が小田原を発して上洛すべき旨を申し入れた」「そして同年八月、氏直は、叔父北条氏規を上京させた。(略)本書(【史料8】)はこのやうな形勢の裡にあって、家康が朝比奈泰勝を北条氏政に遣して秀吉の意を伝へ、和平を慫慂した書状である」[50]という。すなわち中村氏は、【史料8】を秀吉が家康を介して北条氏と外交交渉するにあたって発せられた書状であると捉えて、天正十六年に推定したと考えられる。[51]

だがその後、藤木氏が「羽柴方」を「秀吉」と捉え、「秀吉から家康経由の惣無事令の発動時期は、家康の服属直後の天正十四年十一月に求めることが可能となり、徳川家康の帰服を機に、かれを介して北条氏の服属を説得することが豊臣の関東惣無事令の最優先の課題」となったと述べ、天正十四年十月の家康上洛・臣従後、秀吉が「惣無事之儀」の執達を家康に命じたとしている。[52]

天正十四年十月の家康上洛・臣従を「惣無事」の画期と捉える見解は、藤木氏が「惣無事令」を発見して以来通説とされ、「惣無事」や「惣無事令」論を語る際の前提条件として利用されてきた。「惣無事令」そのものの存在を批判する藤田氏は、「当時（天正十四年段階）の秀吉にとって最大の課題は、天正十年以来、北条氏と同盟関係にあった家康の臣従であり、（略）この問題が天正十四年十月に家康が大坂城に出仕したことで落着した。（略）北条氏の圧力を受ける関東の中小大名は、家康を「惣無事」の実現主体として期待しており、後に秀吉も彼の外交能力に大きく依存するのである」と捉えるが[53]、やはり天正十四年十月の家康の上洛・臣従（藤田氏は「大坂城に出仕」としているが）を「惣無事」の画期と捉えている点では、藤木氏も藤田氏も同様である[54]。

だがその後、戸谷氏が【史料8】を天正十一年に推定し[55]、豊臣政権の「惣無事」伝達が天正十四年十月の家康の上洛・臣従を前提とする見解は見直されることとなる。戸谷氏がこれを天正十一年に推定するのは、①「羽柴方」という表現が天正十三年七月の秀吉関白任官以後では薄礼過ぎる点、②氏直の「在陣」が天正十一年十一月にも確認できる点、③宛先の「左京大夫」を北条氏直と捉えると文中の「此通氏直江も」の表現に違和感がある（「江も」とあるからには、宛先は氏直とは別人のほうが相応しい）点を根拠としているようである。小林氏・市村高男氏・竹井氏らもこれに従い、天正十一年と捉えている[56]。

簡単にまとめると、「惣無事令」のもつ「領土高権」の掌握が秀吉の関白就任によるとされ、秀吉が家康を介して「惣無事令」を関東に伝達することができるのは、天正十四年十月の家康の上洛・臣従以後であると考えられることから、これを画期と捉えて【史料7】【史料8】は天正十四年十月以後のものと推定されてきた。だが、【史料8】を戸谷氏らが天正十一年に推定したことによって、豊臣政権の「惣無事」伝達が天正十四年十月の家康の上洛・臣従を前提とする見解は見直され、「惣無事令」に関する議論が進展することとなったと思われる。

【史料7】【史料8】において、豊臣政権は「惣無事」の発信主体となったといえる。ただしここで重要なのは、たとえ政権が「惣無事」を発したとしても、それを扱うのは家康であるという点である。たとえば【史料8】なら、秀吉はあくまで「惣無事」について「申来」っただけであり、どのように扱うかは受け手側、すなわち家康側の問題である。詳しくは後述するが、同じ家康発給の【史料9】とは受け手側の捉え方が異なっている点は留意したい。

前述したように、【史料8】に関連するとみられる秀吉発給文書【史料7】には、「関東惣無事之儀、今度家康ニ被仰付候之条、其段可相違候、若相背族於有之者、可加成敗候間、可得其意候也」とあり、秀吉は受給者に対し「惣無事」を家康に仰せ付けたとし、もし背く者がいれば「成敗」＝武力制圧を加えると伝えている。秀吉から家康に「被仰付」との敬意を示す表現から、両者に主従関係があったようにみえるが、これはあくまで秀吉発給文書中にみえる秀吉側の主張であるに過ぎない。むしろここで家康の名を挙げ、受給者に対し彼に「被仰付」と伝えること自体、政権が彼の重要性を認めていることとなるだろう。家康発給の【史料8】には、秀吉に対し敬意を示す表現はみられず、ここで両者間に主従関係が成立しているとは考えられない。政権はもともと「惣無事」を扱っていた家康を認め、依存せざるを得なかったと考える。(57)

政権が「成敗」＝武力制圧を加えるというのは、あくまで仮定の話である。主従関係を結べない上に、家康に「惣無事」を依存する政権の東国への武力制圧は、彼がその障害となって実行できず、「長丸」上洛後の天正十八年春の小田原の役まで待たねばならないのである。

さて天正十四年十月に家康は上洛し、すでに政権の武力制圧の対象から外れていたが、北条氏は依然としてその対象であった。（天正十五年）二月二十四日付上杉景勝宛秀吉書状には、北条が秀吉の「御下知」に背いて「佐竹（義宣）・宇都宮（国綱）・結城（晴朝）」へ軍事行動を起こせば、上杉に「後詰」の用意を申し付けるとある。(58)天正十五年段階でも北条氏は、政権の武力制圧の対象となる可能性があったといえる。だがこれも仮定の話であり、主従関係を結べない上に、家康に「惣無事」を依存している政権は、東国への武力制圧を実行できないのである。

天正十五年五月、豊臣政権は九州攻めにて島津氏を成敗し、西国への武力制圧を完了させた。これにより豊臣・徳川間の力関係[59]も変化するのは必然であり、「惣無事」関係史料にもその変化がみられるようになる。それは、政権の発する「惣無事」関係史料に、家康の「威光」に依存しないものが現れることである。天正十五年十二月に「奥州」の「相馬殿」に宛てたもの[60]や、「下越後」の「本庄殿」に宛てたもの[61]には家康の名がみえない。同年四月に政権は、「抑去歳九州島津為可有御追罰、御動座之処、御陣中へ走入奉懇望候間不及御料簡、有御赦免被召返候、誠唐国迄も平均眼前候、此上関東奥両国惣無事之儀、被仰出候条、可被成其意候、然者関奥諸大名、若至被成言上者、我等御取次之儀、馳走可申之段、被仰付候間、以使者申定候、急速御使於被為指上者、御書已下申調可進之候[62]」と白川に伝えており、家康の名がみえない「惣無事」関係史料を発給した。これには「九州島津」「御追罰」「御赦免」後の「唐国」大陸出兵と、「関奥諸大名」「御使」の上洛という「関東奥両国惣無事」に関する具体的な方策が示されていた[63]。

天正十六年八月、北条氏とも関係の深い家康は、豊臣・北条間を「取持」ち、これにより北条氏規が上洛した。『多聞院日記』天正十六年八月十八日条には、豊臣と北条との「和談」が調ったと記す。この二ヵ月後に家康から発給されたのが、以下の史料である。

【史料9[64]】

其表惣無事之儀、家康可申噯旨、従殿下(豊臣秀吉)被仰下候間、御請申、則以使者、和与之儀可申噯由存候処、早速御無事之由、尤可然儀候、殊義光(最上)之儀、御骨肉之事候間、弥向御互(後)御入魂専要候、(略)

十月廿六日　　　　家康（花押）

伊達左京大夫殿（政宗）

天正十六年に比定される【史料9】は家康が伊達政宗に宛てたものであり、ここでの「惣無事」は奥羽において当時係争していた伊達と最上を対象とする。「其表惣無事之儀」を家康が扱うようにと秀吉より仰せ下されたので、（家康が）それを「御請」し、使者をもって「和与」を扱ったところ、早速「御無事」となったという。

家康は、【史料8】段階では秀吉を「羽柴」と記していたものが、この段階では「殿下」と記す。これに伴い、【史料8】段階では「惣無事」を「如此申来候」と捉えていたが、この段階では「被仰下」と捉えるようになり、しかもそれを「御請申」と表現するようになる。このように、家康発給文書に秀吉への敬意を示す表現がみえるようになることから、両者の関係性の変化を窺うことができる。強大な軍事力を背景として天正十五年五月に西国への武力制圧を完了し、同年十二月から翌年四月に発せられた豊臣政権の「惣無事」は、東国領主らに上洛を促し、家康の認識を変化させることに効果を発揮したといえるだろう。

このようにみると政権が発した「惣無事」は、それを「御請」する家康に対し、彼を政権下に取り込むための方策として利用できたといえよう。そして東国への武力制圧を企図する豊臣政権にとって「惣無事」は、それを実現するための手段なのである。ただし、この段階でも直接的に「惣無事」を扱うのが家康であることには注意したい。徐々に両者の関係性は変化しているが、ここまで一貫して「惣無事」を扱うのは家康であり、豊臣政権は未だに東国への武力制圧を実行できずにいた。

だがこれ以後天正十七年に入ると、「惣無事」関係史料は一旦みられなくなり、奥羽において上杉景勝の軍事行動が活発となる。これについては矢部健太郎氏の分析が詳しいが、政権の東国への武力制圧が具体的になり始めたのと対応しているように思われる。(65)『多聞院日記』天正十七年九月一日条には「諸国大名衆悉く以聚楽へ女中衆令同道、今ヨリ可在京ノ由被仰付トテ、大納言（豊臣秀長）殿、女中衆今日上洛、筒井も同前」とあり、豊臣政権は諸大名に対して妻子上洛命令を発した。これは、翌年春に控える小田原の役に向けて、豊臣政権が諸大名より人質を徴収することを目的としたものであったと考えられ、徳川氏も四ヶ月ほどの猶予があったものの、天正十八年正月七日には家康の息「長丸（のちの秀忠）」を上洛させることとなった。(66)この直後の同月二十八日には小田原へ向けて徳川軍が出陣し、(67)三月一日には秀吉が小田原へ出陣する。(68)ここにおいて徳川氏は初めて政権の軍事動員に応じ、漸く豊臣政権の東国への武力制圧は結実することとなるのである。

小田原の役終結後、いわゆる「奥羽仕置」が執行される際には、再び「惣無事」関係史料が確認できるが、(69)この時には「惣無事」は家康の手から離れ、完全に豊臣政権のものとなっていた。

おわりに

豊臣政権の統一過程において家康の位置が重要であることは、これまでにもいわれてきたことである。先行研究では、天正十四年十月の家康上洛によって豊臣・徳川の主従関係が成立したとの前提に基づいて、分析されてきた。しかし本章で述べたように、天正十四年十月の家康上洛が、必ずしも両者間における主従関係の成立を示すものではなく、その前提は天正十二年の小牧・長久手戦での和睦や天正十四年の秀吉側の「人質」提出であることを確認した。そしてこれは、規定路線であった政権の東国への武力制圧にも家康がその障害として大きな影響を与え、東国における「惣無事」にも関わる問題であったことを確認した。

藤木氏は、秀吉が交戦権を否定する「惣無事令」を国分を通じて各戦国大名に強制することで、平和裏に全国を統一しようとしたと捉える。筆者は、本書第二章にて「政権が条件（徳川の軍事的協力）さえ整えば、その時点での北条への「成敗」を実現できたことから鑑みれば、むしろ小田原の役は政権にとって必然の「成敗」であった」と結論付けた。本章においては、豊臣政権は徳川氏と主従関係を結べず、東国において「惣無事」を扱っていた家康が政権の東国への武力制圧の障害となったため、結果必然的に「成敗」＝武力制圧が「総仕上げ」＝後回しになったと結論付けたい。

当初から豊臣政権の全国統一過程には武力が伴っており、東国への武力制圧は規定路線であった。藤木氏は、家康が東国領主から期待される「惣無事」を、豊臣政権の政策基調として捉えたものと思われる。ただし政権は「惣無事」を発することで東国領主らの上洛を促し、家康の役割を変化させた。豊臣政権にとって「惣無事」は、東国への武力制圧を実現するために、「惣無事」を扱う家康を取り込む方策として利用価値があったのである。

その反面、東国において領主から「惣無事」の実現主体として期待される家康がそれを扱っている間、あるいは豊臣政権がそれを扱う家康に依存している間は、政権の武力制圧が抑制されていたとも捉えられる。藤田氏は、秀吉が主張した「惣無事」というスローガンは、あくまでも直接境界を接しない遠隔地の戦国大名間紛争に軍事介入するための名分であったと述べる。筆者も武力制圧が政権の政策基調であったと考えるが、藤田氏の論理では「惣無事」を名分として理解せざるを得ない。だが家康の扱う「惣無事」が政権の武力制圧を抑制していたと理解すれば、「惣無事」は名分ではなく実態を捉えたものであったといえるだろう。だが最終的に「惣無事」は、家康側から豊臣政権へ完全に移行し、武力による政権の全国統一は完了したのである。本章で触れることのできなかった「奥羽仕置」にみえる「惣無事」については、今後の検討課題としたい。

（1）立花京子「天正十三年の北関東・南奥情勢の把握」（『地方史研究』二五七、一九九五年）。
（2）藤木久志『豊臣平和令と戦国社会』（東京大学出版会、一九八五年）。
（3）藤田達生『日本近世国家成立史の研究』（校倉書房、二〇〇一年）。
（4）藤田達生『近世成立期の大規模戦争——戦場論　下』（岩田書院、二〇〇六年）終章。
（5）例えば藤木前掲注(2)書第一章第三節では、「秀吉から家康経由の惣無事令の発動時期は、家康の服属直後の天正十四年十一月に求めることが可能となり、徳川家康の帰服を機に、かれを介して北条氏の服属を説得することが豊臣の関東惣無事令の最優先の課題」となると捉える。また藤田達生『秀吉神話をくつがえす』（講談社現代新書、二〇〇七年）第三章では、「当時（天正十四年段階）の秀吉にとって最大の課題は、天正十年以来、北条氏と同盟関係にあった家康の臣従であり、（略）この問題が天正十四年十月に家康が大坂城に出仕したことで落着した」としつつ、「北条氏の圧力を受ける関東の中小大名は、家康を「惣無事」の実現主体として期待しており、後に秀吉も彼の外交能力に大きく依存するのである」と捉える。
（6）本書第一章・第二章・第三章。
（7）但し「豊臣領国からみて東側の国」といっても、「北国」とは区別する。『小田原市史』史料編原始・古代・中世Ⅰ（小田原市編、一九九四年）六八四、羽柴秀吉書状（毛利家文書）には「東国者氏政、北国ハ景勝まて、筑前任覚悟候」、『小田原市史』史料編原始・古代・中世Ⅰ、六九一、羽柴秀吉書状写（御文書五）には「来月廿日比ニ北国午見物、秀吉発足候、越中佐々内蔵助（成政）企悪逆候条」とあり、秀吉が「東国」と「北国」を区別していると捉えられるからである。なお、秀吉が「北国」と捉える上杉景勝についての分析は、矢部健太郎「東国「惣無事」政策の展開と家康・景勝」（『日本史研究』五〇九、二〇〇五年）が詳しい。氏は天正十四年十月の家康上洛以降も景勝は一貫して豊臣政権の「惣無事」政策に家康と共に関与させられていたという。だが管見の限り、家康の場合とは異なり景勝が「惣無事」関係史料に関わっているものは確認できず、彼が政権の「惣無事」政策に家康と共に関与させられていたかについては再検討を要すると考える。
（8）『小田原市史』史料編原始・古代・中世Ⅰ、六八七、不干書状（佐竹文書）。なお『小田原市史』では「不干」を滝川一益に比定するが、織豊期研究会第五四回報告会にて「不干」を佐久間正勝に比定したほうがよいとのアドバイスをいただいた。

(9)『家忠日記』（臨川書店、一九六八年）。

(10)『大日本史料』第十一編之十（東京大学出版会、一九八九年）四四四頁〜四四七頁〔東京大学所蔵文書〕、〔前田家所蔵文書〕、〔西教寺文書〕、〔千宗易自筆書状〕など。

(11)『小田原市史』史料編中世Ⅲ（小田原市編、一九九二年）一六一八、北条家虎朱印状〔愛知県西尾市　新家正冬所蔵〕。

(12)齋藤慎一『戦国時代の終焉――「北条の夢」と秀吉の天下統一――』（中公新書、二〇〇五年）。立花京子「乱世から静謐へ――秀吉権力の東国政策を中心として――」（藤田達生編『小牧・長久手の戦いの構造――戦場論 上』岩田書院、二〇〇六年）。

(13)詳しくは、本書第一章・第二章・第三章を参照。

(14)『小田原市史』史料編中世Ⅲ、一六三七、北条氏政書状〔片山文書〕。

(15)『大日本史料』第十一編之十、一六四頁〔志賀槇太郎氏所蔵文書　二　諸家古文書〕には「自家康秀吉へ之証人、家康次男（義伊）十二（一）歳ニなり候を被出候」、同三二一頁『兼見卿記』天正十二年十二月二十五日条には「今朝三州徳川人質ヲ召具坂本へ下向、淀マテ送ニ被出也」とあり、家康次男を「証人」「人質」と捉えていたことがわかる。一方で『家忠日記』天正十二年十二月十二日条には「浜松御きい（義伊）様羽柴（秀吉）所へ養子ニ御こし候」、『多聞院日記』（『増補続史料大成』第四一巻、臨川書店、一九七八年）天正十二年十二月二十六日条には「大坂へ家康ノ息九才、為養子被入」などとあり、彼を秀吉の「養子」と捉える。彼をどのように位置付けるかは難しいが、本章ではひとまず表向き「養子」、実質的には「人質」であったと捉えたい。

(16)藤田前掲注(3)書第一部第二章。

(17)『小田原市史』史料編原始・古代・中世Ⅰ、六九二、羽柴秀吉書状写〔上杉家記二十九〕。

(18)『大日本史料』第十一編之二二（東京大学出版会、一九九九年）二四九頁〔松丸憲正氏所蔵文書〕。

(19)例えば長宗我部氏に対しては、（天正十三年）六月十五日付秀吉書状に、「同四国長宗我部（元親）、彼悪逆人と令同意付而、為成敗拙弟秀長并毛利右馬頭両人ニ申付、四国江乱入候て、過半任存分候条、左様ニ候へ者、西国筑紫鎮西迄任覚悟明隙候条（略）」（『小田原市史』史料編原始・古代・中世Ⅰ、六九一、羽柴秀吉書状写〔御文書五〕）とある。また島津氏に対しては、（天正十六年）四月六日付富田知信書状に、「抑去歳九州島津為可有御追罰、御動座候処、御陣中へ走入奉懇望候間不被及御料簡、有御赦免被召返候、誠唐国迄も平均眼前候（略）」（『福島県史』七（福島県編、一九六六年）一一七、富田知信書状〔白川文書三〕）とあり、豊臣政権はそれぞれ「成敗」「追罰」を唱えつつ、実際の軍事行動・武力征圧に及んでいる。このあたりの一連の軍事行動については、藤田前掲注(3)書が詳しい。

(20) 『小田原市史』史料編原始・古代・中世Ⅰ、六九〇、羽柴秀吉書状写〔栃木県庁採集文書三〕。

(21) 立花前掲注(1)論文。

(22) この史料の年代比定に関しては、織豊期研究会第五四回報告会にて、中京大学播磨良紀教授よりご教示いただいた。

(23) 『愛知県史』資料編十二（織豊二）（愛知県史編さん委員会、二〇〇七年）一二三七、羽柴秀吉朱印状写〔一柳文書〕。

(24) 『三河後風土記』（『通俗日本全史』第十巻、早稲田大学編輯部、一九一二年）中巻第二三。

(25) 新井浩文「東大阪市専宗寺所蔵岩付太田氏関係文書について」（『埼玉県立文書館紀要』十六、二〇〇三年）⑩豊臣秀吉朱印状写。なお本史料については、調査に参加した浜田昭子氏より御助言を賜った。

(26) 『栃木県史』史料編中世三（栃木県史編纂委員会編、一九七八年）五八頁、五月廿五日付塩谷弥六宛豊臣秀吉朱印状写〔秋田藩家蔵文書三〕、『福島県史』七、四九六頁、三三、五月廿五日付白川七郎宛豊臣秀吉朱印状写〔白川結城文書〕など。

(27) 藤田前掲注(4)書終章。

(28) 『特別展　五大老――豊臣政権の運命を託された男たち――』展図録（大阪城天守閣、二〇〇三年）八七頁。

(29) 『言経卿記』（東京大学史料編纂所編『大日本古記録』岩波書店、一九五九年）。

(30) 平野明夫『徳川権力の形成と発展』（岩田書院、二〇〇六年）第二章第二節によれば、氏は「起請文の内容については、具体的には明らかにならないものの、家康の起請文は、秀吉に背かない旨を誓ったものかと考えられる」と推測している。

(31) 岡田正人「豊臣秀吉年譜」（桑田忠親編『豊臣秀吉のすべて』新人物往来社、一九八一年）によれば、秀吉は天正十三年七月には関白に任じられている。

(32) これについて跡部信「秀吉の人質策――家康臣従過程を再検討する――」(藤田達生編『小牧・長久手の戦いの構造――戦場論　上』岩田書院、二〇〇六年)によれば、「人質については『譜牒余禄』本多中務大輔の項に、同年九月、家康の上京受諾のおり秀吉の要請をいれて井伊直政・榊原康政・本多忠勝等の親族を質として使わしたとあり、徳川方の記録によって家康上洛前の授受が確認できる」と述べ、「まちがいなく秀吉自身は(秀吉妹の徳川への)嫁入りを人質と結びつけて認識していた」と捉え、彼女を「厳密な意味での人質と呼べずとも、人質に準じる存在と表現して大過はあるまい」と指摘する。

(33) 新井前掲注(25)論文、⑮-8上杉景勝書状写。

(34) 『新潟県史』資料編3中世一(新潟県編、一九八二年)三三六、羽柴秀吉直書〔上杉家文書〕。

(35) 藤田前掲注(3)書第一部第三章。

(36) 本書第三章。

(37) 本書第一章・第二章。

(38) 中村孝也『新訂徳川家康文書の研究』上巻(日本学術振興会、一九八〇年)五九七頁、皆川広照に遣れる書状〔皆川文書〕。

(39) 高橋博「天正十年代の東国情勢をめぐる一考察――下野皆川氏を中心に――」(『弘前大学国史研究』九三、一九九二年)では、「中川市助」が北条氏に遣わされたと解する。

(40) 『群馬県史』資料編七(群馬県史編纂委員会編、一九八六年)三三八九、皆川広照書状〔和歌山県三浦文書〕。

(41) 高橋前掲注(39)論文。

(42) 『二宮町史』史料編Ⅰ考古・古代中世(二宮町史編さん委員会、二〇〇六年)四四七―一、本多忠勝書状〔皆川文書〕。なお本史料については、二宮町史編さん委員会専門委員の松本悟氏より御助言を賜った。

(43) 戸谷穂高「関東・奥両国「惣無事」と白河義親――卯月六日付富田一白書状をめぐって――」(村井章介編『中世東国武家文書の研究　白河結城家文書の成立と伝来』高志書院、二〇〇八年)付表によれば、この際の家康は北条と佐竹・結城・宇都宮の仲裁者であったという。

(44) 藤田前掲注(4)書終章。

(45) 『大日本古文書』「伊達家文書之三」九八六。

(46) 藤井譲治「「惣無事」はあれど「惣無事令」はなし」(『史林』九三巻三号、二〇一〇年)。
(47) 粟野俊之「東国「惣無事」令の基礎過程――関連史料の再検討を中心として――」(同『織豊政権と東国大名』吉川弘文館、二〇〇一年、一九九三年初出)、立花京子「片倉小十郎充て秀吉直書の年次比定」(『戦国史研究』二二、一九九一年)。
(48) 鴨川達夫「「惣無事」令関係史料についての一考察」(『遙かなる中世』一四、一九九五年)。
(49) 『特別展　秀吉への挑戦』展図録(大阪城博物館、二〇一〇年)98、徳川家康書状写〔埼玉県立文書館寄託　持田(英)家文書No.23〕。
(50) 中村孝也『徳川家康文書の研究』上巻(日本学術振興会、一九五八年)。
(51) この他中村氏は、天正十六年に推定される同書七二五頁「伊達政宗に遣れる書状(天正十六年十月二十六日)」、同書七二六頁「片倉景綱に遣れる書状(天正十六年十月二十六日)」に「惣無事」文言がみえることから、【史料8】をその関連文書として捉えたとも考えられる。
(52) 藤木前掲注(2)書。
(53) 藤田前掲注(5)書。
(54) この他、池享「天下統一と朝鮮侵略」(池享編『日本の時代史十三　天下統一と朝鮮侵略』、吉川弘文館、二〇〇三年)によれば、天正十四年十月に徳川家康を大坂城に迎え臣従の礼をとらせた秀吉は、関東「惣無事」の執行を家康に委ね、その旨を北条氏に伝えさせたとする。
(55) 戸谷穂高「戦国期東国の「惣無事」」(『戦国史研究』四九、二〇〇五年、戦国史研究会第二九五回例会報告要旨)。
(56) 小林清治「伊達政宗の和戦――天正十六年郡山合戦等を中心に――」(『東北学院大学東北文化研究所紀要』三八、二〇〇六年、のち小林清治『伊達政宗の研究』(吉川弘文館、二〇〇八年)に所収)、市村高男『東国の戦国合戦』(吉川弘文館、二〇〇九年)、竹井英文『織豊政権と東国社会――「惣無事令」論を越えて』(吉川弘文館、二〇一二年)。
(57) 藤田前掲注(5)書によれば、「北条氏の圧力を受ける関東の中小大名は、家康を「惣無事」の実現主体として期待しており、後に秀吉も彼の外交能力に大きく依存するのである」という。

(58)『新潟県史』資料編3中世一、三三五、羽柴秀吉直書〔上杉家文書〕。なおこの史料の分析については、矢部前掲注(7)論文が詳しい。
(59)具体的には豊臣政権の軍事力・軍事動員力のことであり、藤田前掲注(3)書第一部第三章によれば、九州攻めにおいて政権は「中国・四国から東海・北陸に及ぶ豊臣全領から、二十五万人を超える軍勢が動員された」という。ただし徳川氏はこれに動員されていない。
(60)『相馬文書』(『史料纂集』古文書編十三、続群書類従完成会、一九七九年)一三五。
(61)『新潟県史』資料編4(新潟県編、一九八三年)二二〇八、富田一白書状〔渡辺文書〕。
(62)『福島県史』七、一一七、富田知信書状〔白川文書三〕。
(63)詳しくは、本書第三章を参照。
(64)『新訂徳川家康文書の研究』上巻、七二五頁、伊達政宗に遣れる書状〔伊達家文書一〕。
(65)矢部前掲注(7)論文によれば、当時の景勝の軍事行動は豊臣政権の承認によるものであるという。だが管見の限り、景勝が「惣無事」関係史料に関わっているものは確認できず、彼の軍事行動が豊臣政権の承認によるものかについても再検討を要すると考える。
(66)『家忠日記』天正十八年正月七日条など。
(67)『多聞院日記』天正十八年正月二十八日条など。
(68)『多聞院日記』天正十八年三月二日条。
(69)『大日本古文書』「伊達家文書之二」五四一、蒲生氏郷覚書状・同五四四、蒲生氏郷書状。

第五章　豊臣政権樹立過程における於次秀勝の位置づけ

はじめに

本章は、豊臣政権樹立過程における於次秀勝の位置づけを検討するものである。[1]
阿部猛・西村圭子編『戦国人名事典』[2]によれば、「於次秀勝」は織田信長の四男、[3]豊臣秀吉の養子となった人物で、「天正十年（一五八二）三月、父信長の命により秀吉に従って備前児島城を攻め、ついで備中高松城の水攻めに加わる。本能寺の変後の山崎の戦いにも参加。十月、大徳寺の信長の葬儀に参列。明智光秀の旧領丹波を与えられ亀山城主となる。（略）天正十一年の賤ヶ嶽の戦い、同十二年の小牧の役にも出陣。天正十三年十二月十日に丹波国の亀山城で病死した」[4]とされる。大河ドラマ『江』では、やはり秀吉の養子となり、江と婚姻関係となった「小吉秀勝」に多少注目が集まったが、彼とは別人である。

研究史の上では、「小吉秀勝」については前述の大河ドラマとの関係で、江関連の一般書が刊行され、その中で多少なりとも彼が取り上げられることとなった。[5]しかしながら「於次秀勝」については、彼が早世したこともあり、それほど多くの先行研究があるわけではない。

少ないながらも於次秀勝の近江在国時代を取り上げたものとして、森岡栄一の「羽柴於次秀勝について」[6]がある。これによれば、羽柴於次秀勝文書は現在判明しているだけで十四通、内湖北関係分は十二通存在するという。森岡氏は近江在国時の「於次秀勝」発給文書を中心に分析し、「秀勝文書は天正八年の初見文書から天正十年までの間、奉加帳一・宛行状二・寺領安堵状寄進状二・下知状二・禁制三である。このうち、奉加帳と宛行状二、そして下知状のうち一通が秀吉との連署である。特にすべての宛行状が、連署であるのは注目される。家臣団の根幹をなす宛行状が連署である事実は、秀吉の猶子ながら、まだ対外的には一人前と認められなかったらしい。これは、天正十年三月十七日、具足初め以後に出された宛行状が連署でないことからも推定される。ただ領内の政治に関する寺領安堵状や寄進状・禁制などは単独で出されており、内政的には認められていたのだろう」と述べている。

柴裕之氏「羽柴秀吉の領国支配」[7]では、森岡氏の成果を踏まえつつ、天正八年（一五八〇）以降「羽柴氏の江北長浜領支配は、秀吉から秀勝へと委託がなされ」「この背景には、秀吉による中国経略と播磨・但馬両国の領国支配の展開が考えられ、それに伴い秀吉は江北長浜領の支配は秀勝へ担わせたのであろう」としている。また、その後の丹波在国時代の分析については、近年『新修亀岡市史』[8]において、丹波在国時代の両「秀勝」の事績を簡単に紹介している。

また秀吉が政権を樹立するに当たって、彼と彼の一族との関係性を捉えた場合、いわゆる「鉢植大名」の問題がある。例えば藤田達生氏は「(豊臣領における）大規模な国分の結果、大坂を中心とした同心円構造が誕生し」「大和・和泉・紀伊には弟秀長、近江に養子の秀次、丹波に養子の秀勝を配置した。これを中核として、周辺に直臣大名・服属大名という編成をおこなっている」[9]という。もちろんこれは、「大規模な国替を契機として、大名から本主権を剥奪し、政権の領土と百姓に対する支配権を確立する」という豊臣政権論にとどまらない中近世移行期を捉えた大きな議論である。

しかしながら、このような議論が先行することによって、秀吉の一族が秀吉の政権樹立過程において果たした役割や、その位置づけに関しての個別・具体的な分析が、やや捨象されている感は否めない[10]。特に於次秀勝については先行研究が少ないということもあって、それを行ったものは、ほぼ皆無といってよい。そこで本章では、①同時代史料以外にみえる「秀勝」を検討する。後述するように、江戸期に書かれた史料の中には、於次秀勝と小吉秀勝を区別できていないものが散見されるので、これについても整理した上で、②秀吉が政権を樹立していく過程において、於次秀勝が如何なる役割を果たしたのか、彼の位置づけを検討していきたいと思う。そして①②を総合して考えてみることで、なぜ江戸期に書かれた史料の中には、於次秀勝と小吉秀勝を区別できていないものが散見されるのか、その理由も明らかにしていきたい。

第一節　同時代史料以外にみえる「秀勝」

『柳営婦女伝叢』[11]に所収される「柳営婦女伝系」の「崇源院殿（＝江）之伝系」には、以下のように記されている。

【史料1】

〇崇源院殿之伝系

崇源院殿は江北の浅井備前守長政の息女也。元亀元年庚申浅井長政、越前の朝倉義景と合体して、織田信長に楯を突き、信長の為に長政討滅さるの後、長政の室信長の妹号小谷御方其息女三人を倡◎供ヵひ、柴田勝家に再嫁せらる。天正十一年癸未、勝家も亦秀吉の為に滅され、自殺の時、勝家の咄の者中村文荷と云、勝家

> 小谷御方ともに介錯して自殺せしめ、天守に火を放ち、文荷も亦火中に投じて死す。其時文荷差心得、勝家小谷の御方へ告て、彼三人の息女を逃去せしめ、一乗の谷へ遣置く、秀吉是を聞、急に安土へ送入る。後長女は秀吉の別妻則淀殿秀頼の母堂也。二女は京極若狭守高次大津宰相と称す。に嫁し、三女は尾州大野城主五万石を領す。佐治与九郎平一成佐治八郎信方（又長宗に改む）長男にて母は織田信長の妹なり。に嫁す。然るに信長の弟織田上野介信包の長臣津田左近将監直政、故あつて佐治八郎信方を殺害せしむと雖、其子与九郎一成は、猶も織田信包に従属し大野城に居住の処に、天正十二年甲申四月上旬、尾州小牧一戦の後、東照宮参州へ御凱旋の路次、尾州佐屋の渡にて乗船なり、既に難儀に及ばせらる丶の時、与九郎一成進んで乗船を出して、事故なく渡り奉り、東照宮御感悦の所に、此事秀吉聞及て甚だ立腹し、淀殿病気と称して使者を遣し、与九郎一成妻淀殿御妹、を迎へ招て淀殿の許に差置き、且秀吉宣ふは、佐治は予が相聟には不足なりとて、彼妻を留置て終に返さず、与九郎是を悔み怒るといへども、如何ともすべき様なし、薙髪して佐治巨哉入道と名を改め居れり。其後彼妻を秀吉養女として丹波少将秀勝織田信長の四男。に嫁せらる。然るに秀勝、文禄元年壬辰、高麗の役の時、彼土に於て病死せらる、

これによれば、江は秀吉の養女となって、織田信長の四男である「丹波少将秀勝」＝於次秀勝と婚姻関係となり、その後於次秀勝は文禄元年（一五九二）の高麗の役において、病死したという。しかしながら前述したように、江と婚姻関係にあったのは、小吉秀勝であり、また高麗の役において病死したのも小吉秀勝である。もとより、「柳営婦女伝系」は『国史大辞典』[12]によれば、享保ごろの成立と推測されるものであり、その信頼性には注意を払わなければならない。また小和田哲男氏も、すでに「柳営婦女伝系」のこれに関する記述の誤りを指摘している。[13]

【史料2】(14)

羽柴丹波守秀勝ハ織田右大臣信長公之息男也、然ルヲ秀吉公ノ養子トセラル、丹波国ニテ拾二万石ヲ賜、従五位下ヨリ従四位下侍従ニ叙シ、羽柴丹波守ト号シ、天正十三年ニハ権少将ニ任シ、同十八年相州小田原合戦ニ名誉ノ戦功ヲ尽サル、故ニ其翌年甲州府中ノ城ヲ賜リ拾七万四千石ニナル、其上正三位中納言ニ昇進シタマヒケレハ諸国之大小名モ由緒筋目官禄等格別ノ大将故ニ尊敬スル事他家ニ並フ将ナシ、然ルニ文禄ノ初朝鮮渡海アリ、軍旅之久シキニツカレ同三年彼地ニテ逝去也

右羽柴秀勝知行目録

兵庫県佐用郡平福村　田住貞蔵氏所蔵

明治二十二年六月謄写了

【史料2】は「天正廿年三月廿日」付で秀吉から「丹波中納言殿」宛に発給された知行目録である。表紙や奥書に「羽柴秀勝知行目録」とあり、ここにみえる「丹波中納言」を「羽柴秀勝」と比定する史料である。奥書には、「羽柴丹波守秀勝ハ織田右大臣信長公之息男也然ルヲ秀吉公ノ養子トセラル丹波国ニテ拾二万石ヲ賜従五位下ヨリ従四位下侍従ニ叙シ羽柴丹波守ト号シ天正十三年ニハ権少将ニ任シ同十八年相州小田原合戦ニ名誉ノ戦功ヲ尽サル故ニ其翌年甲州府中ノ城ヲ賜リ拾七万四千石ニナル」「文禄ノ初朝鮮渡海アリ軍旅之久シキニツカレ同三年彼地ニテ逝去也」とある。「明治二十二年六月謄写了」とあり、明治年間になって謄写されたものであることがわかる。

ただし『新修亀岡市史』資料編第二巻では、これを「豊臣秀吉知行方目録」とし、「丹波中納言殿」を「秀勝」ではなく、羽柴秀俊（のちの小早川秀秋）と比定している。それは、「天正廿年」段階において、「秀勝」を名乗

る人物が丹波の支配を任されておらず、当該期にそれを任されていたのは羽柴秀俊であるからである。これについては、首肯できよう。したがって、これは羽柴秀俊宛のものなので、すでに奥書自体の記述は意味のないものとなっているといえるが、「羽柴丹波守秀勝」なる人物は「織田右大臣信長公之息男」で、秀吉の養子となり丹波国を賜り、天正十八年には小田原の役に参戦し、その功により翌年には甲斐にて「拾七万四千石」を賜ったと書かれている点に注目したい。すなわちこれによれば、信長四男であった於次秀勝が小田原の役に参戦し、甲斐国を賜ったことになっている。また於次秀勝が文禄の役にて朝鮮に渡海し、文禄三年にその地で亡くなったという。しかしながら前述したように、於次秀勝は天正十三年十二月十日に丹波国の亀山城で病死しており、また、甲斐国を賜ったのは小吉秀勝である。

このことから、両史料とも「秀勝」を名乗る於次秀勝と小吉秀勝の区別がついていないことがわかる。前述したように「柳営婦女伝系」については、小和田氏も記述の誤りを指摘しているが、ただ小和田氏は記述の誤りを指摘するのみで、なぜこのような誤りが生じたのか、という点にまでは踏み込んで述べていない。

もちろん両史料ともに同時代史料ではなく、後世に書かれたものであるから致し方ない部分もあるだろう。だが、このような誤りが生じた点については、後世に書かれたという理由だけではなく、それなりの理由があると考える。

以下では、その点に留意しながら関連史料を分析していきたい。

第二節　丹波在国期における於次秀勝

(一)　織田家の後継争いと於次秀勝

秀吉と於次秀勝との関係については、『信長公記』天正十年三月十七日条には、「三月十七日、御次公、御具足初めにて、羽柴筑前守御伴仕り、備前の児島に御敵城一所相残り候。此表相働き、手遣ひの由、注進これあり」[15]とある。「羽柴筑前守」秀吉が備前児島の城を攻撃した際に、於次秀勝の「具足初め」(元服して甲冑を着初めすること)を行っており、於次秀勝の具足親を秀吉が務めたことがわかる。ただし森岡論文によれば、於次秀勝が秀吉の養子となった時期を、これ以前の天正五～六年(一五七七～七八)ごろと推測している。丹波在国期以前の於次秀勝に関する分析は森岡論文が詳しいので、それに譲るとして、ここでは丹波在国期における彼の事績を分析し、その上で秀吉の政権樹立過程における於次秀勝の位置づけを検討したい。

天正十年六月、信長が本能寺の変で討たれ、その後山崎の合戦にて明智光秀が討たれると、秀吉は於次秀勝にその旧領の丹波国を与えることになる。同年九月十五日、於次秀勝は「赤尾孫介」に対して、「多喜郡(丹波国)後河、三百石」の知行宛行状[16]を発給しており、彼が丹波国に関わり始めた様子が窺える。

『兼見卿記』[17]天正十年十月十三日条には「羽柴筑州(秀吉)至丹州亀山上洛云々、西京京中端々陣取、各上洛、多人数之由沙汰了」、『言経卿記』[18]天正十年十月十三日条には「羽柴筑前守従播磨国上洛了、本国寺ニ被居了」とあり、秀吉が丹州亀山か播磨国から上洛しているようであるが、天正十年十月十四日条には「織田御次(秀勝)、丹波国亀山城ヨリ上洛了」とあり、於次秀勝も丹波国亀山城より上洛している。

この際に秀吉と於次秀勝が上洛したのは、秀吉主導の信長の葬儀を行うためである。『言経卿記』天正十年十月十五日条には「大徳寺ヨリ長坂へ、天徳院殿（織田信長）御葬礼有之、カンニハ木像ヲ入云々、御次（秀勝）カンノ迹ヲ御カキ也云々、サキヲハ池田子（輝政）也、大刀ヲ筑前守被持了、貴賤群集也、葬料一万石被渡了、去十一日ヨリ来十七日マテ法事有之」とあり、大徳寺で行われる信長の葬儀において、棺には信長を模した木像を入れ、於次秀勝は棺の後を「御カキ」＝舁き、秀吉は太刀を持っていたという。『晴豊公記』天正十年十月十五日条にも「今朝早天より大徳寺へ見物共、京中より参候、今夜御日待禁裏へ参候間、さうれい見物くるしからす候よし申候へ共、無用之由申方も候間、余、中山なとハ、日待ゆへ見物申候、八方こしに、ちんにて木さうつくり入候由候、こしさきハいけた子（池田輝政）、これハ信長めのと也、あとハをつき（秀勝）、信長子也、羽柴ちくせん太刀也、いろき（倚盧儀）千人なり、長岡兵部大夫（藤孝）なと被出候」[19]とあり、「こし」＝輿の「あと」に於次秀勝がいたことがわかる。

『蓮成院記録』には、「来十五日、信長殿為追善葬送之儀式可在之由也、紫野江銀子弐千枚、自羽芝（柴）筑前守被相渡了、并不動国行一腰、引馬等三種被送之、此外銀子千枚、此ハ御影堂一院可有新建立由也、先月二日ニ可有其□由、□□滝川（一益）、丹場（羽）五郎左（長秀）、長谷河（川）少□□、芝（柴）田修理介（勝家）、三七殿（織田信孝）御名代池田（恒興）、此等之衆被上洛、抑留云々、今度者無異儀相調了」[20]とあり、信長の葬儀に当り、信長の息である於次秀勝を差し置いて、秀吉自ら「紫野」の大徳寺へ「銀子弐千枚」を渡しており、秀吉が中心となって葬儀を執り行おうとしていた様子を窺うことができる。また「先月」＝九月二日には、滝川一益や丹羽長秀、柴田勝家ら織田家重臣と信孝の「名代」たる池田恒興が上洛して、信長の葬儀に異儀（異議）を唱えていたようだが、「今度者無異儀」調ったと記している。

もちろん柴田勝家ら織田家重臣が異議を唱える相手は、同じ織田家重臣の立場ながら、葬儀を主導する秀吉に対してであろう。織田家重臣の一人でしかなかった秀吉が勝家らの異議を制し、信長葬儀の場で輿を昇く於次秀勝に続いて太刀持ちを務めることは、右に示したように多くの日記類に述べられていることから、信長の後継者が於次秀勝、その後見人が秀吉であることを十分に世間に周知させることができたと考えられる。

また前述したように、この葬儀にあたって秀吉と於次秀勝は、ほぼ同じ方面から上洛している。これは、同じ方面から上洛することで、秀吉が於次秀勝の後見人であることを演出する効果があったのではないだろうか。少なくとも、兼見は（事実か否かは不明だが）秀吉が於次秀勝の所領である丹波国から上洛したと認識している。

このの ち秀吉は、信長息の一人である織田信孝の家臣に以下の文書を送っている。

【史料3】[21]

（略）

一御両人之御兄弟様と、御名代を御あらそひにて御座候ニ付而、御主ニことをかき、迷惑仕候、御次（秀勝）も如被成御存知、十五六に御成候て、武者をも被致候間、御主ニ用申ても、人笑申間敷といへとも、我等養子ニいたし候間、八幡大菩薩愛宕も御照覧あれ、御主ニ用させ候事、たれ〳〵申候共有之間敷と、ふつつと思切候事、

（略）

一御仏事被仰御両人様へ、従御次被申上候由、被申候へ共兎角之御返事もなく、又ハ御宿老衆御仏事之沙汰も無之ニ付而、天下之外聞如何と存、如御存知、小者一僕之者被召上、国を被下候て、人並を仕候事ハ、上様之御芳情須弥山よりもおもく奉存ニ付而、不叶御仏事いたし候、御跡をもつかせられ、六十余州之御仏事御座候ハヽ、筑前ハ御葬礼過追腹十文字にきり候ても、八幡大菩薩限（根）無御座候、此由信孝様へ御披露頼入候、

恐々謹言、

十月十八日　　秀吉在判

斎藤玄蕃允殿

岡本太郎左衛門殿

天正十年に発給された【史料3】によれば、「御両人之御兄弟様」=信雄と信孝が「御名代[22]」を争っていることについて、「御主」=織田家の主君としては何れも不足し迷惑しているという。於次秀勝については、十五、六才になって主君に用いても世間の人々が笑うようなことはないが、秀吉は彼を自身の養子としたので織田家の主君にと世間の人々が申しても、そのようなことはしないと伝えている。

信長の葬儀についても、信雄と信孝へ於次秀勝より申し上げたが返事もなく、織田家宿老からの葬儀に関する沙汰もなく、天下の外聞もよろしくない。致し方なく自分秀吉が葬儀を執り行ったが、信孝が織田家の「御跡」を継がれ信長の葬儀を執り行っていたなら、自分が葬儀を執り行ったのは過ぎたることで、これを信孝に披露してほしいという。

同年十月十四日付秀吉書状[23]にも「上様御他界之刻、信孝様、三助様御名代之御詮候而就御座候、御主ニ事欠申条、何れを御主用可申与、四人宿老共、清須ニ而致談合、信忠様之御若君様ヲ御主ニ用、四人之宿老共トメ守立可申与談合を究、清須より岐阜江御供申、若君を信孝様へ預ケ申候事」とあり、信孝・信雄共に織田家の主君としては不足しており、誰を主君として用いるかをいわゆる清洲会議にて「四人宿老」=秀吉・勝家・池田恒興・丹羽長秀で話し合い、「信忠様之御若君様」=三法師を織田家の主君に用いることが決まったと記される。注目したいのは、織田家の主君に用いることとなった三法師を「信孝様へ預ケ申候事」とした点である。よく知られるように、三法師を織田家の主君に用いるとはいっても、未だ幼少の彼に実権はなく、この段階では信孝の庇護下に置かれることとなったのである。
ただし信孝に対しては、次の箇条で「幾程も無御座候ニ、若君様ヲ安土へ移被参間鋪由被仰、今以若君様御渡無御座候事」と、秀吉へ渡されるはずとなっていた三法師が未だそうはなっていないとして、信孝の非を挙げている。主君に用いることとなったはずの三法師も未だ幼少で実権はなく、しかも「御両人之御兄弟様」＝信雄と信孝も織田家の後継者としては不足であり、於次秀勝は秀吉自身が織田家の主君には用いないという。織田家の「御跡」を継ぎ信長の葬儀を執り行った者はいないから、結局於次秀勝を後見しながら実際に葬儀を執り行う秀吉自身が信長の後継を担う、という論理となっている。
そもそも織田家の後継者については、『多聞院日記』[24]七月六日条に「天下ノ様、柴田、羽柴、丹羽五郎左衛門、池田紀伊守、ホリ（堀）久太郎、以上五人シテ分取ノ様ニ其沙汰アリ、信長ノ子共ハ、何モ詮ニ不立云々」とある。勝家や秀吉ら織田家重臣らが、その家中において如何に信長の遺領を分取るかが主な議題であり、信長の後継者は何れにしても「詮ニ不立」との世評であった。於次秀勝を後見する秀吉にせよ、信孝を後見する勝家にせよ、信雄と結んだ家康にせよ、信忠の息である三法師を誰かが担ぐにせよ、信長死後の政治状況下において如何にして主導権を握るかが重要なのであったのだろう。[25]ここにおいて於次秀勝は、織田家中において秀吉が主導権を握るための手段として利用されたといえよう。[26]
このような論理を用いたのは、何も秀吉だけに限らない。主導権を握るための手段として織田家の後継者を利用したのは、柴田勝家も徳川家康も同様である。

【史料4】[27]
急度令啓候、抑今度各申合候処、上方申事在之付而、三介殿《織田信雄》自御兄弟当表対陣之儀、令無事、諸事御異見等之儀、我々江頼入候旨、度々御理之条、任其儀、氏直与和与之事候、其方如存知之、我々年来信長預御恩儀不浅候間、無異儀者落着候、其付而、信長如御在世之時候、各惣無事尤候由、氏直へ申理候間、晴朝へ御諫言第一候、委細幡《（蟠）》龍斎《（水谷正村）》可為口上候、恐々謹言、

（天正十年）十月廿八日　「御名乗御書御判在」

（水谷勝俊）水谷伊勢守殿

本史料については「各惣無事尤候」の文言ばかりが注目されるが、これによれば、秀吉が信長葬儀を行なった同月に、家康は「上方申事在之付而、三介（織田信雄）殿自御兄弟当表対陣之儀、令無事」と上方における織田家の後継者争いが無事となり、信雄がいろいろと意見を自身のところへ頼み入れてきたことを水谷に伝えている。そして信雄の頼み入れを受けて、「其方如存知之、我々年来信長預御恩儀不浅候間、無異儀者落着候、其付而、信長如御在世之時候」と、家康自身が信長からの恩義は浅くないので、異議がなければ落着してほしく、信長の在世していた時のように各々無事であることが尤もであるとして、信雄の意を受けつつも自身が信長の政策を後継していることを広く示そうとしたとみられる[28]。当時の勝家も、毛利氏や伊達氏と連絡を取り合っていたことが知られている[29]。何も秀吉だけが織田家の後継者を利用していたわけではないのである。

このようにみると、於次秀勝にしても信雄にしても信孝にしても、それぞれの主導権争いに利用されたのは間違いないが、織田家の後継者を利用することは、それを利用する当事者が織田家中に対してだけではなく、織田家以外の諸大名に対しても一定の効果があると考えていたということになる。実子のいない秀吉が何人かの養子の中で、於次秀勝を利用する意味はここにあると考える。

（2） 於次秀勝と毛利家との縁組

秀吉は、信長死後の織田家中での主導権争いの中で、上杉に対しては「今度柴田（勝家）討果、彼国々依申付、寺内織部存分申含、進置候処、御返事之趣、承届候、改可有御入魂之由、得其意存候」[30]と、信孝や彼を支持する柴田を打ち果たし、改めて入魂あるようにと伝えている。

於次秀勝との関係で重要なのは、毛利である。天正十一年五月に秀吉は、小早川隆景に宛て、「東国者氏政、北国ハ景勝まて、筑前任覚悟候、毛利右馬頭（輝元）殿、秀吉存分次第ニ被成御覚悟候へハ、日本治、頼朝以来これにハ争か可増候哉、能々御異見専用（要）候、七月前ニ、御存分御在之者、不被置御心可被仰越候、八幡大菩薩、秀吉存分候者、弥互可申承候事」「右之趣、一々輝元へ被仰入尤存候、尚御両使口上ニ申渡候」[31]と、柴田を打ち果たし、東国は北条氏政、北国は上杉景勝までが服属したことを述べ、毛利輝元の服属につき取り成しを求めている。

この一連の過程において、同年十二月十五日、安国寺恵瓊は佐世元嘉ら毛利家中の者に対し、「御次（秀勝）御縁辺之儀、秀吉書状被指下候之間、進上申候、是ハされ言なから、此方之を被打置、豊州と被申合候か、不然者、宇喜多兄弟共之内数多候条、被申合候者、弥世上六ヶ敷可罷成候、殊更御造作不入之やうに請取、御次へハ筑州したて候て可渡之由被申候時者、さのミ御手間も不入御事候か」[32]と送った。於次秀勝の「御縁辺之儀」＝毛利との縁組について、秀吉の書状が差し下されていたことがわかる。また同月、毛利と秀吉との戦後交渉でも、縁組に関することがその内容に加えられている。

【史料5[33]】

尚々、今之分ニ所々澄不申候者、両人共ニ可罷上之由候、非虚言候、かしく、

急度申上候、追々従秀吉、境目請取渡延引、曲事之由、如此被申下候、先書両度致進上候、昨日至林木所以
一書如申候、秀吉分別と御国上下之御分別と天地相違仕候、
一秀吉者、於岩崎陣互以誓紙申定候之辻、今以為同前之由被存候、（略）重而安国寺被指上、御詫言候之条、
備中河切ニ申定候、其時之条数大形、
一備中川切内郡未相澄候、
一伯耆三郡充未済候、
付、児島之事、未済候、
一御一人御指上之事、
付、人質之事、
一来島之事未済候、
一御縁辺之事未済候、
以上、此辻ニて候、
（略）
一（略）去夏林下之節者、備中、作州、伯州三ヶ国無抜ニ渡給候ハヽ、和平可仕候、其段無御分別、八月朔日、
出勢候て、一弓矢可仕之由被申候、其後安国上候て、種々申理、（吉川経言、小早川元総）御両所御上之上ニ、備中川きり、伯州三郡、
備前、作州抜にと被申定候、（略）高田も松山も児島も御約束之内ニて候、此段を上さまに能々御納得候て、
所々への御触、御心持専一ニ存候、可預御披露候、恐惶謹言、
（天正十一年）十二月十八日　　林木工就長（花押）

佐与三佐御申之

一任斎恵瓊（花押）

「備中川切」「伯耆三郡充」など、秀吉領と毛利領との境界に関する講和条件が挙げられるが、これにあわせて、人質に関すること、縁組に関することが両者間の講和条件に掲げられている点に注目したい。「御一人御指上之事、付、人質之事」については、「其後安国上候て、種々申理、御両所（吉川経言、小早川元総）御上」とあり、安国寺恵瓊との話し合いの結果、吉川経言（広家）と小早川元総（秀包）が人質として差し出されたようである。

『吉川家譜』には「九月下旬、人質トシテ、経言公芸州ヲ発シ、大坂へ上リ玉フ、小坂越中守、二宮佐渡守相従フ、隆景公ヨリモ、弟元総公ニ桂民部太輔、浦兵部丞ヲ添テ、一同差上サル、又安国寺ヲ以テ案内トス、十月二日、泉州界（堺）ニ至リ、経言公ハ賢法寺、元総公ハ玉蓮寺ヲ旅館トシテ、大坂ノ城ニ招請ス、三日、大坂城ニ於テ、秀吉公ヨリ、経言公、元総公ヲ饗応シテ、種々贈物アリテ、共ニ天守ニ登ラル、従者民部、越中等四人ニ駿馬ヲ賜フ、十一月、経言公暇ヲ告玉ヘハ、秀吉公命シテ蔵人ト改名セシム、元総公ハ大坂ニ留リ玉フ、夫ヨリ経言公吉田ニ至リ玉ヘハ、輝元公ヨリ隠岐一国ヲ進セラル」[34]とあり、秀吉と毛利氏との講和条件の一つとして、小早川隆景の養子元総（秀包）と吉川元春の子経言（広家）が人質として大坂へ送られたことが記されている。

また別の史料には、「去夏先書ニ委曲如申入候、北国西国不残申付候故、小早川、吉川両人事、（十一月）去朔日ニ致出仕、大坂仕候事」[35]と、小早川、吉川両人が大坂へ出仕していることが記される。

また「未済候」とあるが「御縁辺之事」とは、先にみえた於次秀勝の縁組に関することであろう。「其後安国上候て、種々申理、御両所（吉川経言、小早川元総）御上之上ニ、備中川きり、伯州三郡、備前、作州抜にと被申定候、（略）高田も松山も児島も御約束之内ニて候」とあり、恵瓊が秀吉と会談した際に「御両所」を秀吉の許に送れば、秀吉領と毛利領の境界を確定させるという。

両者間の講和がまとまるには、秀吉領と毛利領との境界問題とともに、毛利側から人質が提出されることと、於次秀勝の縁組が成立することが条件の一つとしてあったのである。小和田氏は、「柳営婦女伝系」についての記述の誤りを指摘した際に、併せて「この結婚（＝於次秀勝と毛利との縁組）は、秀吉と毛利輝元との和睦の婚姻」であると捉えているが、何のためにこの時期に「和睦の婚姻」をするのかに関しては、触れていない。

これに関連して、秀吉と家康・信雄陣営との戦である小牧・長久手開戦ごろに発給された以下の史料を確認したい。

【史料6[36]】

去十一日美濃守(羽柴長秀)かたへの御状、今日十三日巳刻於坂本令拝見候、八ヶ条之御一書旨一々無残所被仰越様、金五(金森長近)、蜂（出脱ヵ、蜂屋頼隆）両人如被存、入御念候儀と存、涙を飜令満足候、

一五畿内之儀者不及申、西国迄(ママ)もト等丈夫ニ坂本有之候而申堅候事、

一勢州衆之儀、民部少輔殿(小島)、亀山之関安芸(万鉄)、雲林院始対筑前少も無如在候付而、為先手蒲生飛騨(氏郷)、甲賀衆、滝川左近允(一益)、長谷川藤五(秀一)、羽柴左衛門督(秀政)、日根野兄弟、多新佐(多賀秀種)、池孫次左イ、山源太左イ(山崎片家)、浅野弥兵衛尉(長吉)、一柳市助(末安)、加藤作内(光泰)、此分衆勢州江遣候上、甲賀も伊勢之間ニ城三ヶ所、為通路城申付、普請拵申候事、

一濃州池勝入、稲葉伊予、森武蔵、少茂無別条被入精候条、濃州口へも人数入候を、彼方次第ニ可遣と存、江州永原ニ三好孫七郎(秀次)、高山右近允、中川藤兵衛、氏家源六、同久左衛門、其外人数壱万四五千之つもりにて、陳取せ申候事、

一美濃守をハ守山ニ置、勢州江之心当陳取せ候事、

一御次（秀勝）をハ草津ニ、丹波一国之人数被召連、陳取せ申候事、
一長岡（忠興）越中守勢田陳取せ申候事、
（略）
一西国表之事、城々請取隙明候、西口為留守居、備前、美作、因幡三ヶ国之人数ハ壱人も不相動、為留守居置申事、
（略）
一此表十四五日之内ニハ、世上之物狂も酒酔の醒たることくニ、筑前以覚悟しつめ可申候間、其間之儀は、其国中は不及申、自然加賀表一揆なと催をこり候共、又左合戦に不被及、彼金沢之惣搆を相抱、丈夫之覚悟於在之は、其内ニ筑前隙明可申候、自然加州表人数入候者、蜂出、金五可返申候、それまてハ両人此方ニ留申候而、万談合をも申事候、人数之事者五千壱万何時も可進之候、猶両人より可被申付候、恐々謹言、

三月十三日　　秀吉（花押）

惟越御返報

秀吉が「惟越」＝惟住越前守丹羽長秀に宛てた右記史料は、小牧・長久手戦における秀吉陣営の軍勢の配置や様子などを伝えたものである。ここでは、特に信雄との戦に当たって秀吉が「五畿内之儀者不及申、西国迄も」軍勢を近江坂本に配置し、伊勢への進入に備え、於次秀勝については、「丹波一国」の軍勢を率いさせて近江草津に配置させている。その一方で「西国表之事、城々請取隙明候、西口為留守居、備前、美作、因幡三ヶ国之人数ハ壱人も不相動、為留守居置申事」とあり、「西国表」すなわち毛利への備えに関しては、「備前、美作、因幡」の三ヶ国の軍勢を一人も動かすことなく、留守居として置いておくとしている。

前述したように、『吉川家譜』には「九月下旬、人質トシテ、経言公芸州ヲ発シ、大坂へ上リ玉フ、小坂越中守、二宮佐渡守相従フ、隆景公ヨリモ、弟元総公ニ桂民部太輔、浦兵部丞ヲ添テ、一同差上サル、又安国寺ヲ以テ案内トス、十月二日、泉州界（堺）ニ至リ、経言公ハ賢法寺、元総公ハ玉蓮寺ヲ旅館トシテ、大坂ノ城ニ招請ス、三日、大坂城ニ於テ、秀吉公ヨリ、経言公、元総公ヲ饗応シテ、種々贈物アリテ、共ニ天守ニ登ラル、従者民部、越中等四人ニ駿馬ヲ賜フ」とあり、九月下旬には秀包・広家ともに上坂し、十月初めには秀吉に対面したらしい。一方で於次秀勝の縁組については、【史料5】に「未済候」とあったように、この段階でも未だ決定していなかった。だからこそ小牧・長久手戦を執行する『あたって、毛利への備えが必要だったのであろう。秀吉にとって、彼らが人質として秀吉の許にいるだけでは、毛利との信頼関係は不十分であると捉えていたことを推測させる。しかも広家に至っては、同じく『吉川家譜』には「十一月、経言公暇ヲ告玉ヘハ、秀吉公命シテ蔵人ト改名セシム、元総公ハ大坂ニ留リ玉フ、夫ヨリ経言公吉田ニ至リ玉ヘハ」とあり、早々に帰国してしまう有り様であった。

小牧・長久手戦において於次秀勝は、「彼国之儀者、為御先陣御次（羽柴秀勝）様、羽柴美濃守殿、滝川殿人数弐万四五千ニて御打入候而、悉勢州之儀被任御存分」(37)、「勢州松ヵ島ノ城三郎兵衛五百計ニテ立籠テ、筒井、江州蒲生（氏郷）、ヲツキ（羽柴秀勝）、小一郎（羽柴長秀）取詰云々」(38)などと、軍事的に活躍した様子が窺える。このようにみれば、秀吉にとって於次秀勝は単に軍事的な役割を果たすだけの存在にとどまらず、小牧・長久手戦を執行するにあたって毛利との関係を強化するために必要な存在であったといえる。

(3) 於次秀勝の体調不良と小吉秀勝の名乗り

しかし於次秀勝と毛利との縁組は、うまく進まなかったとみられる。前述したように、この縁組は天正十一年末ごろから秀吉・毛利間の議題となっているが、少なくとも小牧・長久手開戦段階では成立していない。これには、於次秀勝の体調不良が関連していると思われる。

『兼見卿記』天正十一年二月五日条には、「信長末子御次在城亀山、近日所労也、祈念之事可申来之由、以使者案内也、委細明後日辺可来之由申帰京了」、同七日条には「自丹州亀山御次祈念之儀、使者女房衆来、即対面、使者筋(藤カ)懸善右衛門尉、女房館、ちやく〳〵云、旧冬御出陣以来御煩也」などとあり、彼が病を患っている様子を窺うことができる。同じく『兼見卿記』天正十一年五月十六日条にも「亀山御次へ御祓持遣之」とあり、兼見が於次秀勝へ祓を遣わしており、このころも病を患っていた可能性がある。天正十二年九月二十五日には「御続(次、羽柴秀勝)相煩候間、早々亀山江可相越候(39)」と、秀吉が竹田定加に命じて秀勝の病気を診療させている。

小牧・長久手戦終結近くの天正十二年十一月上旬には、漸く於次秀勝と毛利との縁組が具体化したようである。同年十一月五日付吉川元春書状には「将又御祝言之儀、不日可為御上着候、目出度長久可得貴意候(40)」とあり、祝言のために近いうちの上洛を計画していることがわかる。同年十二月二十九日付の秀吉が本願寺に宛てた書状には「就次祝言之儀、早々御使札、殊御太刀一腰・青銅千疋被懸御意候、誠御懇之儀、喜悦之至候(41)」とあり、「次」=於次秀勝の祝言にあたり本願寺から贈物のあったことがわかる。

この祝言成立には、天正十一年段階で秀吉の許にいた秀包の帰国問題も絡んでいたようである。天正十三年に比定される正月十七日付蜂須賀正勝・黒田孝高書状には、「亀山御祝言之儀、被成御調、秀吉御満足不過之候、仍藤四郎(小早川秀包)御事、永々御逗留之条、為御休息被差下候、可為御大慶候(42)」とあり、丹波「亀山」の於次秀勝と毛利との縁組に合わせて、長らく人質として秀吉の許にいた秀包を帰国させることとなっていた。

【史料7】[43]

預御細札、具令拝見候、如仰、旧冬者京芸祝言付而、供可仕之由被申候条、至大坂へ罷上、祝言相調候、其儘可罷下覚悟候処、筑州可有対面之由候間、於境令越年、逗留仕候、筑州所労気付而、存外滞留仕、造作之段、乍恐可被成御察候、雖然、去月十七日御対面候而、種々家顔(マヽ)(預カ)馳走之段、中々不及言舌、驚耳目體候、以外機嫌能候て、秀包暫時為休息被指下候、其上境目出入等之儀、芸州如被申ニ分別被仕、松山(備中上房郡)・八橋之儀此方へ被返付分候、児島之儀者、備前之内ニ候間、宇喜多(秀家)ニ遣度と被申候キ、今度某事天下之播面目罷下候事、大慶存候、尤自是可申入之処ニ及御報、恐多存候、猶御吉事永日可申承候、恐々謹言、

(天正十三年)二月十二日　口羽中務大輔

春良判

湯浅治部大輔(将宗)殿

御返報

旧冬の「京芸祝言」＝於次秀勝と毛利との縁組にあたって、口羽春良は秀吉に対面するため大坂へ上っていた。正月十七日にはその対面が叶い、秀包の暫くの休息としての帰国を許された。加えて秀吉領と毛利領の境目について、「芸州」＝毛利側の主張が認められ、松山と八橋が毛利へ返付されることとなった。毛利側にとっては「天下之播面目」と表現するほど、喜ばしいことであったらしい。

秀吉は、小牧・長久手戦後ひとまず家康・信雄と和睦したのち、西国に目を向けた。前述したように、天正十二年三月段階でも、毛利への備えに関しては、「備前、美作、因幡」の三ヶ国の軍勢を一人も動かすことなく、

留守居として置いておく必要があった。前掲正月十七日付蜂須賀正勝・黒田孝高書状には、「来夏可被御行之条、伊予・土佐両国可被進置由、被仰出候、就其、長曾我部（元親）種々雖致懇望候、無御許容候、来夏御行之内者、其元御働御無用にて候、城々堅固ニ可被抱置事、専用ニ候[44]」とあり、秀吉は来夏の四国攻めに備えて、依然として毛利との関係を強化する必要があったのである。そのためには、秀包を毛利からの人質として秀吉の許に留め置くよりも、秀包を一旦毛利側へ帰国させ、所領の一部を返付することで毛利側への配慮をみせ、それに加えて於次秀勝と毛利との縁組を成立させて、より良好な関係を築くことが必要だったのである。

ただし、相変わらず於次秀勝の体調は回復しなかったようであるが、ここで以下の史料を確認したい。

【史料8[45]】

当寺領所々散在并山林等之事、如有来全可有寺納事専用候、恐々謹言

天正十三　　　　羽柴小吉

九月十□日　　　　秀勝（花押）

安岡寺

行事御坊

「小吉秀勝」は、「秀吉の甥で養子。父は三好吉房。母は秀吉の姉のとも（瑞竜院日秀）。兄は関白秀次。弟は大和大納言秀保。天正十三年に病死した、織田信長の子で秀吉の養子の於次秀勝の遺領丹波亀山城を継いだ」とされる人物である[46]。注目したいのは、【史料8】の発給日と差出の名乗りである。

前述したように、於次秀勝の体調は回復しなかったようで、『兼見卿記』天正十三年十月二十日条には「出京、御次此間在京、御煩以外也[47]」とあり、兼見は「御次此間御在洛、御煩也、見舞御礼旁罷向」、同十一月三日条には「御次此間在京、御煩以外也」とあり、兼見

が病を患っている於次秀勝を見舞っている。結局於次秀勝は、天正十三年十二月十日には亡くなったらしい。[48]つまり同年九月に発給された【史料8】の段階では於次秀勝が生存しているにもかかわらず、小吉が「秀勝」を名乗ったことになる。同月に発給された富田宿久宛禁制にも「小吉秀勝」の署名があり、[49]小吉が天正十三年九月段階で「秀勝」を名乗っていたことは間違いなさそうである。

したがって、少なくとも天正十三年九月から於次秀勝の亡くなる十二月までは、二人の「秀勝」が存在していたことになる。秀吉にとって於次秀勝の体調不良は、早い段階から分かっていたことである。一方で、於次秀勝と毛利との縁組も成立したばかりであり、四国攻めを控える秀吉にとって、毛利との良好な関係を保つ必要があったと考えられる。そこで、於次秀勝の死を隠すために、あるいは、その死が公に知られることを少しでも遅らせるために、秀吉は於次秀勝の死を予期して、小吉に「秀勝」を早いうちに名乗らせたのではないだろうか。

おわりに

信長死後の情勢において、信長の後継者は何れにしても「詮ニ不立」との世評であった。信長死後の政治状況下において如何にして主導権を握るかが重要な争点となっており、於次秀勝は当初、織田家中において秀吉が主導権を握るための手段として利用されたといえよう。

また秀吉や勝家・家康は、それぞれ信長息らを担ぐことによって、織田家以外の諸大名とも連携しようとした。彼らが織田家の後継者を利用することは、それを利用する当事者が織田家中に対してだけではなく、織田家以外の諸大名に対しても一定の効果があると考えていたということになる。そこで秀吉は、信長死後の織田家中での主導権争いの中で諸大名とも関係を深めようとしたが、於次秀勝との関係で重要なのは毛利であった。

天正十一年、両者間の講和がまとまるには、秀吉領と毛利領との境界問題とともに、毛利側から人質が提出されることと、於次秀勝の縁組が成立することが条件の一つとしてあった。小牧・長久手戦を執行するにあたって、於次秀勝は毛利との関係を強化するために必要な存在であったといえる。さらに秀吉は、四国攻めにあたって毛利との関係を強化する必要があったが、そのためには、毛利からの人質である秀包を一旦帰国させ、所領の一部を返付することで毛利側への配慮をみせ、それに加えて於次秀勝と毛利との縁組を成立させて、より良好な関係を築くことが必要だったのである。

しかし於次秀勝と毛利との縁組は、うまく進まなかったとみられる。この縁組は、少なくとも小牧・長久手開戦段階では成立していない。これには、於次秀勝の体調不良が関連していると思われる。天正十二年末ごろには縁組が成立したとみられるが、於次秀勝は天正十三年十二月十日には亡くなったらしい。その後、少なくとも天正十三年九月から於次秀勝の亡くなる十二月までは、二人の「秀勝」が存在していた。秀吉は於次秀勝の死を予期して、小吉に「秀勝」を早いうちに名乗らせたと考えられる。このような事情から、後世の史料において、於次秀勝と小吉秀勝の区別がついていないものがあるのではないだろうか。

本章では、秀吉の政権樹立過程における於次秀勝の位置づけを検討してきたつもりだが、やはり個別事例の紹介になってしまった感は否めない。秀吉一族がその政権樹立過程において果たした役割について論じる場合、本来ならば於次秀勝だけでなく、その他の秀吉一族についても比較検討する必要があるだろう。それについては、今後の課題としたい。

（1）　本章の対象とする時期において、未だ秀吉は「豊臣」ではなく、また彼が樹立する政権の成立時期についても諸説あると思うが、ひとまず一般的な表記に合わせて「豊臣政権」とする。
（2）阿部猛・西村圭子編『戦国人名事典』（新人物往来社、一九八七年）。
（3）小川雄「信長は、秀吉をどのように重用したのか」（日本史史料研究会編『信長研究の最前線』洋泉社、二〇一四年）九四頁では「秀勝は信長の五男であり、羽柴氏は次代以降に織田一門として遇されうる立場も確保したのである」とし、近年は秀勝を五男とする説もある。
（4）『戦国人名事典』「羽柴秀勝」項。
（5）福田千鶴『江の生涯』（中公新書、二〇一〇年）、渡邊大門『戦国大名の婚姻戦略』（角川ＳＳＣ新書、二〇一〇年）など。
（6）森岡栄一「羽柴於次秀勝について」（『市立長浜城歴史博物館　年報』一、一九八七年）。
（7）柴裕之「羽柴秀吉の領国支配」（戦国史研究会編『織田権力の領域支配』、岩田書院、二〇一一年）。
（8）『新修亀岡市史』本文編第二巻（亀岡市史編さん委員会編、二〇〇四年）。
（9）藤田達生『秀吉神話をくつがえす』（講談社現代新書、二〇〇七年）。
（10）なお秀吉一族の個別具体的な分析を行った論稿については、播磨良紀「豊臣政権と豊臣秀長」・藤田恒春「豊臣秀次と近江の領地支配」（三鬼清一郎編『織豊期の政治構造』、吉川弘文館、二〇〇〇年）などがある。
（11）『柳営婦女伝叢』（国書刊行会、一九一七年）。
（12）『国史大辞典』（吉川弘文館、一九九三年）。
（13）小和田哲男『戦国三姉妹物語』（角川書店、一九九七年）。
（14）『東京大学史料編纂所史料データベース』請求記号二〇五三―五、羽柴秀勝知行目録。
（15）『信長公記』（新人物往来社、一九九七年）巻十五、中国表、羽柴筑前働きの事。
（16）『兵庫県史』史料編中世九古代補遺（兵庫県史編集専門委員会、一九九八年）三三五頁、一、羽柴秀勝知行宛行状「五藤文書」。
（17）『兼見卿記』（史料纂集、続群書類従完成会、一九七一年）。
（18）『言経卿記』（東京大学史料編纂所編『大日本古記録』岩波書店、一九五九年）。
（19）『大日本史料』第十一編之二（東京大学史料編纂所編、一九六八年）天正十年十月十五日条「晴豊公記四」。

(20)『大日本史料』第十一編之二、天正十年十月十五日条「蓮成院記録」。
(21)『大日本史料』第十一編之二、天正十年十月十八日条「金井文書」。
(22)「名代」については、尾下成敏「清洲会議後の政治過程――豊臣政権の始期をめぐって――」(『愛知県史研究』一〇、二〇〇六年)を参照した。
(23)『大日本史料』第十一編之二、天正十年十月十八日条「松花堂所蔵古文書集」。
(24)『多聞院日記』(『増補続史料大成』第四十一巻、臨川書店、一九七八年)。
(25)『長岡京市史』本文編二(長岡京市史編さん委員会、一九九七年)によれば、「(秀吉や勝家らの信長の重臣は)誰を後継者とは定めずに、それぞれが信長の子をもりたてることとなった」と捉えている。
(26) この後、天正十年に比定される十二月二十一日付秀吉等連署状(『岐阜県史』史料編古代中世補遺(岐阜県、一九九九年)八一頁「小里家譜」)において、秀吉は信雄を織田家後継者として認めている。尾下前掲注(22)論文によれば「天正十年十月二十八日、秀吉は惟住・池田との会談を行って信雄を織田家督として擁立し」「これは三法師を織田家督として擁立した清須会議の決定事項を反故にするもの」であったと捉えており、信雄を織田家後継者として認めることも、織田家中において秀吉が主導権を握るための手段であったと思われる。
(27)『小田原市史』史料編原始・古代・中世Ⅰ(小田原市編、一九九五年)六八二、徳川家康書状写「譜牒余禄五十九」。
(28) 竹井英文「戦国・織豊期東国の政治情勢と「惣無事」」(『歴史学研究』八五六、二〇〇九年)など。
(29) 曽根勇二『片桐且元』(吉川弘文館、二〇〇一年)。
(30)『新潟県史』資料編3中世一(新潟県編、一九八二年)三三七、羽柴秀吉書状写「上杉家文書」。
(31)『小田原市史』史料編原始・古代・中世Ⅰ、六八四、羽柴秀吉書状「毛利家文書」。
(32)『大日本史料』第十一編之五(東京大学史料編纂所編、一九六九年)天正十一年十二月十五日条「毛利家文書三」。
(33)『大日本史料』第十一編之五、天正十一年十二月十五日条「毛利家文書三」。
(34)『大日本史料』第十一編之五、天正十一年十一月一日条「吉川家譜十」。
(35)『大日本史料』第十一編之五、天正十一年十一月一日条「常順寺文書」。

(36)『大日本史料』第十一編之五、天正十二年三月十三日条「加能越古文叢四一」。
(37)『大日本史料』第十一編之五、天正十二年三月十五日条「野坂文書十一」。
(38)『多聞院日記』天正十二年三月二十一日条。
(39)『大日本史料』第十一編之九（東京大学史料編纂所編、一九七一年）天正十二年九月二十四日条「竹田家譜」。
(40)『大日本史料』第十一編之十（東京大学史料編纂所編、一九七一年）天正十二年十二月二十六日条「蜂須賀家文書」。
(41)『大日本史料』第十一編之十、天正十二年十二月二十六日条「本願寺文書」。
(42)『大日本史料』第十一編之十、天正十二年十二月二十六日条「小早川家文書一」。
(43)『大日本史料』第十一編之十、天正十二年十二月二十六日条「萩藩閥閲録百四ノ二　湯浅権兵衛」。
(44)『大日本史料』第十一編之十、天正十二年十二月二十六日条「小早川家文書一」。
(45)『城下町高槻のはじまり——信長・秀吉・家康の戦略——』展図録（高槻市立しろあと歴史館、二〇一一年）四二、羽柴秀勝寺領安堵状（安岡寺蔵）。
(46)『戦国人名事典』「豊臣秀勝」項。
(47)『大日本史料』第十一編之二十四（東京大学史料編纂所編、一九八九年）天正十三年十二月十日条「兼見卿記九」。
(48)『大日本史料』第十一編之二十四、天正十三年十二月十日条「諸寺過去帳下　大徳寺中総見院過去帳」、「諸寺過去帳中　高野山過去帳」。
(49)前掲『城下町高槻のはじまり』展図録、四三、羽柴秀勝禁制（個人蔵（大阪歴史博物館寄託））。

第六章　「江濃越一和」と関白二条晴良——秀吉権力の源泉の解明に向けて——

はじめに

織豊期の「公武関係」といえば、織豊政権（信長や秀吉）と天皇（正親町や後陽成）との関係が注目されることが多い。

当該期の「公武関係」に関する研究は、たとえば「公」の場合、天皇を取り上げた研究は多数みられるが、朝廷、あるいは公家を取り上げた研究は多くない。また朝廷・公家を研究材料とした場合も、概して朝廷の文化史的側面、あるいは公家の文化人的側面は分析されるが、それらの政治史的・政治家的側面はほとんど分析されない(1)。この要因として挙げられるのが、天皇と朝廷を同一視して見てしまう、あるいは朝廷や関白は天皇の意思をうけて活動しているはずだという先学の考えである。本章では当該期のこのような研究状況を鑑みて、元亀元年（一五七〇）十二月、いわゆる「江濃越一和」と呼ばれる織田信長と浅井・朝倉の和睦に際して、当該期のもう一方の「公」関白二条晴良の政治的な活動と役割を考察したい(2)。

信長の尾張守任官について、今谷明氏(3)は室町幕府が保障していた守護職が形骸化し、その穴埋めとして一部の戦国大名が、天皇の威を借りる形で国司に任官し、当該地域の支配の正統性を確保しようとしたと述べている。

また氏は、天皇による信長の戦勝祈願（元亀元年四月）について、天皇が特定の戦国大名のために戦勝祈願を行ったことなどこれまでになく、天皇の祭祀権を動員して統一戦争を遂行するという体制が成立したと述べている。さらに元亀元年十二月に成立した「江濃越一和」について、氏は織田信長軍とそれに対する浅井・朝倉軍の合戦は、信長側の戦局が不利となり、やむなく正親町天皇に願い出て講和にこぎつけたものであると述べている。氏の研究対象は、信長、あるいは織豊政権と天皇の関係であり、天皇と朝廷・関白を分別して考察したわけではない。

また堀新氏は「織田信長と勅命講和」(4)において、織豊期における天皇の軍事権・軍事調停権の考察を行っている。ここで氏は、当該期の「公」天皇・朝廷や「武」信長・将軍足利義昭が関わったとみられる講和の事例を挙げ、軍事権の所在を検討する。しかしながら氏の分析の中心はあくまで軍事権の所在であり、天皇と朝廷、あるいは関白の権限や役割の分別には注意を払っていないようである。

後述するように、「江濃越一和」において関白二条晴良は、正親町天皇の意をうけつつもある程度の独立性を持って政治的な活動を行い、独自の役割を果たしていたとみられる。本章では天皇と関白の権限・役割に注意を払いながら、「江濃越一和」における彼の動向を分析することで、当該期の「公」関白の歴史的な位置づけを明らかにしたい(5)。この作業は、逆に今谷氏や堀氏が注目する当該期の天皇の権威や権限の一端を再検討する材料にもなり、その具体像をより鮮明に浮かび上がらせる一助となると考える。

第一節　二条家とその周囲

「江濃越一和」の実態を分析する前に、これに関わった二条晴良と足利・朝倉・織田の関係を整理しておきたい。

『言継卿記』[6]元亀二年五月二日条に「今日三宝院殿御参内、二条殿次男、近日御得度也」とある。ここにみえる「二条殿次男」とは、二条晴良の子・三宝院義演のことである。

【史料1】[7]

三宝院門跡相続事、家門若公（義演）随心院門跡有兼帯之段、当家為猶子入室条、彼両門跡儀所々管領之地等、不可
有相違旨、御演説肝要候、恐惶謹言、

（元亀元年カ）九月晦日　義昭

（晴良）二条殿

足利義昭から二条晴良に宛てられた右記書状には、「当家為猶子入室条」とみえる。晴良の子・義演が足利義昭の猶子となっていることがわかる。このような晴良と義昭の関係はここに始まったものではない。そこでまず、晴良と義昭の個人的な接点を押さえておきたい。

『足利季世記』巻七「義昭公方記」によれば、永禄十一年（一五六八）四月、義昭が朝倉領である越前において元服する際には、晴良がわざわざ下向し加冠役を勤めたことが記される。[8]ここでは、晴良が朝倉義景と面識のある点も押さえておきたい。また同年十二月十六日、二条晴良が関白に復帰した際には、『諸家伝』によれば、「大樹」義昭から何らかの「異見」が申し入れられている。[9]この「異見」の内容については不明であるが、ここで晴良の関白再任に際して義昭が何らかの馳走をしたことが推測され、晴良と義昭の親密な関係を確認できる。しかし、このような関係は晴良と義昭という個人的な関係のみにとどまらない。

次に、二条家と足利家の関係を押さえたい。飯倉晴武氏によれば、二条家について江戸時代は代々徳川将軍の

諱一字をもらって名乗りとし、幕府と親密な関係を保っていたという。[10]二条康道（徳川家康）、光平（家光）など、二条家の当主が徳川将軍の諱一字をもらって名乗っていたことは、よく知られる。[11]

一方で足利将軍家との関係においても、二条満基（足利義満）、持基・持通（義持）、政嗣（義政）、尚基（義尚）、尹房（義尹）、晴良（義晴）、昭実（義昭）など、歴代の当主が足利将軍の諱一字を名乗っていたことが知られる。また前述した義演が義昭の猶子になった際には「義演」も「義昭」の一字をもらっており、それは先例にもあることが確認できる。[12]

ところで、二条家は信長とも関係を築いている。『系図纂要』第二によれば、晴良の子には「信房」という者が確認できる。彼は「信長」の一字を名乗っている可能性もある。また『言経卿記』[13]天正四年四月十日条によれば、信長が作事を申し付けていた報恩寺に二条父子が入っている。

このような個人的な関係にとどまらない二条家と足利家、あるいは織田家との関係も重要であるが、「江濃越一和」における関白二条晴良の政治活動やその役割に、義昭や信長、あるいは朝倉義景との関係が大きな影響を与えたことは想像に難くない。

第二節　「江濃越一和」における二条晴良の政治活動

当時の関白二条晴良の政治活動について、史料上はそれほど多くあらわれないが、元亀元年十二月の「江濃越一和」といわれる信長と浅井・朝倉の和睦においては、詳細に彼の活動をみることができる。

元亀元年十二月に成立した「江濃越一和」について、堀新氏は、同年九月に蜂起した本願寺に呼応して越前の朝倉義景、北近江の浅井長政が軍事行動を起こし、対して信長は義昭とともに上洛し九月二十四日に出陣、浅井・朝倉は比叡山へ逃れ、戦況は膠着状態となり、十月二十日頃に朝倉は講和を申し入れるが信長は承諾せず、十一月下旬に朝倉は義昭に「江濃越一和」（浅井・織田・朝倉の講和）の仲介を依頼し、義昭の勧めにより信長はやむなく講和を承諾したと述べる。(14)

一方で今谷明氏は、比較的冷静に戦況を眺めたと評価する『三河物語』などを根拠として、織田信長軍とそれに対する浅井・朝倉軍の合戦は、信長側の戦局が不利となり、やむなく正親町天皇に願い出て講和にこぎつけたものであると述べている。

つまり、堀氏は「義昭の勧めにより信長はやむなく講和を承諾した」とし、今谷氏は「信長側の戦局が不利となり、やむなく正親町天皇に願い出て講和にこぎつけた」としており、両者の見解は全く異なっている。そこでまず、「江濃越一和」の事実関係を改めて検討したい。

【史料2】『三河物語』中(15)

信長纔一万之内ナレバ、カナハシトテ、アツカイヲカケサセ給候、天下ハ朝倉殿持給候、我ハ二度ノゾミ無ト、キセウヲ書給候而、ブヂヲツクリ而ギフヱ引給ふ、（略）

【史料3】『武徳編年集成』十一(16)

十一月、（略）叡山ノ敵徒、浅井、朝倉寒天ニ疲労シ、兵糧ハ運送スト云ヘトモ、分国空虚シテ、在々ノ一揆騒動ノ告間断ナク、禍又蕭牆ノ中ニ生ゼン歟ト、薄氷ヲ踏ノ愁ヲ懐ク、信長是ヲ察シ、公方家ヲ以テ密奏ノ旨アリケレバ、則勅使坂本へ下向セラレ、各和睦スベキ由ノ綸命伝達アリ、義昭卿則勅諚ノ旨ヲ承服シテ、二階堂駿河守孝秀ヲ以テ、綸旨ニ御内書ヲ副テ、朝倉、浅井ガ陣処へ贈ラルベシト云々、此孝秀後一色氏ニ改ム、

今谷氏によれば、「江濃越一和」は信長側から天皇に働きかけ、勅命講和したとする。その根拠として挙げて

いるのが右の二史料である。氏はこれらの二史料を、後世の編纂物であるが比較的冷静に戦況を眺めたものであるとして、信長側から天皇に和睦を要請したとする根拠にしている。[17]【史料2】について氏は、

織田軍の兵は一万にすぎず、加えて近江の大半は反織田軍の領分となり、岐阜城への退路も塞がれ、さしもの信長も弱気に陥って和平を願い出た。「天下は朝倉殿持ち給え、我（信長）は二度と望みなし」と起請文まで書いて、岐阜へ引揚げたのである。

と解釈する。[18]特に文中、信長が天下を放棄する旨を記す箇所が注目されるという。また【史料3】については、

山門・朝倉・浅井軍は、寒天に疲れ、兵糧運送も困難となっているが、織田方も分国空虚となり、一向一揆の蜂起の情報が絶えまなく、薄氷の思いである。信長この形勢を察し、義昭を通じて和平を奏した。

と解釈する。[19]

この今谷氏による解釈の問題点を挙げたい。

まず、やはり根拠の二史料『三河物語』『武徳編年集成』がいずれも後世の編纂物であることが挙げられる。両史料は、ともに家康の事蹟を讃えるものとして書かれたものであるのはよく知られる。

【史料2】にみえる「天下ハ朝倉殿持給候、我ハ二度ノゾミ無」と記す起請文は、現在のところ、確認できない。また【史料3】について、今谷氏は信長側が「分国空虚シテ、在々ノ一揆騒動ノ告間断ナク、禍又蕭牆ノ中ニ生ゼン歟ト、薄氷ヲ踏ノ愁ヲ懐ク」と解釈しているが、「分国空虚シテ、在々ノ一揆騒動ノ告間断ナク、禍又蕭牆ノ中ニ生ゼン歟ト、薄氷ヲ踏ノ愁ヲ懐ク」は「叡山ノ敵徒、浅井、朝倉」側の状況であり、これを信長が察したと解せなくもない。

そもそも今谷氏には「信長側の戦局が不利となり、やむなく正親町天皇に願い出て講和にこぎつけた」という

理解から、【史料3】の解釈が「朝倉側も厳しい状況だが信長側はさらに厳しい状況であるはずだ」という推測に基づいたものになっている。

一方で『信長公記』[20]巻三には「(霜月廿五日)公方様へ、朝倉、色々歎き申すに付いて、無為の儀、仰せ出だされ候。信長公御同心これなきところに」とあり、朝倉側の不利な状況が叙述される。もちろん『信長公記』の史料性にも注意を払わねばならないが、今谷氏による『武徳編年集成』の解釈とは異なる叙述がなされている点には注意せねばならない。

いずれにせよ、同時代史料によって事実を確定し、【史料2】・【史料3】の記述についても詳細に裏付けていく必要があると考える。

ただ本章では、今谷氏が述べるような信長側の戦況が不利だったか否かについて、あるいは堀氏が主張する軍事権の所在について、明らかにするつもりはない。信長か、浅井・朝倉か、天皇か、誰が講和を申し入れ、どのような状況・事情で和議を調えたのだろうか。時間軸に沿って具体的にみていきたい[21]。

『言継卿記』元亀元年十一月廿八日条によれば「武家今日巳刻志賀へ御成云々、和睦御調之儀歟」とあり、「武家」足利義昭がこの日、志賀へ下ったことを記し、その理由を「和睦」を調えることかと記す。『中山家記』[22]同日条には「今日大樹動座三井寺、江州、越州、尾州等和談有御□云云、殿下(二条晴良)同御下向云云」とあり、「大樹」義昭が三井寺に「動座」し「江州、越州、尾州等」=浅井・朝倉・織田の「和談」、いわゆる「江濃越一和」が結ばれるという。そして二条晴良も義昭とともに下向したらしい。

『尋憲記』[23]元亀元年十二月二十二日条には、以下のようにみえる。

【史料4】

（略）

一関白殿我等へ御返事之趣、

　御懇札披見本望候、寛舜対談、祝着申候、年内無余日候、明春早々祝詞等可申承候、

一従去月廿八日、天下儀付而、至三井寺大樹可有御同道之由、武田甲斐守為御使、不寄存承候条、申談令下向、光浄院ニ御着候、家門者円満院門跡ニ逗留候、（略）今月朔日より為御名代、左右方のつかひ穴宇と申所ニ佐久間（信盛）新城へ輿を寄候て、越州方へ申出候、二日ニハ奉公のもの与宮内大輔愚状をもたせ候て、越衆方へ遣之候へハ、鳥居、詫見両人出会、かまへをあけて入候、三日四日留置候、山門、浅井方以下可申聞分候、種々申事共候キ、　一北郡浅井知行者三分一程、三分二者信長存知させられ候、　一山門者不同心申候条、綸旨、御内書、御下知、信長誓紙已下被調遣之候キ、過分事候、然処御請遅々候、大所毎度此分候、至于今手もちわろく候、不可然躰候、　一種々十日比より申と丶のへ、朝倉織田誓紙人質之事治定候条、十二日、愚身旅所へ為迎、本郷又三郎給候条、三井寺へ帰寺候而、十三日、早々双方ノ人質請取ニ、家門使奉公の者共遣之候へハ、鳥居、詫見そひ候て、その暁青木子、魚すミ子両人出之候、信長方ハ因幡（稲葉）のいよ子、芝（柴）田子両人にて、武家よりハ三淵大和守（藤英）子一人被遣之候つる、濃州衆を一段用心候て、ツホカサ山と申山のうへにて渡候つる、信長事外仕合にて、江州南郡六角方をも先日知行わたし候へきよし候つるか、不渡遣候、北郡此分ニ候へハ、三分二なと存候事候、　一十四日、左右方陣はらひ申候、其後申合、武将、家門上洛申候、珍重候、大篇之事、随分早速相調候、可御心安候、十五日朝倉、織田も罷下候、各来春罷上、申入へき由候、朝倉誓紙写進之候、隠密候、（略）

『尋憲記』は、興福寺大乗院尋憲が記した日記である。尋憲は晴良の弟であり、「江濃越一和」について、詳細に記している。二十二日条には冒頭に「関白殿我等へ御返事之趣」とあるように、「関白殿」晴良が「我等」尋憲に対して出した返書の写しを詳細に記している。

その内容は数日に渡るものであるが、これによれば「去月（十一月）廿八日」のこととして、「家門」＝晴良が「円満院門跡ニ逗留」したという。晴良が自身のことを述べているので非常に具体的であるが、通常関白が京都を離れ、しかも戦場付近へ赴くことは稀であろう。

さて『尋憲記』十二月二十二日条には、ついで十二月一日、晴良は「穴宇（穴生）」にいる信長方の「佐久間新城（信盛）へ輿を寄」せたと記す。

十二月二日には、晴良は奉公の者らに自身の書状を持たせ、朝倉方へ遣わした。「三日四日留置候、山門、浅井方以下可申聞分候、種々申事共候キ」とあるように、晴良の奉公の者たちは、「三日四日」ほど留め置かれ、その間に朝倉に与同する「山門」＝比叡山延暦寺と「浅井方」の言い分を聞いたようである。その内容は「北郡浅井知行者三分一程、三分二者信長存知させられ候」とあり、近江北部は浅井方が三分の一、信長方が三分の二を領有するという条件が示された。信長は晴良を介して、三分の二を領有するという有利な条件を朝倉側に提示した様子が窺える。

これに対し「山門者不同心申候条、綸旨、御内書、御下知、信長誓紙已下被調遣之候キ、過分事候」とあり、「山門」＝比叡山延暦寺は同心しないので、正親町天皇の「綸旨」、将軍義昭の「御内書」「御下知」、信長の「誓紙」が調えられた。だが「然処御請遅々候、大所毎度此分候、至于今手もちわろく候、不可然躰候」とあり、延暦寺側の「御請」が遅れ、今のところ晴良は「手持ち悪い」という。

ここで確認できるのは、信長が晴良を介して、自身に有利な所領分割案を朝倉側へ提示し、そこで話し合われた内容は浅井や比叡山にも関わりがあるが、簡単に結論の出る問題ではなかったということである。このとき、比叡山延暦寺が浅井・朝倉に与同していたことは一般的によく知られるが、(24)延暦寺側は右の講和条件に「綸旨」などが示されているにも関わらず、難色を示していたことがわかる。やはり信長側に有利な条件では、延暦寺側は納得がいかないのであろう。

そこで【史料4】にみえる正親町天皇の「綸旨」の内容を確認したい。

【史料5】(25)

綸旨宿紙

今度義景、信長就防戦之儀、任公武籌策、和与之由、尤神妙也、殊山門領如先規不可有相違之段、併仏法宝祚平安之基、何事如之哉、可存其旨之由、依天気如件、

庚午

十二月九日　　右中弁判(烏丸光宣)

山門衆徒中

右記十二月九日付正親町天皇綸旨に関して、今谷氏は山門＝延暦寺側が和平を受諾した直後に発給されたものだとする。(26)氏が掲げた『武徳編年集成』にも「各和睦スベキ由ノ綸命伝達アリ」と「綸命」＝綸旨ありとの叙述があった。

まずこの綸旨の日付に注目したい。「十二月九日」とある。前述したように『尋憲記』元亀元年十二月二十二日条によれば十二月二日時点で「綸旨」の存在が確認でき、延暦寺は「綸旨」などが提示されているにも関わら

ず、難色を示していた。おそらく十二月二日時点にみえる晴良が朝倉側に提示した「綸旨」などは、それぞれ下書であると考えられる。そして実際に発給されたのが九日、延暦寺に届いたのは十日以後であろう。(27)

この「綸旨」下書の存在は、従来さほど注目されていなかったようだが、『尋憲記』元亀元年十二月二十二日条の記事を整理したことで、その存在が明らかとなった。ただ、「綸旨」下書があるのにも関わらず二日時点で講和条件に難色を示していた延暦寺が、九日以後になって綸旨を受けとった＝講和条件を承諾したのはなぜだろうか。この事実は、綸旨が発給される以前に晴良を直接の仲介役とした下交渉があり、その交渉がまとまった後、正式な綸旨が発給されたことを示しているといえるのではないか。

【史料5】によれば、①朝倉義景と信長の「防戦之儀」について「公武」の「籌策」に任せて和睦したこと、②加えて「山門領」は、「先規」の如く相違ないことが仏法と「宝祚」の平安のもとであり、その旨を承知すべきであることが記される。

この綸旨自体は、たしかに山門へ発給されたものであるが、和平を受諾したのは、山門ではなく朝倉義景と信長である。和睦のための綸旨が発給されたのではなく、あくまでも山門領安堵のための綸旨が発給された点には注意せねばならない。(28)とはいえ、同一文書中に述べられているのだから、全く別個の問題ではないし、後述するように「公武籌策」が調ったからこそ、当初朝倉側に不利な講和条件に難色を示していた比叡山は綸旨を受け入れた＝講和条件を承諾したのである。逆にいえば、比叡山が講和条件（比叡山にとっては、朝倉側に不利な所領分割案が提示されながら、「山門領」が「先規」の如く安堵されること）を承諾したからこそ、「公武籌策」＝「江濃越一和」が成立したともいえる。

ここで、綸旨①部分にみえる「公武籌策」を詳細に検討したい。

「公武籌策」の「武」は、将軍義昭を指すのは間違いないだろう。では、「公」は何を指すのだろうか。ここまでみてきたように、「公」と思われるもので実際に活動しているのは、関白二条晴良である。しかも綸旨②部分から、綸旨自体は山門へ発給されたものであることが分かり、天皇の意思はあくまで「山門領」が「先規」の如く相違ないと望むことである。

この点を鑑みれば、朝倉と信長の和睦を積極的に望んでいたのは「武」義昭と「公」晴良であろう。もちろん、晴良は天皇の意をうけて和平工作を行っているだろうし、天皇が和睦を望んでいないということではない。しかしながら前述したように、十二月二日時点では「綸旨」下書が用意されながら延暦寺が同意せず「手もちわろく候」と述べていた仲介役の晴良の交渉は、七日後の九日には綸旨が正式に発給されるほどに調った。以下、直接的に和睦を仲介し、延暦寺側に綸旨の内容を承諾させたとみられる関白二条晴良の動向に注目し、さらに「公武籌策」を具体的に分析したい。

ここで注目したいのが、『尋憲記』元亀元年十二月二十二日条の「種々十日比より申とゝのへ、朝倉織田誓紙人質之事治定候条」との記述である。綸旨日付の翌日、十日には、朝倉・織田の誓紙が調い、人質交渉がまとまったと記す。現在のところ確認できる誓紙＝起請文は朝倉側のものだけであり、織田側の誓紙＝起請文は確認できない。

朝倉側の起請文は『尋憲記』元亀元年十二月二十二日条にみえるもので当然写しであるが、十二月十三日、義景は信長に対し「対此方敵心之者仁、其方不通候者、互可為其覚悟事」として互いに覚悟することを確認するなど、三箇条を挙げている。おそらく信長も、これに対応するほぼ同内容の起請文を朝倉側に提出したと思われる。

この起請文が作成された同日、織田と朝倉の和睦が成立したようである。『信長公記』巻三によれば「十二月十三日、御和談相究む」とある。『尋憲記』元亀元年十二月十三日条には「朝倉と信長と和談、二条（晴良）殿御曖候由候也」とあり、「朝倉と信長」との「和談」は「二条（晴良）」殿が「御曖」したと記す。

一方で、誓紙と同時に「人質之事」が「治定」したという。朝倉・信長間の人質交渉の記事がみえるようになるのが、この十日からである。前掲『尋憲記』元亀元年十二月二十二日条にも十二月十三日のこととして、人質交換の記述がみえる。

これによると、「双方ノ人質請取」に「家門」＝晴良の使者が遣わされたとあり、「朝倉と信長と和談」のための両者間の人質交渉は、晴良を介して行われたことがわかる。

そして、朝倉側から「青木子、魚すミ子両人」、織田側から「因幡（稲葉）のいよ子、芝（柴）田子両人」、「武家」足利将軍家から「三淵大和守（藤英）子一人」の人質が提出されている。ここで指摘したいのは、織田・朝倉の人質提出が対等である点である。これは今谷氏の「信長側の戦況が不利」だったとの主張が、必ずしも正確なものではないことを示しているだろう。

また「江濃越一和」に当たり、「公武籌策」を調えているはずの「武」＝足利将軍家が人質を提出している点も指摘したい。右記史料からは、足利将軍が織田か朝倉か、どちらに対し人質を提出したのかがはっきりしない。だがここからは、将軍自身、義昭自身は「公武籌策」を調えながらも、第三者・仲介者とはいい切れず、この合戦の当事者の一人であったことが分かる。

つまり、「江濃越一和」に当たり「公武籌策」を中心になって調えているのは、「公」晴良であったことが確認できたであろう。次に『尋憲記』元亀元年十二月十三日条を確認したい。

【史料6】

一①朝倉と信長と和談、二条（晴良）殿御曖候由候也、
一②数度御曖被仰、則中務以将軍へ内証被尋候へハ、如何様共御曖被成候へ、似合之御儀候、如何様候共、可被任参由被仰通候、
一③達而被仰、去月下旬之末へ、三井寺御越被成候て、万一無同心候者、高野之御すまいと被仰候へハ、然者可御意応由、朝倉も信長も申候て、相調候由候也、
一④朝倉存分ハ、対信長無別心者候、浅井備前守難見捨故ニ候間、如此候由申由候也、
一⑤信長ハ対朝倉無別心者候、浅井儀者いつれも存分ニ可仕由申候へ共、種々懇望仕候て、人質を取かわし、信長方より持候城々、浅井方より持候城々、いつれハわり、いつれハ持候て、いつくよりいつく迄と候て、さしつ出候て、是より此方ハ信長存知、是より是ハ浅井存知と候て、人質を取かわし相調由候也、
一⑥いつれの御曖も、悉二条殿御調にて候、事外御覚無是非由申候也、
一⑦朝倉も十五日より内ニ可引由候、信長も先帰国あるへき由候也、

この記事により、以下のことが確認できる。

①　前述したように、朝倉と信長との「和談」は晴良が「御曖」した

②　ついでまず晴良側から「数度」（朝倉と信長との和談の）「御曖」を申し出、そして「中務」が将軍義昭のところへ内々に尋ねた

③　万一信長・朝倉らが同心しない場合は、晴良は「高野」山に隠棲するというので、それに応じると朝倉も信長も申したため調った

④　朝倉の「存分」は、信長に対し別心無いが「浅井備前守（長政）」は見捨てがたい理由があるという

⑤ 対して信長は朝倉に別心無く、浅井のことについては人質を取り交わし、信長方が所有している城々、浅井方が所有している城々を、何れかは「わり」、何れかは所有して、どこからどこまでとして「さしつ（指図）」を出して、これからこれまでは信長の「存知」し、これからこれまでは浅井の「存知」として、人質を取り交わしたという

⑥ そして①~⑤まで全て二条晴良が調えた

⑦ 朝倉軍・信長軍は帰国することとなった

人質交換の記述は、『言継卿記』同年十二月十五日条にも「今朝朝倉左衛門督越州へ被引、信長へ人替ニ青木、魚住両人被出云々、（略）自信長越州へ人替ニ氏家常陸子、芝田修理（柴田勝家）子両人被遣云々」とみえ、多少『尋憲記』の記述とは人質が異なるが、朝倉と信長の人質交換の条件は対等である。

⑥にみえる「いつれの御曖も、悉二条殿御調」という記述は、やや誇張もあろう。しかしながら、朝倉と信長との「和談」は関白晴良から将軍義昭へ働きかけ、晴良は戦場付近の三井寺へ赴き、朝倉と信長が「和談」に同意しないなら、高野山へ隠棲するという覚悟を示している。ここにみられるように、仲介しているのは関白である二条晴良であり、合戦の当事者の一人であった義昭は、むしろ積極的に仲介する晴良に追従していることがわかる。

また⑤にみえる人質提出問題は、当初示されていなかった。前述したように朝倉と信長の人質交換の記述が見え始めるのは、十二月十日からである。すなわち両者の人質提出問題は、晴良が両者間の交渉を仲介する過程で、その講和条件の材料の一つとして示されたのだろう。

そして、晴良の調えた朝倉と信長の人質交換の内容（朝倉と信長との人質提出条件が対等であること）が、朝倉

側に与同する延暦寺にとって承諾できるものであったから、延暦寺は「綸旨」下書の内容を受け入れ、綸旨が発給されたと考えてよいだろう。

この後、朝倉軍・信長軍は十二月十四日に陣を払い[29]、十五日には両者の間で人質交換と誓紙が取り交わされた[30]。

おわりに

最後に今谷氏が「信長側の戦局が不利となり、やむなく正親町天皇に願い出て講和にこぎつけた」根拠とする『武徳編年集成』の叙述を再検討したい。

氏は、「分国空虚シテ、在々ノ一揆騒動ノ告間断ナク、禍又蕭牆ノ中ニ生ゼン歟ト、薄氷ヲ踏ノ愁ヲ懐ク」の主語を信長側としている。しかしながら本章で確認したように、信長は関白の晴良を介して、自身が有利な条件で和睦できるように交渉している。また朝倉側に与同する延暦寺は、山門領安堵の「綸旨」下書が提示されているにも関わらず、この不利な講和条件に難色を示している。このような点からみれば、必ずしも信長側の戦況が不利だったとはいえず、むしろ信長は「分国空虚シテ、在々ノ一揆騒動ノ告間断ナク、禍又蕭牆ノ中ニ生ゼン歟ト、薄氷ヲ踏ノ愁ヲ懐ク」という朝倉側の状況をみて、自身に有利な条件で講和しようとしていたと考えたほうがよい[31]。すなわち講和を申し出たのは信長側であろう。

しかしながら当初の朝倉側不利の講和条件では、朝倉側に与同する延暦寺は同意しなかった。そこで注目されるのが、「江濃越一和」において、朝倉側と信長との仲介役になった関白二条晴良の動向である。

この和睦は「内証」の話し合いを行った義昭も含め、晴良が信長や朝倉らと親密な関係があったからこそ成立したともいえるが、正親町天皇の意をうけながらも信長や朝倉らと折り合いをつけつつ、和睦にこぎつけた晴良の役割は大きいだろう。天皇と関白の役割を分別するという視点からみれば、正親町天皇の綸旨は関白晴良の下交渉があった上で発給されたのであり、彼の下交渉があればこそこの際に綸旨としての機能を果たしたといえる。この点で、必要以上に天皇の権威や権限を過大評価することはないであろう。

ところで、豊臣政権の政治史を研究対象とする筆者は、[32]「織田政権」と「豊臣政権」との連続性を研究史上に位置づけた際の「関白」晴良の果たした役割を以下のように捉えたい。

本多博之氏は、秀吉以前の「関白」について、関白・摂家が天皇の政治的機能とほとんど関わらなくなった時期の関白の実態を前提に、豊臣政権下の関白が何を受け継ぎ何を新たに付け加えたのか、一度整理してみることも必要であろうと述べている。[33]

筆者は天皇の政治的機能については述べるつもりはないが、本章で明らかにした「関白」の果たした役割（晴良が和睦を成立させたこと）は、秀吉による合戦の調停、いわゆる「惣無事」の論理に「関白」の果たした役割の「先例」として、「関白」秀吉に都合よく受け継がれた（利用された）のではないかと考えている。豊臣政権の東国政策は、小牧・長久手戦にて徳川氏を「打果」たせなかったことで、東国への「成敗」=軍事介入という路線から朝廷への接近路線に切り替え、秀吉が関白に任官し彼を頂点とした武家官位制を形成していくことによって、徳川氏を政権下に組み込んでいこうとしたのではないかと考える。これはまだ見通しに過ぎないが、今後は豊臣政権の武家官位制や秀吉の関白任官を直接的に検討していきたい。

（1）当該期の公家を分析したものとして、今谷明『言継卿記　公家社会と町衆文化の接点』（そしえて、一九八〇年）、橋本政宣「信長上洛前後における山科言継の動向」（『日本歴史』五六九、一九九五年）などがあるが、いずれも「公家」山科言継を捉えたものである。

（2）「江濃越一和」という用語は同時代史料中には見出されないが、今谷明氏・堀新氏らが既に用いている。筆者もそれに従う。
（3）今谷明『信長と天皇』（講談社、一九九二年）。
（4）堀新「織田信長と勅命講和」（歴史学研究会編『シリーズ歴史学の現在7　戦争と平和の中近世史』青木書店、二〇〇一年）。
（5）対象は若干異なるが、水野智之『室町時代公武関係の研究』（吉川弘文館、二〇〇五年）第二部第一章によれば、関白の役割が公武関係を見ていく上で重要であるという。
（6）『言継卿記』（続群書類従完成会、一九六五年）。
（7）『大日本史料』第十編之六（東京大学出版会、一九六八年）一八四頁、「桂文書」一。
（8）『改定史籍集覧』第十三冊（臨川書店、一九八四年）。
（9）『大日本史料』第十編之一（東京大学史料編纂所編、一九七〇年）四六六頁、「諸家伝」二条晴良。
（10）『国史大辞典』（国史大辞典編集委員会編、一九七九年）「二条家」項。
（11）『系図纂要』第二（名著出版、一九九〇年）。
（12）『大日本史料』第十編之六、一八五頁、「三宝院文書」五。
（13）『言経卿記』（『大日本古記録』、東京大学史料編纂所編纂、一九五九年）第一巻。
（14）堀前掲注(4)論文。
（15）『大日本史料』第十編之五（東京大学史料編纂所編、一九六九年）一七八頁。
（16）『大日本史料』第十編之五、一八一頁。
（17）今谷前掲注(3)書八九頁。
（18）同右書、八八頁。
（19）同右書、八九頁。
（20）太田牛一著、桑田忠親校注『信長公記』（新人物往来社、一九六五年）。
（21）表8に各史料から「江濃越一和」に関する記述のみを抜萃し時系列に沿って簡略にまとめた。合わせて参照してほしい。

表8 「江濃越一和」の時間軸(元亀元年十一月~同二年二月)

No.	月	日	内容	典拠
1	11	22	織田信長、佐々木承禎と和睦。	『信長公記』巻三
2	11	25	織田軍、人数千ばかりにて堅田へ入っていたところ、越前衆が多勢を以て口々へ攻め込む。朝倉方、宗徒ら数多討ち捕られる。寒天・深雪にて、北国の通路が不通となるか。朝倉、公方(足利義昭)様へ色々歎き申すが、「無為の儀」をおっしゃられた。信長は同心せず。	『信長公記』巻三
3	11	28	武家(足利義昭)志賀へ御成、和睦調うか。	『言継卿記』元亀元年十一月廿八日条
4	11	28	義昭、三井寺へ動座。「江州」「越州」「尾州」等和談。二条晴良も下向する。	「中山家記」(『大日本史料』第十編之五、一七一頁)
5	11	28	義昭、三井寺へ。	『公卿補任』四十九
6	11	28	「天下儀」につき、義昭と晴良、三井寺へ同道する。晴良は円満院門跡に逗留する。	『尋憲記』四、元亀元年十二月二十二日条
7	11	28	信長、五ヶ条の朱印状を発給する(宛名欠、奥野高広氏は「浅井久政・長政父子か、長政にあてたものである」とする)。	元亀元年十一月廿八日付信長朱印状(奥野高広「血は水より濃い」(『日本歴史』五二四、一九九二年)にて紹介)
8	11	晦日	義昭、三井寺まで御成り。	『信長公記』巻三
9	12	1	晴良とその名代、「宍宇」の「佐久間新城(信盛)」のところへ輿を寄せ、越州方へ申し出す。	『尋憲記』四、元亀元年十二月二十二日条
10	12	2	(晴良の)「奉公のもの与宮内大輔」に「愚状をもたせ」、越衆方へ遣わす。三日四日「留置」される。「山門、浅井方以下」は種々申し分がある。	『尋憲記』四、元亀元年十二月二十二日条
11	12	9	正親町天皇の綸旨が「山門衆徒中」へ発給される。	「伏見宮御記録」利七十三(『大日本史料』第十編之五、一六七頁)

12	12	10	「志賀之儀」、無事に相調う。山門へ綸旨が出される。	『言継卿記』元亀元年十二月十日条
13	12	10	朝倉と織田の「誓紙」「人質之事」が治定する。	『尋憲記』四、元亀元年十二月二十二日条
14	12	12	晴良、三井寺へ帰る。	『尋憲記』四、元亀元年十二月二十二日条
15	12	12	信長、「一色式部少輔(藤長)殿」「曽我兵庫助(頭)(助乗)殿」に宛てて、「自今已後奉帯(対)公儀」疎略なきことを誓う。	「伏見宮御記録」利七十三(『大日本史料』第十編之五、一六七頁)
16	12	13	「御和談相究む」。織田軍、勢田辺まで兵を引いた上、高島まで人質を下す。	『信長公記』巻三
17	12	13	朝倉と信長との「和談」は晴良が「御噯」。晴良側から「数度」(朝倉と信長との和談の)「御噯」を申し出、そして「中務」が将軍義昭のところへ内々に尋ねる。万一信長・朝倉らが同心しない場合は、晴良は「高野」山に隠棲するというので、それに応じると朝倉も信長も申して調う。信長は朝倉に別心無く、浅井のことについては人質を取り交わす。	『尋憲記』四、元亀元年十二月十三日条
18	12	13	「双方ノ人質請取」に晴良の使者が遣わされる。	『尋憲記』四、元亀元年十二月二十二日条
19	12	13	朝倉義景、信長に誓紙を出す。	『尋憲記』四、元亀元年十二月二十二日条
20	12	14	織田軍、「勢田、山岡美作所」まで兵を引く。	『信長公記』巻三
21	12	14	今朝早々信長、江州永原城へ引くと云々、陣払に「小屋」を悉く放火する。	『言継卿記』元亀元年十二月十四日条
22	12	14	「天下くわほく(和睦)になりて、めてたしゝゝゝゝ」「この御所よりのりんし(綸旨)のすち(筋)にて」、義昭・信長も「えちしゆう(越衆)」も帰国する。	『御湯殿上日記』元亀元年十二月十四日条
23	12	14	双方、陣を払う。その後申し合せ「武将(武家カ)」「家門」上洛する。	『尋憲記』四、元亀元年十二月二十二日条

24	12	14	三井寺より義昭還御する。	『中山家記』(『大日本史料』第十編之五、一七一頁)
25	12	14	信長、下国する。	『細川両家記』下(『大日本史料』第十編之五、一七七頁)
26	12	15	織田軍、早朝より叡山を引き下し、罷り退かる。	『信長公記』巻三
27	12	15	今朝義景、越州へ引く。信長へ「人替」として「青木、魚住両人」を出す。「青山以下小屋」悉く陣払い、放火する。信長より越州へ「人替」として「氏家常陸子、芝田修理(柴田勝家)子両人」を遣わす。義昭、今日志賀より上洛する。	『言継卿記』元亀元年十二月十五日条
28	12	15	朝倉、織田も帰国する。朝倉の「誓紙写」が進呈される。	『尋憲記』四、元亀元年十二月二十二日条
29	12	15	越前衆帰国。「京、坂本」も大慶の由。	『細川両家記』下(『大日本史料』第十編之五、一七七頁)
30	12	15	御上洛、関白二条晴良、同道する。「越州、江州、濃州」が和睦する。	『公卿補任』四十九
31	12	15	義景、「山門三院執行代御同宿中」に宛てて「向後帯(対)山門、弥不可有疎略」ことを誓う。	『伏見宮御記録』利七十三(『大日本史料』第十編之五、一六七頁)
32	12	16	織田軍、大雪中を凌ぎ帰陣する。「佐和山の麓磯の郷」に泊まる。	『信長公記』巻三
33	12	16	「今朝織田弾正忠、朝倉左衛門督、浅井備前守等依和談」する。信長、濃州へ帰国する。朝倉も同じく帰国、浅井も同前。	『中山家記』(『大日本史料』第十編之五、一七一頁)
34	12	17	織田軍、岐阜に至りて御帰陣。	『信長公記』巻三
35	12	21	小木能登守光勝、松永久秀へ書状。「越濃一和之儀」につき。	『尋憲記』四、元亀元年十二月二十二日条

36	12	21	小木能登守光勝、四手井家武へ書状。「先以洛中静謐事、上意至三井寺、御家門可有御同道之由候条」。	『尋憲記』四、元亀元年十二月二十二日条
37	1	22	山崎長門守吉家、「公方様三井寺迄被移御座、一和之儀頻而被仰出之条、極月十五日被納御馬、従信長様之誓紙在之儀」につき書状。宛名欠ク。	「歴代古案」四（『大日本史料』第十編之五、一六九頁）
38	2	17	永雄、永源卿宿中へ書状。「今度坂本和睦付、朝倉、信長儀帰、山門、大坂、堺井（ママ）、畠山殿、六郎殿、典厩殿、松永、三好、池田、伊丹、和田手前之果様、其外五畿内江濃尾等之知行分、承禎身上一々承度由、度々雖申上候」につき。	「諸家文書纂」十三（『大日本史料』第十編之五、一七〇頁）

(22)　『大日本史料』第十編之五、一七一頁、「中山家記」元亀元年十一月廿八日条。
(23)　内閣文庫所蔵『尋憲記』四。
(24)　比叡山延暦寺が「江濃越一和」にどのように関わるようになっていったかについては、河内将芳「元亀期の戦争と近江の寺社」（藤田達生編『近世成立期の大規模戦争——戦場論　下』岩田書院、二〇〇六年）が詳しい。
(25)　『大日本史料』第十編之五、一六七頁、「伏見宮御記録」利七十三。
(26)　今谷前掲注(3)書九四頁。
(27)　『言継卿記』元亀元年十二月十日条。
(28)　この点について、堀前掲注(4)論文によれば、綸旨が発給されたのは比叡山のみであり信長と朝倉の起請文は義昭の斡旋を記すのみで勅命には触れておらず、織田・朝倉の講和は天皇とは無関係に義昭の斡旋で成立したのである、という。筆者は「義昭の斡旋」しかなかったとは考えないが、「綸旨が発給されたのは比叡山のみ」という点は首肯しえる。
(29)　『言継卿記』元亀元年十二月十四日条、『尋憲記』元亀元年十二月二十二日条など。
(30)　『言継卿記』元亀元年十二月十五日条、『尋憲記』元亀元年十二月二十二日条など。

(31)『武徳編年集成』の史料価値については、天正十七・八年の特定の記事に限るが、拙稿「『武徳編年集成』にみる天正十七・八年の豊臣・徳川・北条間交渉の信頼性について」(『鷹陵史学』三三、二〇〇六年)にて若干の分析を試みた。

(32) 本書第一章・第二章・第三章。

(33) 本多博之「書評　池享著『戦国・織豊期の武家と天皇』」(『織豊期研究』六、二〇〇四年)。

補論二 「石山合戦」和睦交渉における公家の役割

はじめに

本章は、天正年間のいわゆる「石山合戦」[1]和睦交渉における公家の役割を明らかにしようとするものである。第六章で述べたように、これまでの織豊期の天皇・朝廷を取り上げた研究について、天皇を取り上げた研究は多数みられるが、朝廷、あるいは公家を取り上げた研究は多くない。また朝廷・公家を研究材料とした場合も、概して朝廷の文化史的側面、あるいは公家の文化人的側面は分析されるが、それらの政治史的・政治家的側面はほとんど分析されない。この要因として挙げられるのが、天皇と朝廷を同一視して見てしまう、あるいは朝廷や関白は天皇の意思をうけて活動しているはずだという先学の考えである[2]。

また石山合戦自体を取り上げた研究については非常に多いが、信長側や本願寺側の視点に立ったものがほとんどである[3]。特に石山合戦の和睦と天皇・朝廷の関わりを論じたものについては、「信長が正親町天皇の権威を利用して和睦を実現しようとした」との結論を導いたものが多い[4]。

そのような研究状況の中で、近年においては公家や朝廷の政治的な役割が注目され、いつくかの研究が発表されている。まず、池享氏は、戦国期・織豊期において摂関家はほとんど朝廷政治に関与しなくなっていたと述べ[5]

る。一方で、金子拓氏は天正二年（一五七四）における信長の正倉院開封（いわゆる「蘭奢待切取り」）をめぐる史料を再検討しながら、それに対する朝廷側（具体的には当時関白であった二条晴良）の政治的活動における主体性に注目している。(6) また筆者も、元亀元年（一五七〇）における信長と浅井・朝倉との講和、いわゆる「江濃越一和」において、公家の関白である二条晴良が正親町天皇の意を受けつつもある程度の独立性をもって和睦実現に寄与したことを本書第六章において明らかにしたつもりである。(7)

そこで本章では、天皇と朝廷・公家の権限・役割に注意を払いながら、「石山合戦」和睦時における公家、具体的にはこの際に勅使を務めた庭田重保・勧修寺晴豊・近衛前久の動向と役割を分析することで、当該期の朝廷・公家の歴史的な位置づけを明らかにし、(8) これまで注目されてきた当該期の天皇の権威や権限の一端を再検討する材料としたい。

第一節　天正六年の和睦交渉における庭田重保・勧修寺晴豊の役割

信長と本願寺との戦い、いわゆる「石山合戦」自体は元亀元年から始まるが、関連史料に勅使を務めた勧修寺晴豊らの名前がみえるようになるのは、天正六年段階の和睦交渉においてである。

『信長公記』(9) 巻十一によれば、「戊寅（天正六年）四月四日、大坂表へ御人数出ださる。三位中将信忠大将軍にて、尾・濃・勢州、北畠信雄、織田上野守、神戸三七（信孝）、津田七兵衛（信澄）、滝川左近、惟任日向守、蜂屋兵庫頭、惟住五郎左衛門、江州・若州・五畿内衆、罷り立ち、四月五日・六日両日、大坂へ取り詰め、悉く麦苗薙ぎ捨て、御帰陣なり」とあり、信長は息の信忠を大将として、四月四日に「大坂表」へ軍勢を派遣している。当時信長と親交のあった立入宗継の『左京亮宗継入道隆佐記』(10) には、「天正六年の秋の比より、津国有岡面に雑説申出、しきりに信長へ御敵に罷成由風聞候。さ様には有間敷事哉とれき〳〵被差下、調共依有之、荒木信濃守も雑説可申分由申、茨木城まで罷上、則安土へ罷越候処、中川瀬兵衛尉茨木城守候処、是非共あつちへ御越不及覚悟候。あつちにて腹を可仕より津国表へ引請及合戦候共、手にためず切崩可申処を、安土にていぬ死さたのかきりと申留、既有岡え荒木立帰、おもはす不斗御敵を仕候。其刻国中之年寄共よせ及談合候処、中川瀬兵衛申処尤と各同心申、中に高つきの城もり高山右近、親は高山飛驒守、言語道断、荒木摂（津）守覚悟相違曲事之子細也」とある。これによれば、天正六年の秋ごろより「津国」＝摂津国方面で信長へ敵対するという雑説があり、それは「荒木摂（津）守」村重や「中川瀬兵衛」清秀ら摂津国人たちであった。

これには「然者十一月四日信長二条之御殿御座候て、村井長門守を以、為　禁裏様大坂本願寺へ以　勅定和談之儀可被仰出候由候処、俄に庭田大納言・勧修寺中納言為　勅使被差下、則御倉立入左京進入道被差副、被成御下向候て、平野に被成御逗留、使者大坂へ被差遣候」ともあり、荒木村重や中川清秀らと同じく摂津国を拠点にしていた石山本願寺も呼応していたようである。すなわち十一月四日、信長は家臣の「村井長門守」貞勝を通じて朝廷へ働きかけ、石山本願寺との「勅定和談」＝天皇の仰せによる和睦を実現しようとしたのである。そして、その勅使として「庭田大納言」重保と「勧修寺中納言」晴豊が大坂へ遣わされ、併せて「立入左京進入道」宗継も使者として遣わされたのである。

遣わされた勅使と本願寺との具体的な和睦交渉の内容については、同じく『左京亮宗継入道隆佐記』に「種々談合出入無申斗候。本願寺より被申様子、又立入罷上信長様へ村井長門守・宮内卿法印以申上候処、数ヶ条之申分大略相済、又立入罷下候。本願寺より申分は、兎角本願寺まで御免候ても、西国安芸森右馬頭（毛利輝元）同事に被成御しや免無之申へは、本願寺も西国より近年之芳志にてかんにん仕候処、手前まで無事いたす事迷惑由被申」とある。本願寺の申し分としては、本願寺だけが信長に赦免されるのではなく、本願寺に呼応し助勢していた「西国安芸森右馬頭（毛利輝元）」も「しや免」＝赦免されることであった。

では、勅使を務めた晴豊自身はどのように記しているのだろうか。勧修寺晴豊は、『晴豊記』[11]『日々記』を著したことが知られる。

『晴豊記』天正六年十一月四日条には「大坂あつかいの事庭田我等被申候とおりニ只今今日大さかへ罷越早々申可調候子細共申聞され候」とあり、「大坂あつかい」＝石山本願寺との和睦交渉にあたって、今日庭田重保と「我等」＝勧修寺晴豊が大坂へ向かうことが記される。同日条には「五日ニ大さかへ甚十郎豊後遣候て申候十日帰り申候返事にあきへ申候へのよし候則あきへの綸旨も遣申候」ともあり、五日には「甚十郎豊後」という人物を大坂へ遣わし、十日には「あき」＝安芸の毛利氏への「綸旨」も遣わす予定であった。

では、この際に発給されたとみられる「あきへの綸旨」を確認しておこう。

【史料1】[12]

前右府(織田信長)当国間之事、相剋之段、併都鄙錯乱之基、太以不可然候、此節自他和談之儀被仰出候者、被廻思慮候者可為忠功候、然者、対本願寺門跡(顕如光佐)同前被仰出候、猶、可被仰含源大納言(庭田重保)・勧修寺中納言(晴豊)候者、依天気執達如件、

天正六年十一月四日　右中弁(広橋)兼勝

毛利右馬頭(輝元)殿

霜月廿六日に安芸へ両勅使に宗継(立入)相副、可有御下向ニ定候処、廿四日中川瀬兵衛清秀信長公へ帰参候ゆえ忽御思案替り、勅使之下向延引被仰出候、

右記綸旨案は、中国地方安芸の大名である毛利輝元に宛てられたものである。前述したように毛利氏は、当時本願寺に与同していたことが知られる。これによれば、「前右府」信長と「当国」＝毛利との間の「相剋」＝争いは「都鄙錯乱之基」であり、はなはだよろしくないので、両者ともに和睦せよとの正親町天皇の仰せであり、それに思慮を廻らすのが天皇への忠功であるという。本願寺門跡に対しても、同様の仰せである。なお詳しくは庭田重保・勧修寺晴豊に仰せ含めているという。

つまり、信長と本願寺・毛利氏との和睦の綸旨を安芸の毛利氏へ発するに当たり、庭田重保・勧修寺晴豊らが遣わされようとしていたのである。ただし注目したいのは、後半部である。「霜月廿六日に安芸へ両勅使に宗継（立入）相副、可有御下向ニ定候処、廿四日中川瀬兵衛清秀信長公へ帰参候ゆえ忽御思案替り、勅使之下向延引被仰出候」とあり、「霜月廿六日」＝十一月二十六日、安芸へ「両勅使」＝庭田重保・勧修寺晴豊に立入宗継を副えて下向させようとしていたところ、同月二十四日に信長と敵対していたはずの「中川瀬兵衛清秀」が帰参したので、信長が考え直して「勅使之下向」を延引したのである。前掲『左京亮宗継入道隆佐記』にも、「霜月廿六日に可有御立に相定候処、中川瀬兵衛廿四日に帰参仕候故、勅使之御下向御延引と信長より被仰出候。其まま扱きれ申候。其まま高つき茨木帰参申」とある。

そして十一月二十三日には、以下の書状が発せられている。

【史料2】(13)

中国之趣、委細聞届候、其付而勅使事、只今寒天之時分、又路次等可造作候間、先延引候条、京都へ申上候、可成其意候、何も明日可□□間、猶以追々と可申聞候条、不能委細候也、

十一月廿三日　　信長黒印

滝川左近（一益）とのへ
羽柴藤吉（秀吉）とのへ
惟任日向守（光秀）とのへ

「十一月廿三日」付で発せられた信長の書状によれば、「中国」＝毛利へ向けて遣わされるはずであった勅使について、ただ今「寒天」の時分であり、また「路次」＝交通路などを建設している最中であるので延引することを「京都」の朝廷へ申し上げていると、一応理由をつけて信長は家臣の滝川左近一益や羽柴秀吉に伝えている。

結局、天正六年の和睦交渉は、信長側の都合により成立しなかったのである。信長と本願寺・毛利氏との和睦のために天皇が発した綸旨はその機能を果たせず、また庭田重保・勧修寺晴豊は、朝廷の勅使としての役割を果たせなかったといえる。

第二節　天正八年の和睦交渉における庭田重保・勧修寺晴豊・近衛前久の役割

だが、天正七年十二月ごろから再び和睦がはかられる。神田千里氏によれば、「天正七年（一五七九）十二月から、天皇が表に立っての和平交渉が始まっていたのである。信長から正親町天皇へ本願寺との和睦を望む旨、奏上がなされたのを受けて十二月、女房奉書が本願寺に下された。翌八年正月には勧修寺晴豊が勅使として安土に下向している」[14]という。事実『お湯殿の上の日記』[15]天正七年十二月十四日条には「よる前右ふのふなかよりくしかき一おりまいる。ちよくしよにておほせらるゝ。かき事しんわう。つかい藤中納言」とあり、「ちよくしよ」＝勅書による仰せがあり、正親町天皇による和睦交渉を想起させるものである。次いで同八年正月二日条には「庭田大。勧中大さかよりのほり。御かへり事もちてくわん中御まいり。やうたいたつねらるゝ」、同三日条には「くわんしゆ寺中納言御ゆとの、うへ御たきひの所へめして。大さか事なとおほせらるゝ」とあり、庭田重保・勧修寺晴豊が大坂へ行っていたこと、そして帰洛してその様子を伝えてきたことが記される。

正親町天皇息の誠仁親王が本願寺に宛てた消息には以下のようにある。

【史料3】(16)

今度は和談の事、無別儀とゝのおり、前右府(織田信長)馳走のよし、いよいよ仏法繁昌の基と珍重候、つきては、とてもの事に、大坂退城候ハゝ、万端可然候ハんよし、内々叡慮よりも仰せられ候、猶くハしき事ハ、源大納言(庭田重保)・勧修寺中納言(晴豊)両人可申候也、かしく、

(礼紙切封ウハ書)「(墨引)」　本願寺僧正御房へ　(誠仁親王花押)」

年月日は不明だが、「大坂退城候ハゝ、万端可然候ハんよし」とあることから、本史料は本願寺側が「大坂退城」に応じた天正八年のものであると推測される。「内々叡慮よりも仰せられ候」と内々に「叡慮」＝天皇からも考えが仰せられ、詳細については庭田重保・勧修寺晴豊の両人が伝えると述べられている。

その後『信長公記』三月朔日条には「抑も禁中より大坂へ御無事として、近衛殿、勧修寺殿、庭田殿、御勅使をなされ訖んぬ。信長公より御目付として、宮内卿法印、佐久間右衛門相添へ、遣はされ候」とあり、庭田重保・勧修寺晴豊に、これまで見られなかった近衛前久を加えた三人の勅使が大坂へ遣わされたことがわかる。近衛前久は、これまでに関白を勤め、また本願寺門主光佐の長男である光寿を猷子とするなど、本願寺との関係も深く、交渉を行うのに適当な人物であったといえる。

では、天正六年には成立しなかった和睦が、なぜこの天正八年には成立するまでに至ったのだろうか。信長が石山本願寺に要求した和睦条件を記した覚書をみておきたい。

【史料4(17)】

覚

一、惣赦免事、
一、天王寺北城、先近衛（前久）殿人数入替、大坂退城之刻、太子塚をも引取、今度使衆を可入置事、
一、人質、為気仕可遣事、
一、往還末寺、如先々事、
一、賀州二郡、大坂退城以後、於無如在者、可返付事、
一、月切者、七月盆前可究事、
一、花熊・尼崎、大坂退城之刻可渡事、

三月十七日　（信長朱印）

ここで注目したいのは、「賀州二郡、大坂退城以後、於無如在者、可返付事」と、「賀州」＝加賀国二郡（江沼・能美）について、本願寺側が大坂城より退去して以後問題がなければ返付することが和睦条件に加えられている点である。元来加賀国は一向一揆の抵抗が強く、当時は信長の家臣である柴田勝家が加賀へ派遣され、交戦状態となっていた。(18) 信長は石山本願寺と和睦することで、将来的には加賀二郡を本願寺に返付しようというのである。

【史料5(19)】

敬白　起請

右意趣者、今度本願寺赦免事、為叡慮被仰出之条、彼方於無異儀者、条数之通、聊以不可有相違、若此旨偽

申者、
梵天・帝釈・四天王、惣日本国中大小神祇、八幡大菩薩・春日大明神・天満大自在天神・愛宕・白山権現、
殊氏神可被蒙御罰候也、此由可有奏進候、謹言、

三月十七日　　　信長（花押）

庭田（重保）大納言殿

勧修寺（晴豊）中納言殿

また同日付で信長は、「今度本願寺赦免事、為叡慮被仰出之条、彼方於無異儀者、条数之通、聊以不可有相違」と、勅使である庭田重保・勧修寺晴豊に宛てて起請文を提出して「条数」＝前掲本願寺宛覚書の和睦条件を違えないと約束している。

だが信長は、これらと同日付で、新たに勅使の一人となった近衛前久に以下のような書状を送っている。

【史料6】[20]

今度大坂之使御苦労共候、彼方疑心気遣尤候歟、併者叡慮、前久（近衛）御取持候上者、聊表裏有間敷候条、能々被
申聞無気遣候様御馳走専一候、恐々謹言、

三月十七日　　信長朱印

（折封）
「（墨引）
近衛殿（前久）　　信長」

これによれば「彼方疑心気遣尤候歟」と、信長は「彼方」＝近衛前久から「疑心」＝疑いを持ってみられている

と捉えていたようである。この「疑心」とは、天正六年に和睦を実現しようとして、結局不成立となった一件に対することと推測される。同日付の前掲本願寺宛覚書の内容もあわせて考えれば、おそらく近衛だけが信長に対する「疑心」を持っていたのではなく、天正六年に勅使として下向し、今回も同様の役割を担う庭田重保・勧修寺晴豊も信長に対する「疑心」を持っていたと考えられるだろう。だから信長は、庭田重保・勧修寺晴豊に違約しないと起請文を提出し、殊更「叡慮、前久（近衛）御取持候上者、聊表裏有間敷候」と、天皇の「叡慮」と近衛「御取持」に「表裏」するようなことはないと訴え、彼らに余計な気遣いなく本願寺との和睦交渉を馳走してほしいと伝えるのであろう。

あわせて信長は、家臣の松井友閑に宛てて「賀州両郡事、朱印如文体相究尤候、往々者□可為如直談候、但一儀にても於不相調者、可破候、此由近衛（前久）殿へも能々相伝、可申談候也」[21]と、加賀国の返付について「朱印」（＝前掲本願寺宛覚書のことか）に示したように決まったが、但し一件でも調わなければ（信長と本願寺との和睦は）破れることになるので、そのことを近衛前久へもよくよく伝え、話し合うように命じている。このの信長は本願寺に対し、同閏三月二日付で「当寺赦免之上者、加賀国事、如先々可返付之」[22]と、赦免した場合には加賀国を以前のように返付すると書き送っている。

前回の一件（天正六年の際の和睦不成立）から信長は、単に本願寺との信頼関係を回復するだけでなく、近衛前久・庭田重保・勧修寺晴豊ら勅使とも信頼関係を回復する必要があったのである。信長にとって、彼らとの信頼関係の回復は、今回改めて本願寺との和睦を成立させるためには必要不可欠なものであり、信長が加賀国の返付を和睦条件に加え、ひとまず加賀国における停戦を申し付けたことは、本願寺に対しても、勅使らに対しても、その関係改善に寄与したものと考える。その一方で公家からの視点で捉えたならば、彼らは前回の一件を踏まえ、信長に起請文まで提出させて、和睦を成立させようとしたのである。

ひとまず本願寺との和睦問題において信頼関係を回復した信長と勅使らは、以後ともに行動して本願寺との交渉に当たることになる。『信長公記』巻十三「大坂退散御請け誓紙の事」、閏三月上旬の記事には「御勅使、近衛殿、勧修寺殿、庭田殿、并びに宮内卿法印、佐久間右衛門等へ御請けを申し、誓紙御検使申し請けられ候。此の旨、安土へ言上のところに、青山虎、御検使仰せ付けられ候」とあり、勅使と信長家臣の「宮内卿法印」＝松井友閑、「佐久間右衛門」＝佐久間信盛らがともに本願寺との交渉に当たっていたことがわかる。

はたして、翌閏三月五日付で本願寺側が庭田重保・勧修寺晴豊に宛てた起請文は、以下のようなものであった。

【史料7】(23)

起請文覚書

敬白

一、今度為叡慮被仰出、御赦免之上者、以条数申合、首尾万事聊表裏・抜公事不可致事、

一、給置御人質大坂置申、中国并雑賀其外何方江茂遣間敷候、但退城之刻、無気遣所迄同道申、則可返申事、

一、雑賀之者共、御門跡次第ニ可致覚悟之由、誓紙可申付事、付、大坂・雑賀之人質、中国其外何江茂不可遣事、

一、退城約月、七月可為盆前事、

一、大坂退城之刻、花熊・尼崎其外何之出城茂明渡可申事、

右意趣者、今度従禁裏様被仰出付而、当寺御赦免之上者、右五箇条之通、不可有相違之誓詞、門跡被申付候間、条数而聊表裡抜公事別心不可仕候、（略）

天正八年閏三月五日　　下間少進法橋仲之血判

下間按察法橋頼竜血判

下間刑部法眼頼廉血判

庭田（重保）殿

勧修寺（晴豊）殿

前掲三月十七日付覚書の条文（【史料4】）と比較してみると、「赦免」や「退城約月」「花熊・尼崎其外何之出城茂明渡可申事」の件などは和睦条件としてほぼ同様に述べられているものの、前述の「賀州二郡」の返付に関して触れられていない点、そしてこの起請文自体は勅使に宛てて提出された点は注目されよう。前者については、実際に信長は、閏三月十一日には柴田勝家に対し「大坂之事赦免之条、賀州矢留之儀、堅可申付候[24]」と、「賀州矢留」＝加賀国においての合戦の停止を申し付けている。後者については、以後勅使が重要な役割を果たし、和睦が成立する。よく知られるように、右記起請文が出され本願寺門跡である光佐らが退去した後も、その息である光寿らは退去しなかった。

閏三月廿七日付で光佐が庭田重保・勧修寺晴豊に宛てた書状には、「爰元少申事付而延引之式、失本意候、雖然先度達叡聞之通、聊不可存異儀候、此由近衛（前久）殿へも可然様申入度候、内輪之儀漸申付候間、不可有御気遣候[25]」とあり、「爰元」＝本願寺内部で「申事」＝主張・異論があり、延引していたが、漸く話が付いて内部の者たちに申し付けたので気遣いないようにと書き送っている。「申事」とは、おそらく本願寺内部において和睦を受諾したい光佐派と、引き続き交戦を主張する光寿派の意見対立であろう。

したがってここでは、内部での意見対立により本願寺側が起請文の条件に沿えない可能性があるので、信長側近と行動をともにする勅使に、信長との和睦交渉の調整を期待したといえよう。

『信長公記』巻十三「本門跡大坂退出の事」には「四月九日、大坂退出の次第、門跡（光佐）より新門跡（光寿）かたへ相渡さるべきの旨、御届のところに、近年山越を取り、妻子を育み候雑賀・淡路島の者ども、爰を取り離れ候ては、迷惑と存知、新門跡を取り立て候はん」とあり、「大坂」＝石山本願寺が「門跡」＝光佐から「新門跡」＝光寿へ渡されたことが記される。

だが七月に入ると、このような状況に変化があらわれる。『信長公記』巻十三「大坂退散の事」には、「七月二日、御礼。御勅使、近衛殿・勧修寺殿・庭田殿、此の御衆召し列せられ、御取次、宮内卿法印（松井友閑）・佐久間右衛門尉」「さる程に、新門跡大坂渡し進すべきの御請けなり」とある。また『お湯殿の上の日記』天正八年七月四日条には「大さかよりのふなかと大さかとのくわほくの事に。御たち。きんす御むまのたいにまいる。けん大納言。くわん中納言。新大すけしてひろう」とあり、信長と本願寺との和睦交渉がまとまったとの記事がみられるようになる。

【史料8】[26]

彼人質御請取候付而、早々注進、得其意候、併御馳走候、退城事、早々御急専一候、猶御上洛之刻、以面可申候、謹言、

七月廿七日　信長（御黒印）

庭田（重保）大納言殿

勧修寺（晴豊）中納言殿

右記史料によれば、信長は庭田重保・勧修寺晴豊に宛て、本願寺側からの人質受取について知らせがあり、光

寿らの石山本願寺からの退去を急ぐようにと書き送っている。

実際、『信長公記』巻十三「本門跡大坂退出の事」には「天正八年庚辰八月二日、新門跡大坂退出の次第」「御勅使、近衛殿・勧修寺殿・庭田殿。右の下使、荒屋善左衛門。信長公より相加へらる丶、御使、宮内卿法印、佐久間右衛門。大坂請取り申さる丶御検使、矢部善七郎」とあり、光寿の石山本願寺からの退去が確定し、そこには信長の使者である「宮内卿法印、佐久間右衛門」らとともに、「近衛殿・勧修寺殿・庭田殿」の名もみえ、彼らが勅使として直接的に本願寺との交渉に当たり、石山本願寺の受け渡しが行われようとしていたことがわかる。

『多聞院日記』(27) 天正八年八月五日条には「去二日大坂城渡了、近衛殿被請取渡テ後ヤクル様ニ用意シケルカ、無残二日一夜明三日マテニ皆々焼了、過分ニ米・塩・噌・資財悉以焼、国家ノ費也、本願寺上下雑賀ヘノキ了云々、天文元一揆ノ比ヨリ歟、山階ヲノキ至当年四十八・九年歟、栄花ニホコリ、天下ヨリモチセキ富貴ノ処、一時頓滅盛衰眼前々々」とあり、「去二日」＝八月二日に「大坂城」＝石山本願寺が「近衛」前久の仲介により信長側に渡され、退去した「本願寺上下」の者は雑賀へ逃れていったことがわかる。

【史料9(28)】

就大坂江前右府（信長）御越、以御使者御礼尤存候、殊御気色可然之由、珍重存候、尊札之趣、則令披露候、得其意可申入之由候、仍承候三ヶ条之儀、近日友感〔閑〕（松井）可有上洛候間、急度申談、自是可申入之由、可得御意候、恐惶謹言、

九月三日　（勧修寺）晴豊
（庭田）重保

（顕如光佐）本願寺殿

人々御中

右記史料には「殊御気色可然之由、珍重候」と、光寿が石山本願寺から退去し、信長と本願寺との和睦が成立したことに天皇が喜んでいることを伝えている。「仍承候三ヶ条之儀、近日友感（閑）（松井）可有上洛候間、急度申談、自是可申入之由、可得御意候」とある「承候三ヶ条」とは、閏三月五日付起請文に示された五ヶ条の内の「三ヶ条」を指すのであろうか。前掲『信長公記』に信長側の使者として「宮内卿法印」と記されていた松井友閑が上洛した際には、必ず「三ヶ条」について話し合うと本願寺側に約束している。勅使であった庭田重保・勧修寺晴豊らは、戦後処理にも重要な役割を果たしていたといえよう。

おわりに

最後に、「石山合戦」和睦交渉における公家の役割を明らかにしようとした、今回の検討をまとめておきたい。

天正六年の和睦交渉は、信長側の都合により成立しなかった。信長と本願寺・毛利氏との和睦のために天皇が発した綸旨はその機能を果たせず、また庭田重保・勧修寺晴豊は、朝廷の勅使としての役割を果たせなかったといえる。

だが、天正八年には和睦が成立することとなる。前回の一件（天正六年の際の和睦不成立）から信長は、単に本願寺との信頼関係を回復するだけでなく、近衛前久・庭田重保・勧修寺晴豊ら勅使とも信頼関係を回復する必要があった。信長にとって、彼らとの信頼関係の回復は、今回改めて本願寺との和睦を成立させるためには必要不可欠なものであり、信長が加賀国の返付を和睦条件に加え、ひとまず加賀国における停戦を申し付けたことは、本願寺に対してのみならず、勅使らに対しても、その関係改善に寄与したものと考える。

その一方で、公家からの視点で捉えたならば、彼らは前回の一件を踏まえ、信長に起請文まで提出させて、和睦を成立させようとしたのである。勅使らにとっても、信長側近らとともに本願寺との和睦交渉を行うことは、その成立を実現するのに有効であっただろう。また本願寺側も、内部での意見対立により起請文の条件に背きそうになった際には、信長側近と行動をともにする勅使に信長との和睦交渉の調整を期待していた。

天正六年の和睦交渉において、天皇が発した綸旨がその機能を果たせなかったことは、天皇の権威の失墜につながりかねない事態であったともいえるだろう。だが同八年の際には、勅使が前回の一件を踏まえて交渉することで和睦が成立した。天皇と朝廷・公家の権限・役割を分別するという視点からみれば、彼らが実際に交渉することが和睦成立に作用したと捉えられても、必要以上に天皇の権威が和睦成立に作用したと捉えるのは、適当ではないだろう。

今回の考察では一つの事例として、天正六年・八年の「石山合戦」和睦における公家の役割を分析してきたが、他の事例でも公家の役割を分析する必要があると考える。今後の課題としたい。

（1）本章ではひとまず「石山合戦」あるいは「石山本願寺」と表記する。かつては「石山本願寺」の呼称が一般的であったが、近年の研究では「大坂本願寺」と呼称する方が適当であるらしい。「石山」が戦国期の同時代史料にあらわれない、後世の呼称であることによる。大阪市史編纂所・大阪市史料調査会編『新修大阪市史』史料編第五巻大坂城編（大阪市、二〇〇六年）によれば、その編纂過程で確認された限りでは、「石山」呼称は豊臣期の大坂城を指して使われるのが早い例で、例えば「宗湛日記」（『茶道古典全集』、淡交新社、一九五八年）慶長二年（一五九七）に「一、石山御城ニテ、大坂ニテ、酉三月十三日昼　一、秀頼様　御食被下候」、『大友史料』に「今度諸国大名衆質入、於石山召置候」などとある。

（2）このような先行研究における問題点は、本書第六章でも指摘している。

（3）草野顕之『戦国期本願寺教団史の研究』（法藏館、二〇〇四年）、神田千里『信長と石山合戦』（吉川弘文館、二〇〇八年）、太田光俊「大坂退去から見た織豊期本願寺教団の構造」（『ヒストリア』二一八、二〇〇九年）など。
（4）たとえば神田前掲注（3）書一九四頁によれば、信長は「（将軍）義昭と本願寺との因縁を切断するために天皇の権威が必要だったと、筆者は推定する」と捉えている。
（5）池享「戦国・織豊期の朝廷政治」（同『戦国・織豊期の公家と天皇』校倉書房、二〇〇三年）。
（6）金子拓「織田信長の東大寺正倉院開封と朝廷」（『国史学』一九六、二〇〇八年）。
（7）本書第六章。
（8）対象は若干異なるが、水野智之『室町時代公武関係の研究』（吉川弘文館、二〇〇五年）第二部第一章によれば、公武関係を見ていく上で関白の役割が重要であるという。
（9）太田牛一著・桑田忠親校注『信長公記』（新人物往来社、一九六五年）。
（10）『国民精神文化文献一三　立入宗継文書・川端道喜文書』（国民精神文化研究所、一九三七年）、一三、左京亮宗継入道隆佐記。
（11）竹内理三編『晴豊記』（『増補続史料大成』第九巻、臨川書店、一九七八年）。
（12）奥野高広『増訂織田信長文書の研究』下巻（吉川弘文館、一九八八年）四〇〇頁、〔参考〕安芸毛利輝元宛正親町天皇綸旨案写（「直頼朝臣筆家系略記観音縁起抄」『立入宗継文書』所収）。
（13）『増訂織田信長文書の研究』下巻、三九九頁、（七九六）滝川一益等宛黒印状写（『立入文書』）。
（14）神田前掲注（3）書一九一頁。
（15）『お湯殿の上の日記七』（『続群書類従』補遺三、続群書類従完成会、一九六六年）。
（16）『増訂織田信長文書の研究』下巻、四七四頁、〔参考〕本願寺顕如光佐宛誠仁親王消息（『本願寺文書』一〇山城、『京都御所東山御文庫記録』甲百五）。
（17）『増訂織田信長文書の研究』下巻、四七一頁、（八五一）本願寺宛覚書（『本願寺文書』一〇山城、『京都御所東山御文庫記録』乙廿一）。
（18）谷口克広『織田信長合戦全録』（中公新書、二〇〇二年）二一七頁。
（19）『増訂織田信長文書の研究』下巻、四七二頁、（八五二）庭田重保・勧修寺晴豊宛起請文（『本願寺文書』一〇山城）。

(20)『増訂織田信長文書の研究』下巻、四七八頁、（八五五）近衛前久宛朱印状案（『本願寺文書』一〇山城、『京都御所東山御文庫記録』乙廿一）。

(21)『増訂織田信長文書の研究』下巻、四七七頁、（八五四）松井友閑宛黒印状写（『京都御所東山御文庫記録』乙廿一）。

(22)『増訂織田信長文書の研究』下巻、下巻四八二頁、（八五八）本願寺宛朱印状（『本願寺文書』一〇山城）。

(23)『増訂織田信長文書の研究』下巻、下巻四七五頁、〔参考〕庭田重保宛本願寺顕如光佐年寄起請文写（『陰徳太平記』六十三）。

(24)『増訂織田信長文書の研究』下巻、下巻四八六頁、（八六三）柴田勝家宛朱印状写（『南行雑録』一）。

(25)『増訂織田信長文書の研究』下巻、下巻四八七頁、〔参考〕庭田重保・勧修寺晴豊宛本願寺顕如光佐書状写（『京都御所東山御文庫記録』甲百五）。

(26)『増訂織田信長文書の研究』下巻、下巻五一三頁、（八八一）庭田重保・勧修寺晴豊宛黒印状写（『日々記』天正十年紙背〇内閣文庫所蔵）。

(27)竹内理三編『多聞院日記三』（増補続史料大成第四十巻、臨川書店、一九七八年）。

(28)『増訂織田信長文書の研究』下巻、五二四頁、〔参考〕本願寺顕如光佐宛庭田重保・勧修寺晴豊連署状写（「竜谷大学所蔵文書」『顕如上人伝』所載）。

補論三　原田直政の大和国支配

はじめに

織田信長の家臣であった原田直政は、はじめ「塙直政」といい、賜姓任官されて「原田備中守」となった。彼は、天正三年（一五七五）三月二十三日、大和国の「守護」となって以後同国を支配し、翌天正四年四月、石山本願寺攻めに参加し討ち死にしたといわれている。(1)

早島大祐氏は、織田信長が自ら領域支配を行わず、自身の家臣（部将）に一国単位、あるいは一郡単位に支配領域を与え、間接的に支配することを「一職支配」と概念づけられていると指摘している。(2)「一職支配」は元来脇田修氏が提起したものであり、氏は支配の内容が前代の守護権を土台にし、以後、漸次拡大した点を指摘している。(3)

さて前述したように、原田直政は信長から大和国を支配領域として与えられたわけだが、実はその支配の実態はよくわかっていない。それは脇田氏の指摘にあらわれているように、直政が大和国における前代の守護権を継承し、直政が「守護」として捉えられることで、詳しい分析も行われずに一国単位での支配を貫徹していた、つまり「一職支配」を行っていたと解されるからである。

しかし、直政の大和国支配は、一国単位での支配を貫徹していたと言えるのだろうか。そしてそれは、前代の守護権を継承したものであったのだろうか。本章ではこれらの疑問に答えることを課題とし、主に軍事との関わりを中心に、直政の大和国支配の実態を分析していきたい。

第一節 「守護」原田直政について

ここでは、まず信長から大和国の支配を任された直政が、史料上どのように記されているのかを確認しておきたい。

【史料1】(4)

去廿三日ニ塙九郎左衛門尉(原田直政)当国ノ守護ニ被相定了云々、先代未聞ノ儀、惣ハ一国、別ハ寺社滅亡相究者也、無端々々、神慮次第也、

『多聞院日記』は、大和興福寺学侶の多聞院英俊の記した日記である。英俊は、興福寺被官の国人である十市氏の縁者で、当時の大乗院門跡尋憲の「御同学」を担っていた人物である。(5)

【史料1】によれば、直政は天正三年三月二十三日に「当国」の「守護」に定められたという。この史料において直政は「守護」とされるが、彼を大和国の「守護」と記す史料は、他に『多聞院日記』天正三年四月二日条に「伊源槇嶋ヨリ帰ル、対面了、塙九郎左衛門尉(原田直政)入了、当国守護ハ大旨一定也云々」、同四月二十八日条に「連宗京ヨリ下ト、ハン九(原田直政)守護一定々々、沈思々々」とあることが確認される程度である。

ただし直政は、大和国だけではなく山城国の支配も任されている。

【史料2】[6]

（天正二年）五月、三淵《（藤英）》在城ノ伏見ノ城ヲワリ、櫓塀ヲ取、細川右京大夫《（昭元）》槇嶋ニ在城候處ニ、ハンノ九郎左《（原田直政）》衛門山城ノ守護ニ成、入替ル、右京大夫ハ本能寺ニ在之、知行一所モ不申付、

これによれば、天正二年五月、もともと細川昭元が在城していた槇嶋に、直政が「山城ノ守護」となって入ったという。脇田氏は【史料1】【史料2】をもって、「一職支配」を守護権の継承であるとしている。しかし本章での関心からいえば、直政を大和国の「守護」と記すものは興福寺側の史料にしか見られない。この点については、尾下成敏氏が「『年代記抄節』の作者や『多聞院日記』の記主多聞院英俊らが、塙（原田直政）を守護と認識していたことは確かだが、信長やその近臣が、塙を守護と認識したとは断定できない」[7]と指摘している。

では織田政権側の史料では、彼についてどのように記しているのだろうか。

【史料3】[8]

法隆寺堂衆之儀、只今迄者致馳走候之処、学侶御存分一々承分候、毎事可為如先規旨尤ニ候、殊和州之儀、原備《（原田備中守直政）》次第候之条、可得其意由、堂衆へ堅申付候、然者向後御用之儀候者、可被仰候、不可有疎意候、恐々、

十一月七日　宮内卿法印《（松井友閑）》

法隆寺学侶中

右記史料は、天正三年に比定される。法隆寺の堂衆と学侶が争った際に、信長の右筆の松井友閑から発給されたものである。信長は松井友閑を通して、大和のことは直政次第にしているからその意を得るようにと法隆寺に伝えている。その後、法隆寺には直政を通して信長の朱印状が発給されている[9]。【史料3】では、直政は「守護」と記されず「殊和州之儀、原備（原田備中守直政）次第候」と記されている。

実は直政を「守護」とするのが興福寺側の認識に過ぎないことは、前掲した尾下氏の見解以外にもすでに先学の研究によって述べられており、(10)【史料3】をもって織田政権の「一職支配」が守護権の継承であるという指摘が妥当かどうかは、詳しい検討を行う必要があるように思われる。

【史料4】(11)

今度被対信長被抽忠節候、誠神妙至候、仍城州之内限桂川西地之事、一識〔職〕ニ申談候、全領知不可有相違之状如件、

元亀四

七月十日　　信長（朱印）

細川兵部太〔大〕輔（藤孝）殿

【史料4】は、元亀四年（一五七三）七月十日、信長が細川藤孝に山城長岡の地を宛がった際に発給されたものである。「城州之内限桂川西地之事、一識〔職〕ニ申談候」とあり、山城国の事例ではあるが、脇田氏が信長の支配領域において「一職支配」を行われていた根拠とされるものである。だが当該期の大和国において、「一職」ということばはみられない。

これは何を意味するのだろうか。直政は、信長より「殊和州之儀、原備（原田備中守直政）次第候」とされているが、これは未だ直政の大和支配が貫徹していないことを意味するのではないだろうか。

先に示したように、天正三年四月に直政の大和支配が始まるが、直後の『多聞院日記』同年五月三日条には「十市郷三分一塙九郎左衛門尉（原田直政）、三分一松永（久秀）、三分一内半常州・半後室　朱印去月廿七日ニ定了」とあり、十市郷について三分の一が直政、三分の一が松永、三分の一の内の半分が常州・半分が後室に分

配されたことが記されている。織田政権による知行の分配が行われたと想定されるが、この段階において史料上に確認できる知行の分配はこれのみであり、大和国内の他の状況は不明である。

さて同年五月には、信長と武田氏との間で長篠の戦いが勃発した。これは大和国も無関係ではなく、直政も出陣していたらしい。

【史料5】[12]

（天正三年）五月廿一日、（略）信長は、家康陣所に高松山とて小高き山御座候に取り上られ、敵の働きを御覧じ、御下知次第働くべきの旨、兼ねてより仰せ含められ、鉄炮千挺ばかり、佐々蔵介、前田又左衛門、野々村三十郎、福富平左衛門、塙九郎左衛門（原田直政）を御奉行として、近々と足軽を懸けられ、御覧じ候。前後より攻められ、御敵も人数を出だし候。（略）

『信長公記』は、慶長五年頃に成立したとされ、織田信長の事跡をその右筆であった太田牛一が編年的に記したものである。[13]【史料5】には「鉄炮千挺ばかり、佐々蔵介、前田又左衛門、野々村三十郎、福富平左衛門、塙九郎左衛門（原田直政）を御奉行として、近々と足軽を懸けられ」と記され、直政が鉄砲隊の奉行としてこの戦に参加していたことがわかる。

この戦いに際して、『多聞院日記』同年五月十七日条には「岐阜へ筒井ヨリテツハウ衆五十余合力ニ被遣之、各々迷惑トテ悉妻子ニ形見遣出、アワレナル事也ト云々、遠国陳立浅猿」とあり、大和国人である筒井より鉄砲衆五十人ほどが合力に遣わされたことが記されている。だが大和国人が軍事動員されたのは、せいぜい「五十余」に過ぎなかったことには注目したい。

引き続き信長は越前一向一揆の制圧を行う。『多聞院日記』天正三年八月九日条には「越前へ信長人数トテ当国衆今日悉以立了、山城衆同前、遠国陣立不及聞浅猿事也、併亡国ノ基也」、同天正三年八月十八日条には「筒井出陣祈禱一万巻卅頌、人別二百ツ、在之、読誦了」とあり、大和国からも信長からの軍事動員が催促されているが、「当国衆今日悉以立了」と記される以外に具体的には「筒井出陣」が確認できる程度である。

すなわち、『多聞院日記』の記主である多聞院英俊が「去廿三日ニ塙九郎左衛門尉（原田直政）当国ノ守護ニ被相定了云々」と記し、信長が「殊和州之儀、原備（原田備中守直政）次第候」と記していても、この段階において実際に確認できる軍事動員はせいぜい「五十余」「筒井出陣」程度であり、直政の支配が大和一国全てに及んでいるとは、必ずしもいえないと思われる。

第二節　直政の大和国支配と本願寺攻め

では、この段階における大和国内の状況は如何なるものであったのだろうか。

【史料6】(14)

原田備中守(直政)薪能見物ニ下向、成身院宿、同代官衆ハ蓮成院、順慶ハ円明院勤之、伴衆近所ノ地下ニ宿ヲ押取ニ被申付、松永ハ五大院ニ宿取了、以上人数千余下、六日・七日能無之、猿楽ハ金春・金剛・観世、以上三座云々、

【史料6】によれば、天正四年二月七日、直政と「順慶」＝筒井順慶、「松永」＝松永久通が薪能見物に興福寺へやってきたことが記されている。筒井順慶は、興福寺一乗院方の官符衆徒であり、永禄三年（一五六〇）には松永久秀のために筒井城を追われ、天正四年五月には明智光秀に助けられて信長から大和国を与えられた人物である。(15)

松永久通は、永禄八年には将軍足利義輝の謀殺に加担し、同十一年には信長に降った。天正元年には信長に居城であった多聞山城を明け渡すが、同五年には信長に背き、父久秀とともに自殺した(16)。

したがってこの際には、大和国内における有力者が集まり、薪能見物を行い得るほど直政の大和国支配によって政治状況が安定しているようにみえる。だが、『多聞院日記』天正三年十一月七日条には「十市籠城ノ用意ト、則母為見廻長賢房下了」、同十一月十三日条には「十市平城へ惣人数取寄了云々、沈思々々」とみえ、大和国人である十市常陸介が合戦のために籠城し、十市平城へ「惣人数」（直政か松永の軍勢か）が攻め寄せたことが記される。

『多聞院日記』天正四年二月二十六日条には「昨夜森屋退城了、内ニ申事在之間、常ヨリ加勢之処、如此開次（城カ）了」とあり、森屋城を巡る争いがあり、「常」＝十市常陸介の加勢があり開城したことが記されている。同天正四年三月五日条には「十市平城へ金吾（松永久通）取寄人数出了、手負在之」とあり、十市と松永の軍勢が交戦し、「手負」の者も出たという。

このの ち、『多聞院日記』天正四年三月十三日条には、「塙小七十市儀被相調、誓紙一書等相ト槇ヨリ今日南え被越間、於南大門令対面酒進之、二斗入目也、知行ハ六分一、惣裏成被遣由、尤々」とあり、直政の家臣であった「塙小七」＝塙小七郎（詳しくは後述する）が十市との戦いの和睦について取り決められた誓紙などを抱えて、直政の居所であった「槇」＝槇島城より「南」＝おそらく十市平城（十市の立て籠もっていた城）へ向かったとみられ、十市の知行は元の「六分一」とし、「惣裏成」を遣わしたことが記される。

『多聞院日記』天正四年三月二十一日条には「今日十市平城塙小七郎へ渡了、十常ハ河州へ被越、内衆ハ先以森屋城へ入了、知行ハ六分一と惣裏成と被遣云々、実否ハ不知」とあり、十市の立て籠もっていた「十市平城」

が塙小七郎へ渡され、十市常陸介は「河州」＝河内へ追放され、彼の内衆は森屋城へ入れられた。知行と惣裏成に関する記述もあるが、英俊は「実否ハ不知」という。そして『多聞院日記』天正四年三月二十二日条には「原備中守（原田直政）十市城へ被越了」とあり、十市の城は直政に接収された。

つまりこの段階においても、大和国内では内戦が起こっており、信長が「殊和州之儀、原備（原田備中守直政）次第候」とした直政の大和国支配は、必ずしも貫徹されたものではなかったといえよう。しかも前述したように、大和国人は直政の実際の軍事動員にあたっては、せいぜい「五十人余」か「筒井出陣」が確認できる程度であった。

ただしこの後の戦では、多少の変化がみられる。大和国人の有力者の一人であった十市氏を追放したことが、他の大和国人への牽制になったのか、天正四年五月の対本願寺戦では、以前よりは多くの大和国人の参加が確認できるようになる。

【史料7】(17)

先は三好笑岩、根来・和泉衆。二段は原田備中（直政）、大和・山城衆同心致し、彼の木津へ取り候のところ、（中略）既に、原田備中、塙喜三郎、塙小七郎、蓑浦無右衛門、丹羽小四郎、枕を並べて討死なり。

【史料7】には「二段は原田備中（直政）、大和・山城衆同心致し」とあり、直政の軍に彼が支配を任されていた「大和・山城衆」が「同心」し、参戦していたことがわかる。注目したいのは、直政とともに「大和・山城衆」も参戦していたが、ここで討死を確認できるのが「原田備中、塙喜三郎、塙小七郎、蓑浦無右衛門、丹羽小四郎」ら、直政の一族のみである点である。塙喜三郎は、「塙安政」ともいい、直政の一族と推測される。直政が大和の支配を任されると、喜三郎は直政の代理の立場で、長柄城の見回りなどを行っていたことが知られている。[18] 塙小七郎は、直政の家臣で、直政が大和の支配を任されると、直政の代官の形で南山城・大和の国衆を支配したことが知られる。[19] 蓑浦無右衛門については不明であるが、直政の一族や家臣とともに列挙されているところをみると、直政家臣かその関係者とみてよさそうである。丹羽小四郎は直政の家臣であるが、詳しいことはわからない。[20]

【史料8】[21]

古市ノ長井十七才・ロクヤオン卅六才・北山卅一討死、山内ノ吐山・筒井ノ南タコノ介討死ト、数多討死様々、実説ハ不聞、原田備中守・塙喜三郎・同小七郎討死必定々々、夕部又及合戦、松永金吾以下一円相果訖ト、郡山辰巳・窪庄・丹後衆討死ト、ウソ、、、

【史料9】[22]

討死衆原田備中守(直政)・塙喜三郎・同小七郎・同マコ四郎シナズ　吐山古市衆三人・池田壱岐守・高田猪介・筒ノ内南タコ介・杉嶋(横カ)備中・与力衆大旨炭竈・長信房ヲチ、此等衆ハ一定々々討死了、

右記史料は、天正四年五月、直政が信長の命により、石山本願寺合戦に出陣した際の『多聞院日記』における記述である。前述したように出陣した直政軍の構成は、大和・山城衆であったが、『多聞院日記』には『信長公記』には記されていないような大和国人らの名前が記されている。【史料8】によれば「古市ノ長井・ロクヤオン・北山・山内ノ吐山・筒井ノ南タコノ介」「松永金吾・郡山辰巳・窪庄・丹後衆」という大和国人の名がみえる。

【史料8】の「古市ノ長井」について、古市氏は興福寺の衆徒であったことが知られており、大和国に在地していた人物であったと推測できる。そのうち「長井」については、『奈良県史』によれば興福寺「衆徒下﨟分」

であり、長井氏が古市一族であったことが指摘されている。[23]「ロクヤオン」は鹿野薗氏と推測され、『奈良県史』によれば「古市方」であるという。[24]「北山」は、「古市之代官」であるという。[25]「山内ノ吐山」は、「東山内衆」であり興福寺の官符衆徒であることが指摘されている。[26]「筒ノ内南タコ介」について、「南タコ介」は「筒ノ内」とあるように筒井氏の関係者であったと考えられ、彼も大和国に在地していた人物であったと推測される。

【史料9】の「松永金吾」は前述した松永久通のことであり、「一円相果訖」とあるがこの際に死亡したという事実はない。「郡山辰巳」は、秋山氏一族であることが指摘されており、秋山氏は国造が貢進したという伊勢神宮領大和国宇陀神戸の神主家で同神宮被官であったと推測されている。[27]「窪庄」は、窪氏で吐山氏同様「東山内衆」とされる。[28]「丹後衆」は、筒井党であるという。[29]彼らも松永久通と同様に「討死」とあるものの、「ウソヽヽ」と誤った情報であると理解されている。「高田猪介」について、出自は当麻氏であり、現在の大和高田市に在地していたことが指摘されている。[30]「杉（槙カ）嶋備中」は元幕臣と推測されるが、「長信房」らについてはよく分からない。

このように多くの大和国人らが直政一族・関係者とともに、この合戦に参加していたことがわかる。ただここで注意したいのは、【史料7】にみえた「二段は原田備中（直政）、大和・山城衆同心致し」をどのように理解するかである。

右記史料にみえるように、直政やその一族・関係者はこの合戦で討死している。しかし「同心致し」た大和・山城衆の中には、【史料9】でみたように「松永金吾以下一円相果訖ト、郡山辰巳・窪庄・丹後衆討死ト、ウソヽヽ」と、必ずしも討ち死にしたといえない者も存在する。これは、彼らは直政とともに本願寺攻めに参加したが、討ち死にした直政とともに討ち死にするような最前線で戦に参加していたのではなく、たとえば直政とは少し距離を置いた後方支援などをして、ともに行動していなかったことから、討ち死にを免れたと考えられないだろうか。

そもそも前述したように【史料7】には、大和・山城衆が「同心致し」たにも関わらず討ち死にしたのは、直政以下、その家臣か関係者のみしか記されておらず、「同心致し」た大和・山城衆が討ち死にした様子は記されていないのである。

さて「同心」とは、①「(「どうじん」とも)気持や意見などが同じであること。同じ意志。同意。同腹。」、②「(―する)ともに事にあたること。仕事を手伝うこと。また戦闘で味方すること。」、③「(―する)いっしょに行くこと。同道。」、④「近世初期、武家で侍大将などの下に服属した兵卒。」などの意がある。(31) 当該期が近世であるか否かには研究者によって見解の相違があるので、ここでの意が④に該当するかは判断が難しい。おそらくここでは、②「戦闘で味方すること。」との意で捉えたほうが無難であろう。

すなわち「同心致し」た大和・山城衆は、本願寺攻めにおいて直政に戦闘で味方し、「古市ノ長井・ロクヤオン・北山・山内ノ吐山・筒井ノ南タコノ介」らのように直政とともに討ち死にした者も存在するが、討ち死にを免れた多くの者が存在するのである。この事実は、「同心致し」た大和・山城衆の全てが必ずしも完全に直政の軍事的指揮下に入ったわけではなく、あくまで後方支援など「同心」＝戦闘で味方するのみで、直政とともに行動していなかった可能性を示しているといえよう。

【史料10】(32)

昨夕丹羽ノ二介井戸若州宿ニテ、依信長下知召捕了、則クヒカネ入テ、今朝河州信長陳へ被越了、塙喜三郎一段ノ頼入、当国率一円代官ト〆恣ナリシ冥罰、早当眼前々々、能々可願事哉、塙マコ四郎モ下知也、乍去

槇嶋へ昨日歟越テ遁難了、
筒井ヨリ寺門・ナラ中触テ、原田一類ノ衆預リ物アラハ、紙一枚ノコサス可被出、并彼流類ニ宿ヲモ不可借トテ厳重ニ申来了、塙小七ノ米在之間、則在姿返条了、今更不便之次第也、

「丹羽ノ二介」は、前述した「丹羽小四郎」の一族と推測される。(33) 直政の家臣であると考えられるが、彼は信長の下知により召し捕えられている。「塙喜三郎」は、前述した「塙安政」、「塙マコ四郎」については不明であるが、「塙」の名字や「原田一類ノ衆預リ物アラハ」とあることから、直政の一族の者と推測されよう。直政一族の者にも探索の下知が出されているが、その理由を「当国率一円代官ト〆恣ナリシ冥罰」としている。

すなわち直政は、山城・大和の国人らを率いて参戦したが、自身は討死してしまった。その責任を取らされる形で、直政一族が信長により追捕されることになったのである。一方で、合戦に参加した山城・大和国人については、「筒井ヨリ寺門・ナラ中触テ、原田一類ノ衆預リ物アラハ」とあり、筒井が追捕する側となっており、彼らが追捕されることはない。

おわりに

直政の大和国支配について、一国単位での支配を貫徹していたのか。そしてそれは、前代の守護権を継承したものであったのか。本章ではこれを課題に、主に軍事との関わりを中心に、直政の大和国支配の実態を分析してきた。

多聞院英俊が原田直政に対して「当国ノ守護ニ被相定了」と記したのは、織田政権側の史料に「殊和州之儀、原備（原田備中守直政）次第候」とあるように、直政が信長より大和国支配を任されたという多聞院英俊（興福

寺側）の認識によるものであると考えられる。そして、特に軍事との関わりにおける実際の直政の大和国支配は、必ずしも貫徹したものではなかったと考えられる。

当該期の大和国において、「一職」ということばはみられない。直政は、信長より「殊和州之儀、原備（原田備中守直政）次第候」とされているが、これは未だ直政の大和支配が貫徹していないことを意味するのではないだろうか。『多聞院日記』の記主である多聞院英俊より「去廿三日ニ塙九郎左衛門尉（原田直政）当国ノ守護ニ被相定了云々」とされたり、信長より「殊和州之儀、原備（原田備中守直政）次第候」とされたりしていても、この段階における実際に確認できる軍事動員はせいぜい「五十余」「筒井出陣」程度であり、直政の支配が大和一国全てに及んでいるとは、必ずしもいえないと思われる。ただその後、天正四年五月の対本願寺戦では、以前よりは多くの大和国人の参加が確認できるようになる。詳細については、本章中で述べたので繰り返さない。

（1）高木昭作監修・谷口克弘著『織田信長家臣人名辞典』（吉川弘文館、一九九五年）「塙直政」項。なお、原田直政とその一族の動向については、後掲する表9も合わせて参照してほしい。
（2）早島大祐「織田政権の畿内支配――日本近世の黎明――」（『日本史研究』五六五、二〇〇九年）。
（3）脇田修「一職支配の成立」（『織田政権の基礎構造』東京大学出版会、一九七五年）。
（4）『多聞院日記』天正三年三月二十五日条。
（5）河野昭昌「粗描・興福寺から見た筒井順慶」（シンポジウム「多聞院英俊の時代」実行委員会編『多聞院英俊の時代――中世とは何であったか――』、二〇〇一年）。
（6）『年代記抄節』天正二年五月条（『大日本史料』第十編之二十二、東京大学史料編纂所編、一九九七年）。
（7）尾下成敏「織田・豊臣政権下の地域支配――「一職支配」論の現在――」（中世後期研究会編『室町・戦国期研究を読みなおす』思文閣出版、二〇〇七年）。

(8) 奥野高広『増訂織田信長文書の研究』（吉川弘文館、一九八八年）六一二参考　大和法隆寺学侶中宛松井友閑書状写（『法隆寺文書』五〇大和）。
(9) 『増訂織田信長文書の研究』六一二付録、大和法隆寺堂衆中宛塙直政書状（『法隆寺文書』五〇大和）。
(10) 河野前掲注(5)論文。
(11) 『増訂織田信長文書の研究』三七五、細川藤孝宛朱印状（『細川家文書』二十肥後）。
(12) 太田牛一著・桑田忠親校注『信長公記』（新人物往来社、一九六五年）巻八、天正三年五月二十一日条。
(13) 『日本国語大辞典（新装版）』（小学館、一九八八年）「信長公記」項。
(14) 『多聞院日記』天正四年二月七日条。
(15) 阿部猛・西村圭子編『戦国人名事典コンパクト版』（新人物往来社、一九九〇年）「筒井順慶」項。
(16) 『戦国人名事典コンパクト版』「松永久通」項。
(17) 『信長公記』巻九、天正四年五月三日条。
(18) 『織田信長家臣人名辞典』「塙安政」項。
(19) 『織田信長家臣人名辞典』「塙小七郎」項。
(20) 『織田信長家臣人名辞典』「丹羽小四郎」項。
(21) 『多聞院日記』天正四年五月三日条。
(22) 『多聞院日記』天正四年五月四日条。
(23) 『奈良県史』第十一巻大和武士（奈良県史編集委員会編、一九九三年）第二章第八節。
(24) 『奈良県史』第十一巻大和武士、第一章第七節。
(25) 『奈良県史』第十一巻大和武士、第二章第八節。
(26) 『奈良県史』第十一巻大和武士、第二章第九節。
(27) 『奈良県史』第十一巻大和武士、第二章第十節。
(28) 『奈良県史』第十一巻大和武士、第二章第九節。
(29) 『奈良県史』第十一巻大和武士、第一章第七節。
(30) 『奈良県史』第十一巻大和武士、第二章第七節。

(31)『日本国語大辞典（新装版）』「同心」項。
(32)『多聞院日記』天正四年五月十五日条。
(33)『織田信長家臣人名辞典』「丹羽小四郎」項。

表9『多聞院日記』にみえる原田直政とその一族

No.	年	月	日	内容
1	天正2	3	21	筒井順慶が京より戻ってきた。塙がこの城へやってきた。この城は京への交通の要衝である。
2	天正2	5	7	一坂佃の下二反が去年水害により損じたので普請を申し付けた。ハン(原田直政?)より人夫が九人・今力田子二十人・庄より十人ほど出た。
3	天正2	7	19	木津の坊領の注文は塙へ寺門より届け外されるとのことなので、その書状を三学院へ遣わした。
4	天正3	1	28	槇嶋の使いが泊まっている南院所へすすを一盆持っていく。
5	天正3	1	晦日	西方のことにつき、大御所が色々申して調った。そして槇嶋の使いは帰った。めでたいことだ。
6	天正3	2	27	信長より筒井順慶へ祝言があった。塙が持ってきた。
7	天正3	3	25	去二十三日に塙が大和の守護に定められたそうだ。前代未聞のことであり、大和・寺社が滅亡してしまう。
8	天正3	3	29	伊源が槇嶋へ行った。
9	天正3	4	2	伊源が槇嶋より帰る。塙が大和に入部し、当国の守護は大旨確定した。
10	天正3	4	6	河内へ信長自身が出陣し、大和国衆が皆、十遠も出立した。
11	天正3	4	28	連宗が京より戻り、塙の大和守護は確定した。
12	天正3	5	3	十市郷は三分の一が塙直政、三分の一が松永、三分の一の内その半分が常州・半分が後室に分配される。
13	天正3	6	24	多聞山へ去二十日より塙直政が来て、普請を行った。
14	天正3	6	25	塙直政が京へ帰った。

15	天正3	7	19	十市の祝言が原田備中守の命により延期となった。
16	天正3	8	5	塙喜三郎へ贈り物をした。
17	天正3	8	7	長柄へ塙喜三郎が巡視するために下った。
18	天正3	8	10	長印房が長柄へ下るので、塙小七郎へ贈り物をした。
19	天正3	8	16	長柄へ下り、塙小七郎に挨拶する。
20	天正3	8	26	槙嶋へ塙小七郎と親しくするため、南三介に書状を持たせ、少三郎が使いとして下った。
21	天正3	8	27	槙嶋より少三郎が帰った。塙小七郎、南三介の返書を持ってきた。
22	天正3	8	28	塙小七郎が長柄へ帰るらしいとのことを聞いたので、軽食を用意して待ったが、来なかった。
23	天正3	9	1	塙小七郎内の東がやってきて、親しくなった。
24	天正3	9	6	備前において塙小七郎・同マコ介が参会することにつき申し付けがあった。
25	天正3	9	21	長柄の塙小七郎と同孫四郎に贈り物をした。
26	天正3	10	6	長柄へ下り、福五に挨拶した。十常へ見舞に行った。塙小・同マコ介・同喜三郎へ贈り物をした。また十常・伊源・新六・中井へも贈り物をした。
27	天正3	10	7	昨日原田直政が槙嶋へ帰ったらしい。
28	天正3	10	9	槙嶋の塙小七郎より盆のことを申してきた。
29	天正3	10	11	塙小七郎と原田直政に食事をふるまった。
30	天正3	10	16	塙小七郎が槙嶋より長柄へ帰られた。
31	天正3	10	17	長柄へ四郎を遣わした。
32	天正3	10	24	塙小七郎が槙嶋へ帰られた。
33	天正3	10	28	太鞁と介錯銭のことが禅識房より塙小七郎へ申された。
34	天正3	11	3	五大院の納入分が納められたとのことが、塙小七郎より折紙で来た。
35	天正3	11	4	東勘が塙小七郎の使いとして来られた。

36	天正3	11	5	才三郎が槇嶋彦大夫を送って帰られるので、泊まらせ、明日長柄へ下す。
37	天正3	11	6	長柄へ下り、塙小七郎・塙マコ四郎・東勘・ヒセンへ贈り物をした。昨夕槇嶋より才三郎が帰る。五大院と三昧田の事はうまく話がつき、収納できるだろうと申すので、孫三郎が竹田領下代嘉上と引合わされ挨拶した。
38	天正3	11	18	塙小七郎が陣所の太田市へ見舞に来た。
39	天正3	11	22	塙喜三郎と松永右衛門佐より、五大院・妙徳院・福園院・仏地院へ両使を遣わすべきのことを申し入れた。
40	天正3	11	24	南三・塙小七郎が来られ、長印房が同道したとき詳しく申し遣わした。堀備中入道が塙小七郎へ挨拶に下った。昨日学侶より両承仕をもって申し遣わされたところ、問題ないとのことである。
41	天正3	12	4	十市後室が南へ下り、金吾に挨拶にいった。釜口において後室に会い、塙小七郎によろしく頼んだ。
42	天正3	12	10	槇嶋より帰る。塙小七郎の書状による言伝がある。五大院が半分を知行されるとのことである。
43	天正3	12	24	塙小七郎へ歳暮の挨拶のために、新賀城まで下った。
44	天正4	1	8	新賀の挨拶に、塙小七郎・松永右衛門佐殿・松永加賀へ贈り物をした。
45	天正4	1	20	新賀へ下り、塙小七郎へ贈り物を送った。
46	天正4	1	23	十市坊分が去二十一日に長柄において、くじ引きで決まった。妙徳院・常持院が一、五大院・福聚院が一、原田直政・松永右衛門佐がくじに分けられたところ、五大院が松永へ取りこれを申し付けた。
47	天正4	1	26	塙小七郎と親しくするために夜明けより槇嶋へ行った。馬は庄村殿に借りた。
48	天正4	1	27	松右が槇嶋よりの帰りに五大院に立ち寄った。下部の少三郎が楊本へ書状を持って下った。
49	天正4	1	28	薪能見物に原田直政が来るので、方々へ食籠などを用意させた。
50	天正4	1	29	塙小七郎が槇嶋より新賀へ帰られた。
51	天正4	2	2	各々が槇嶋へ行った。
52	天正4	2	7	原田直政が薪能見物にやってきた。成身院を宿とした。同代官衆は蓮成院、順慶は円明院に、伴の衆は近所の地下に宿を取るように申し付けられ、松永は五大院に宿を取った。以上千人余りがやってきた。
53	天正4	2	7	塙小七郎が安楽院に宿を取った。

54	天正4	2	8	塙小七郎へ贈り物を持っていった。
55	天正4	2	9	夕飯に塙小七郎兄弟・同親父を招待した。
56	天正4	2	10	午前十時前より能が始まり、原田直政が見物した。見物人が道に溢れた。
57	天正4	2	11	原田直政が長柄へ戻った。塙喜が振舞った。
58	天正4	2	12	原田直政は長柄より直接槇嶋へ帰った。
59	天正4	2	15	三昧田が大代より催促が入るので、塙小七郎へ折紙を遣わした。
60	天正4	2	20	木津が原田直政より思うままにしてよいと言われた。
61	天正4	2	21	塙小七郎への書状を、才三郎へ申し遣わした。
62	天正4	2	22	木津のことにつき、覚悟して槇嶋へ小七郎殿が昨日行ったので、大丈夫だと思い槇嶋へ行くつもりで木津まで下ったところ、問題ないとのことを申すので立ち帰った。
63	天正4	2	22	塙小七郎より蔵を借りて米を納入すべきとのことを申すので、今日納入した。
64	天正4	3	11	塙小七郎が近江へ行くことにつき、信長殿へ贈り物をしてほしいので用意した。
65	天正4	3	13	塙小七郎が十市のことにつき、準備され、誓紙を調え、槇嶋より南へ向うので、南大門において対面し酒を進上した。
66	天正4	3	17	原田直政が多聞山衆を支配下に置かれた。
67	天正4	3	21	十市平城が塙小七郎へ渡された。十常は河内へ退去され、その内衆はまず森屋城へ入った。知行は六分一と惣裏成とを遣わされた。
68	天正4	3	22	原田直政が十市城へやってきた。
69	天正4	5	3	大坂において寄衆が敗れた。古市の長井・ロクヤヲン・北山が討死した。山内の吐山・筒井の南タコ介が討死したらしい。原田直政・塙喜三郎・同小七郎の討死も間違いないだろう。夕べ、また合戦があり、松永金吾以下皆討ち果たされたらしく、郡山辰巳・窪庄・丹後衆が討死したらしい。うそである。
70	天正4	5	4	討死した衆は、原田直政・塙喜三郎・同小七郎・同マコ四郎(シナズ)吐山古市衆三人・池田壱岐守・高田猪介・筒井の内南タコ介・槇嶋備中・与力衆である。

71	天正4	5	15	昨夕丹羽二介が井戸若州の宿で、信長の命により捕らえられた。そして今朝河内の信長の陣へ向った。塙喜三郎が頼み込み、大和の兵たちが皆代官としてこのようになってしまった罰を免じてもらおうと願った。塙マコ四郎も信長の命を受けており、昨日槇嶋へ戻ったが逃れがたい。
72	天正4	5	15	筒井より寺門・奈良中に触れがあり、原田一族からの預かり物があれば紙一枚残さず出し、彼らの生き残りに宿も貸してはいけないと申していた。塙小七郎から預かった米があったので、そのまま返した。
73	天正4	6	3	先月のこの日、塙小七郎らが討死した。弔いとして同音論・ラカン供などを修した。
74	天正4	7	28	塙小七郎が預けられていた蔵の米が、筒井より中坊衆が使いとして来られ取られた。
75	天正5	5	3	去年塙小七郎・南新八郎・炭カマ長信房が討死して一回忌なので、ラカン供、次に同音論を修めた。霊供をお供えし、その記録は別に付けた。

終章

最後に、これまでの考察をまとめたい。

第一章では、天正年間における豊臣政権の在京賄料に関する分析を行い、次いで新出とみられる九月十七日付家康書状を挙げ、秀吉から家康へ宛がわれた近江在京賄料に関する分析と、賄料宛行の政治的意味合いを考察した。その結果、

① 秀吉から家康への在京賄料は、少なくとも天正十九年（一五九一）には宛がわれていたものと考えられる。しかし【史料6】が天正十七年に比定されたことにより、同年同月日には秀吉から家康へ宛がわれていたことが確実である。また、秀次領解体以前に近江国内に家康の在京賄料の存在が確認でき、蒲生・野洲・甲賀三郡内九万石の家康への在京賄料は、必ずしも秀次領が解体したことをうけて宛がわれたものではないといえる。

② 家康に宛がわれた近江の在京賄料について、秀吉からの代官が仰せ付けられている。この事実は、北条攻めを翌年三月に控える秀吉が家康へ在京賄料を宛がうものの、「長丸」上洛が実現しない段階で家康に京都近郊の知行を直轄させるわけにはいかないという政治的な事情もあると思われる。

③ 天正十七年九月時点での近江の在京賄料宛行は、当年のみの暫定的な措置であったようである。これは島津氏の事例でもほぼ同様な措置があったことを示したが、秀吉は彼らが確実に自身の政権下に入ったとみなして

から、正式に在京賄料を宛がっていたと考えられる。

④秀吉が陪臣に対し在京賄料を宛がったことを示す史料は、これまで後世の編纂物でしか確認できなかった。しかし【史料6】がその事実を裏付けるように、徳川家臣すなわち秀吉から見れば陪臣に当たる「供者」らに秀吉が在京賄料を与え、それを家康が受取っていることがわかる。

第二章では、藤木氏が豊臣政権唯一の「成敗」であると主張する小田原の役と、それに至るまでの豊臣政権の対北条政策を考察対象とし、そこに介在したとみられる徳川氏の存在意義を中心に分析した。その結果、

①信頼性の低い史料であるが、天正十四年二月、秀吉の妹である旭姫の下向に関する交渉にて、家康が「長丸」を豊臣方への人質としないことを挙げたのに端を発し、豊臣・徳川間において「長丸」の上洛問題が持ち上がった。

②天正十五年八月、あるいは天正十六年正月の「長丸」の叙任に際して、秀吉は「長丸」の官位を執奏することで、彼を上洛させようとしていたと考えられるが、何れの場合も彼の上洛は実現しなかった。この際に「長丸」が上洛しないのは、家康がほぼ同時期の小田原出兵計画に豊臣への軍事的協力をしないことの意思表示であったと考えられ、この事実は実質上豊臣政権の小田原出兵計画の頓挫であったといえる。

③天正十七年九月、豊臣政権は諸大名妻子上洛令を発するが、家康は、豊臣政権より在京賄料の請取を理由に「長丸」の上洛を猶予されている。「長丸」の上洛延期は、彼が上洛しない限り、徳川は豊臣・北条にそれぞれ一人ずつの子を人質として送っていたという点で、徳川が両者との中立的立場を保っていたといえる。しかし家康は、妻子上洛令に対し、九月十七日時点で「長丸」の近いうちの上洛を約束しており、「長丸」の上洛を了承したことを以って、小田原の役における豊臣への軍事的協力の意思を明確に示したといえる。その事実と、

それに続く北条による名胡桃城攻撃は、徳川の両者とのバランスを崩壊させることとなった。北条への宣戦布告直後の秀吉・家康の会談は、家康の意思による「長丸」の上洛を決定させせたとみてよい。

④　豊臣政権は、天正十八年正月、実質的に人質としての「長丸」の上洛により、小田原の役での徳川の軍事的協力が確実となったのち、徳川の兵を先鋒として、北条への攻撃を開始した。

これらの事実は、豊臣政権にとって、「長丸」の上洛が実現しない段階では、北条との関係の深い徳川の軍事的協力が得られず、北条への攻撃が行い得ないことを示しているといえる。結果、「長丸」の上洛問題に象徴される徳川の中立性は、豊臣政権の対北条政策を大きく左右する問題であったといえる。

第三章では、天正後期における豊臣秀吉と徳川家康の政治的関係を再検討し、その上で当該期の関東における豊臣政権の交渉役であったといわれる家康の役割を捉え直すことを課題とした。結果、

①　関東方面の「取次」と記され「御朱印」を頂いている上杉や富田らと、「取次」と記されない家康では、豊臣政権に対する立場・役割が異なっていると考えられ、両者にとっての山本氏のいう「斡旋」の意味は、必然的に異なる内容を持つものであると考えられる。また「惣無事」関係史料において、豊臣側と徳川側では主従関係の認識に相違がある点、家康が北条に対した際には徳川側は他の大名と北条との関係を区別しているように見受けられる点は注目すべきである。ここから導き出されるのは、家康と秀吉との関係は「取次」の「御朱印」を頂いている上杉や富田らと秀吉とのそれとは異なり、単純な主従関係ではないということである。

②　少なくとも北条側は、家康が豊臣政権との主従関係に基づく「取次」であるという認識はなく、北条と豊臣とを「御一所ニ成」すための「取持」「取成」を行う存在であると見なしていたと考えられる。北条と豊臣とを「御一所ニ成」すための「取持」「取成」とは、豊臣と徳川、そして北条へ連なる家康の「縁者」という立

場、すなわち姻戚関係に基づく徳川の中立性によるものであった。とはいえ、家康が豊臣・北条の力関係を見計らった上で「中立」を保っている点には注意せねばならない。この中立性は、天正十六年段階では督姫の返還が実行されることによって解消される。ところが徳川にとっての姻戚関係の重要性は、北条に対する督姫返還問題よりも、豊臣に対する「長丸」上洛問題へ移行していく。天正十七年九月「長丸」上洛が現実味を帯びていくにしたがい、督姫は徳川へ返還されないまま小田原の役が執行されたのである。小田原の役開戦後の段階では管見の限り、家康に対し「取持」「取成」ということばは、みられなくなる。家康は、北条に対し豊臣との「取持」「取成」＝仲をとりもつ役割から、北条に対し秀吉の意向に基づき「指図」＝指示し命令する役割に変わっていったと考えられる。

第一章から第三章では豊臣政権と徳川氏の政治的関係を捉え直す作業を行ったが、第四章ではそれを踏まえつつ、検討した。

小田原の役やいわゆる「奥羽仕置」は、豊臣政権の全国統一過程の最終段階、「総仕上げ」と位置づけられる。では、なぜ豊臣政権は四国攻めや九州攻めを先行させ、小田原の役や「奥羽仕置」を「総仕上げ」（後回し）としたのだろうか。豊臣政権の統一過程において家康の位置が重要であることは、これまでにもいわれてきたことである。先行研究では、天正十四年十月の家康上洛によって豊臣・徳川の主従関係が成立したとの前提に基づいて、分析されてきた。

しかし本章で述べたように、天正十四年十月の家康上洛が、必ずしも両者間における主従関係の成立を示すものではなく、その前提は天正十二年の小牧・長久手戦での和睦や天正十四年の秀吉側の「人質」提出であることを確認した。そしてこれは、規定路線であった政権の東国への武力制圧にも家康がその障害として大きな影響を与え、東国における「惣無事」にも関わる問題であったことを確認した。

藤木氏は、秀吉が交戦権を否定する「惣無事令」を国分を通じて各戦国大名に強制することで、平和裏に全国を統一しようとしたと捉える。筆者は、本書第二章にて「政権が条件（徳川の軍事的協力）さえ整えば、その時点での北条への「成敗」を実現できたことから鑑みれば、むしろ小田原の役は政権にとって必然の「成敗」であった」と結論付けた。本章でも、豊臣政権は徳川氏と主従関係を結べず、東国において「惣無事」を扱っていた家康が政権の東国への武力制圧の障害となり、結果必然の「成敗」＝武力制圧が「総仕上げ」＝後回しになっただけであると考える。

当初から豊臣政権の全国統一過程には武力が伴っており、東国への武力制圧は規定路線であった。藤木氏は家康が東国領主から期待される「惣無事」を、豊臣政権の政策基調として捉えたものと思われる。ただし政権は「惣無事」を発することで東国領主らの上洛を促し、家康の認識を変化させた。豊臣政権にとって「惣無事」は、東国への武力制圧を実現するために、「惣無事」を扱う家康を取り込む方策として利用価値があったのである。

その反面、東国において領主から「惣無事」の実現主体として期待される家康がそれを扱っている間、あるいは豊臣政権がそれを扱う家康に依存している間は、政権の武力制圧が抑制されていたとも捉えられる。藤田氏は、秀吉が主張した「惣無事」というスローガンは、あくまでも直接境界を接しない遠隔地の戦国大名間紛争に軍事介入するための名分であったと述べる。筆者も武力制圧が政権の政策基調であったと考えるが、藤田氏の論理では「惣無事」を名分として理解せざるを得ない。だが家康の扱う「惣無事」が政権の武力制圧を抑制していたと理解すれば、「惣無事」は名分ではなく実態を捉えたものであったといえるだろう。

だが最終的に「惣無事」は、家康から政権へ完全に移行し、武力による政権の全国統一は完了する。「奥羽仕置」にみえる「惣無事」については、今後の検討課題としたい。

戸谷穂高氏によれば、藤木氏による関東・奥両国「惣無事」の発見という成果はのちに対四国・九州政策（特に対九州停戦令）に年次を遡らせて適用されたことで、「全国惣無事令」という概念のうちに埋没してしまい、国分・城郭破却や刀狩令、在地に対する喧嘩停止令、さらには海賊停止令をも包括した「豊臣惣無事令」別名「豊臣平和令」概念にまで成長したとし、戸谷氏はこの急成長ぶりに危うさを感じるという(1)。

筆者も、秀吉や豊臣政権の全国統一過程における諸政策、あるいは政策基調とされてきたものは、諸大名との関係において、あまりに過大評価されてきたのではないだろうかと考える。藤木氏が提唱して以後「惣無事」令論を再検討した研究者は、「豊臣政権の一員になりながらも北条氏と同盟関係にある家康の影響力が、それほど大きかったと考えるべきであろう」「豊臣政権の東国政策も、やはり家康の存在に大きく規定され展開していた(2)」とし、豊臣政権における家康の位置づけを見なおすことで、その政策や政策基調を再検討したのではないのだろうか。おそらくこれは、「惣無事令」論に限った課題ではなく、豊臣政権の諸政策に関する議論においても、共通した課題ではないかと考える。

本書は、豊臣政権と徳川氏の政治的関係を見直すことで、政権の東国政策の分析を行ってきた。政権と徳川氏の政治的関係を見直すことで、これまで先学が明らかにしたこととはまた異なった結論を得られたと考える。

第五章では、豊臣政権樹立過程における於次秀勝の位置づけを検討した。毛利氏との関係強化は、豊臣政権の東国政策にあたって必要不可欠なものであった。天正十一年、両者間の講和がまとまるには、秀吉領と毛利領との境界問題とともに、毛利側から人質が提出されることと、於次秀勝の縁組が成立することが条件の一つとしてあった。政権の東国政策の一つである小牧・長久手戦を執行するにあたって、於次秀勝は毛利との関係を強化するために必要な存在であった。

織豊期の「公武関係」といえば、織豊政権（信長や秀吉）と天皇（正親町や後陽成）との関係が注目されることが多い。第六章では当該期のこのような研究状況を鑑みて、元亀元年（一五七〇）十二月、いわゆる「江濃越一和」と呼ばれる織田信長と浅井・朝倉の和睦に際して、当該期のもう一方の「公」関白二条晴良の政治的な活動と役割を考察した。

池上裕子氏によれば、秀吉は武力統一の路線を突っ走ってきたのであるが、（小牧・長久手戦の）戦局が膠着し好転する兆しをみせなくなったところで敢然と路線転向に踏み切るとして、朝廷への接近路線に切り替えたとする。(3) 本研究でもこれまでに述べてきたように、天正十二年に起こった小牧・長久手戦は、豊臣政権の東国政策に転換を迫った画期の一つと捉えられる。豊臣政権の東国政策は、小牧・長久手戦にて徳川氏を「打果」たせなかったことで、東国への「成敗」＝軍事介入という路線から、池上氏のいう「朝廷への接近路線」に切り替えたものと考えられる。その切り替えの一つが秀吉の関白任官である。

本多博之氏は、秀吉以前の「関白」について、関白・摂家が天皇の政治的機能とほとんど関わらなくなった時期の関白の実態を前提に、豊臣政権下の関白が何を受け継ぎ何を新たに付け加えたのか、一度整理してみることも必要であろうと述べている。(4)

筆者は天皇の政治的機能については述べるつもりはないが、第六章で明らかにした「関白」の果たした役割（晴良が和睦を成立させたこと）は、秀吉による合戦の調停、いわゆる「惣無事」の論理に「関白」の果たした役割の「先例」として、「関白」秀吉に都合よく受け継がれた（利用された）のではないかと考えている。秀吉が関白に任官し彼を頂点とした武家官位制を形成していくことによって、徳川氏を政権下に組み込んでいこうとしたのではないだろうか。この考察を筆者の研究の展望の一つとして捉えることで、ひとまず本研究を終えることとしたい。

（1）戸谷穂高「関東・奥両国「惣無事」と白河義親――（天正十六年）卯月六日付富田一白書状をめぐって――」（村井章介『中世東国武家文書の成立と伝来に関する史料学的研究――陸奥白河結城家文書を中心に――』、平成十六年度～平成十八年度科学研究費補助金基盤研究（B）研究成果報告書、二〇〇七年、のち村井章介編『中世東国武家文書の研究　白河結城家文書の成立と伝来』（高志書院、二〇〇八年）に所収）。

（2）竹井英文『織豊政権と東国社会「惣無事令」論を越えて』（吉川弘文館、二〇一二年）、尾下成敏「書評　竹井英文著『織豊政権と東国社会　「惣無事令」論を越えて』」（『日本史研究』六一四、二〇一三年）。

（3）池上裕子『日本の歴史第15巻　織豊政権と江戸幕府』（講談社、二〇〇二年）。

（4）本多博之「書評　池享著『戦国・織豊期の武家と天皇』」（『織豊期研究』六、二〇〇四年）。

あとがき

本書は、既発表論文を主に編成した学位論文「豊臣政権の東国政策と「惣無事」――織豊期政治史の再検討――」（佛教大学、二〇〇八年）に、その後執筆したものや新稿を加えたものである。各章の基となった論文を以下に挙げる。ただし既発表論文等については、最近の研究状況や本書執筆時の筆者の考えにより、加筆修正している部分もある。

なお本書の基となった学位論文は、第五回「徳川奨励賞」（財団法人徳川記念財団、二〇〇七年）を授与された研究である。また本書の一部は、京都光華女子大学真宗文化研究所学外研究員（二〇〇九年・二〇一〇年度）としての成果を含む。

序　章　新稿。ただし一部、「「惣無事」についての研究動向」（渡邊大門編『真実の戦国時代』柏書房、二〇一五年）を改稿し、現在の研究状況を踏まえ、大幅に加筆・修正した。

第一章　「九月十七日付家康書状の紹介と在京賄料」（大阪歴史学会『ヒストリア』一九七号、二〇〇五年）、「天正年間における家康への近江在京賄料について」（佛教大学大学院『佛教大学大学院紀要』三四号、二〇〇六年）ほかを改稿。

第二章　「豊臣政権の対北条政策と「長丸」の上洛」（織豊期研究会『織豊期研究』七号、二〇〇五年）、「「長丸」上洛に関しての再検討」（山本博文・堀新・曽根勇二編『偽りの秀吉像を打ち壊す』柏書房、二〇一三年）ほかを改稿。

補論一　「書評　福田千鶴著『淀殿――われ太閤の妻となりて――』」（織豊期研究会『織豊期研究』九号）を改稿。

第三章　「天正後期秀吉・家康の政治的関係と「取次」」（日本歴史学会『日本歴史』七二一号、二〇〇八年）を改稿。

第四章　新稿。ただし、筆者が行った口頭発表「豊臣政権の統一過程における家康の位置付け」（大阪歴史学会近世史部会、二〇〇九年一月）を元に、「「長丸」上洛に関しての再検討」（山本博文・堀新・曽根勇二編『偽りの秀吉像を打ち壊す』柏書房、二〇一三年）、「「惣無事」についての研究動向」（渡邊大門編『真実の戦国時代』柏書房、二〇一五年）を改稿し、現在の研究状況を踏まえ、大幅に加筆・修正した。

第五章　「豊臣政権樹立過程における於次秀勝の位置づけ」（天野忠幸・片山正彦・古野貢・渡邊大門編『戦国織豊期の西国社会』日本史史料研究会、二〇一二年）、『丹波八木町の歴史　近世編』（南丹市教育委員会、二〇一三年）第一章を改稿。

第六章　「「江濃越一和」と関白二条晴良」（戦国史研究会『戦国史研究』五三号、二〇〇七年）を改稿。

補論二　「石山合戦和睦交渉における公家の役割」（京都光華女子大学真宗文化研究所『真宗文化』二〇号、二〇一一年）を改稿。

補論三　「原田直政の大和国支配」（京都光華女子大学真宗文化研究所『真宗文化』一九号、二〇一〇年）を改稿。

終　章　新稿。

筆者は、学部時代には歴史学ではなく経営学を専攻し、卒業後には一般企業の事務職員として就職した。しかしながら働きつつも、日本史、中でも織田信長や豊臣秀吉の勉強をしたいと思って一念発起し、一般企業を退職して佛教大学大学院修士課程に進学した。

そもそも歴史学の基礎もできていない筆者にとって、入学後は非常に苦労も多く、当時の指導教授であった平祐史先生や、近世史を担当されていた竹下喜久男先生、古代・中世史を担当されていた田中文英先生・今堀太逸先生、先輩諸氏には随分叱咤激励された記憶がある。ただ平祐史先生や、後に指導教授となっていただいた渡邊忠司先生、当時四日市大学に勤務されていた播磨良紀先生、大阪城天守閣学芸員の宮本裕二氏の丁寧なご指導・アドバイスのおかげにより、二〇〇四年には『朝日新聞』全国版同年十一月二十二日付夕刊や、『日本経済新聞』関西版同年十二月二十六日付朝刊等に、新出とみられる「九月十七日付家康書状」の紹介と、それに関する研究の一部が掲載されることとなった。二〇〇五年には、この研究成果として「豊臣政権の対北条政策と「長丸」の上洛」(織豊期研究会『織豊期研究』七)、「九月十七日付家康書状の紹介と在京賄料」(大阪歴史学会『ヒストリア』一九七)を発表することができた。

二〇〇七年には、これらの研究が認められたのか、徳川記念財団より第五回「徳川奨励賞」をいただいた。このことは筆者にとって大きな励みとなった。二〇〇八年九月には、佛教大学に提出していた博士論文「豊臣政権の東国政策と惣無事――織豊期政治史の再検討――」にて学位を取得することができた(主査=渡邊忠司先生、副査=佛教大学貝英幸先生、三重大学藤田達生先生)。

この間、ほぼ同時期に佛教大学大学院博士後期課程に在籍されていた渡邊大門氏には、公私ともに大変お世話になった。特に、元来人前に出るのが苦手で引きこもりがちな筆者を様々な研究会に連れて行き、多くの研究者を紹介していただいたことは、現在の筆者にとって非常に大きな財産となっていると思う。

二〇一一年からは、大学の非常勤講師を勤める傍ら、市立枚方宿鍵屋資料館（大阪府枚方市）に学芸員として勤めることとなった。ここでは、近世・近代の枚方や淀川に関する企画展や歴史講座の企画、古文書講座などを主に担当しているが、試行錯誤をくり返しながら現在に至っている。ここでも幸いなことに、門真市立歴史資料館に勤務される常松隆嗣氏には懇意にしていただき、近世地域史のいろはや学芸員としての心構えを教えていただいた。

二〇〇八年に博士論文を提出したものの、気づけば七年以上も経過していた。この間、展示や講座に関わりながら枚方についての研究を戸惑いつつも行ってきたつもりだが、ここでの仕事を言い訳にして、なかなか著書を刊行するという思いには至らなかった。結局、最後に尻を叩いていただいたのも渡邊忠司先生であり、先輩の一人である斎藤利彦先生（現佛教大学准教授）であった。

本書は、佛教大学より「佛教大学学術振興資金」の助成をいただき『佛教大学研究叢書』として刊行される。貴重な機会をいただいた関係各位に心より感謝したい。また、思文閣出版の原宏一氏・井上理恵子氏には、多忙のなか本書の出版に時間を割いていただいた。

最後に、相変わらず迷惑を掛けている両親にお詫びをいいたいところだが、おそらく今後も迷惑を掛けるだろうと思うと、申し訳ない気持ちである。

二〇一六年四月一〇日

片山正彦

索　　引

か

さ

◎著者略歴◎

片山　正彦（かたやま・まさひこ）

1973年大阪府生まれ．
佛教大学大学院文学研究科日本史学専攻博士後期課程修了．
第５回「徳川奨励賞」受賞（(財)徳川記念財団）．
現在，市立枚方宿鍵屋資料館学芸員，佛教大学非常勤講師．
専門は近世初期政治史，近世地域史（北河内地域）．

［主要業績］
「９月17日付家康書状の紹介と在京賄料」（『ヒストリア』197号，2005年），「豊臣政権の対北条政策と「長丸」の上洛」（『織豊期研究』７号，2005年），「「江濃越一和」と関白二条晴良」（『戦国史研究』53号，2007年），共編『戦国織豊期の西国社会』（日本史史料研究会，2012年），「近世宿場町の「船宿」について―枚方宿「鍵屋」を事例に―」（『御影史学論集』40号，2015年）など．

佛教大学研究叢書29

豊臣政権《とよとみせいけん》の東国政策《とうごくせいさく》と徳川氏《とくがわし》

2017(平成29)年２月28日発行

定価：本体6,000円(税別)

著　者　片山正彦
発行者　佛教大学長　田中典彦
発行所　佛教大学
〒603-8301　京都市北区紫野北花ノ坊町96
電話　075-491-2141(代表)
制作発売　株式会社　思文閣出版
〒605-0089　京都市東山区元町355
電話　075-533-6860(代表)
印刷製本　株式会社　図書印刷　同朋舎

ISBN978-4-7842-1875-2 C3021

『佛教大学研究叢書』の刊行にあたって

二十一世紀をむかえ、高等教育をめぐる課題は様々な様相を呈してきています。科学技術の急速な発展は、社会のグローバル化、情報化を著しく促進し、日本全体が知的基盤の確立に大きく動き出しています。そのような中、高等教育機関である大学に対し、「大学の使命」を明確に社会に発信していくことが求められています。

本学では、こうした状況や課題に対処すべく、本学の建学の理念を高揚し、学術研究の振興に資するため、顕著な業績をあげた本学有縁の研究者に対する助成事業として、平成十五年四月に「佛教大学学術振興資金」の制度を設けました。本『佛教大学研究叢書』の刊行は、「学術賞の贈呈」と並び、学術振興資金制度による事業の大きな柱となっています。

多年にわたる研究の成果は、研究者個人の功績であることは勿論ですが、同時に本学の貴重な知的財産としてこれを蓄積し活用していく必要があります。また、叢書として刊行することにより、研究成果を社会に発信し、二十一世紀の知的基盤社会を豊かに発展させることに貢献するとともに、大学の知を創出していく取り組みとなるよう、今後も継続してまいります。

佛教大学